惑の
ミニズム

上野千鶴子

岩波書店

まえがき

一九七〇年に日本でウーマンリブが産声をあげてから、ちょうど四二年。日本の第二波フェミニズムもアラフォーこと不惑の年齢を迎えた。四〇年以上前、リブも第二波フェミニズムもこの世にはなかった。わざわざ「第二波フェミニズム」というのは、すでに一世紀以上前に、第一波フェミニズムが歴史上に存在したからだ。だが、リブに象徴される第二波フェミニズムと第一波フェミニズムとがどうつながり、どう異なっているかは、本書を読んでほしい。

「三十にして而立、四十にして不惑、五十にして知命……」は『論語』のことばだが、フェミニズムも青年期を経て、成熟の時期を迎えたようにみえる。

二〇代でリブとフェミニズムの洗礼を受けてから、走りつづけてきたわたし自身がポス還こと、還暦を超えた。わたしの二〇代から六〇代までの四〇年間は、日本のフェミニズムの四〇年間と重なる。

その四〇年のあいだ、わたしはリブとフェミニズムの思想と実践にふかい影響を受けてきたが、同時にその動きをつくりだし、促進する側にもいたことに、いくらかの自負がある。もちろんわたしだけではない。わたしを含むさまざまの世代の女たちが、さまざまな立場から、うねりのようにつくりあげてきた、押しもどせない歴史的な変化をフェミニズムと呼ぶ。

この四〇年のあいだに、フェミニズムは向かい風、追い風、逆風を経験した。登場したころ、フェミニズムは無理解と偏見にさらされた。むりもない、オヤジメディアには理解不可能なことばで語ったからだ。やがて風向きが徐々に変わり、いつのまにか追い風になっていた。おクニが国際条約(国連女性差別撤廃条約)を批准し、男女雇用機会均等法や男女共同参画社会基本法などの法律をつぎつぎに整備し、地方では男女平等条例の制定や女性センターの建設ラッシュがつづいた。フェミニズムはおクニのお墨付きをえて、国策になるかと思われたが、それを快く思わない草の根保守派が、バックラッシュの攻撃を執拗にしかけてきたのが、二〇〇〇年代以降の逆風である。フェミニズムのまわりに吹く風は、いま、どんな風だろうか?

その同じ四〇年のあいだに、わたし自身は、将来にあてのない大学院生時代に女性学に出会い、前例のなにもないところでベンチャービジネスの創業者よろしく、女性学というあたらしい学問分野をつくりだす担い手のひとりになってきた。誤解と偏見になやまされながら女性学の地歩を固め、学問の分野に市民権をかくとくし、いつのまにか、大学で女性学・ジェンダー研究を教える専門家になっていた。そのうち前からも後ろからも石が飛んでくるようになった。敵もいるが味方もいる、そういう闘いの現場に、ながらく身をおいてきた。

そのあいだにフェミニズムをとりまく環境も激動してきた。はじめは、はねっかえりの女の言動と思われていたものが、深く静かにさまざまな女たちの共感を生み、サークルやネットワークが雨後の筍のように拡がった。そのうち、若い女たちのあいだでフェミニズムはきらわれものになったが、気がつけば彼女たちの言動はフェミニズムの影響をふかく受けていた。それからフェミニズムもジェンダーもちっとも知らないが、男女平等を空気のようにあたりまえにうけとめる世代が育ってきた。それなのに、女をめぐる環境は、けっして好転しているとはいえない。

本書はその四〇年近くのあいだに、わたしがときどきのメディアの要請に応じて発表してきた、いわば「時局発言集」である。読者はそのときどきのライブ感を味わうにちがいない。そしてフェミニズムが何とたたかい、何をかくとくしてきたか、何に成功しなかったか、を検証することができるだろう。同時に、わたしの予測の何があたり、何がはずれ、またどのように一貫性があり、また変化してきたかをも、見てとることができるだろう。

過去の古証文をあつめて公刊するのは、歴史の法廷に証拠物件を提出することに似ている。いささかのためらいと共に本書の刊行に同意したのは、どんな歴史もひとりひとりの思いと実践からつくられることを、読者のあなたにも実感してもらいたいからである。

フェミニズムは不惑の年齢を迎えたか？

いや、フェミニズムはまだまだわくわく育ちつづけるだろう。変化するもの、動くものに飛びこみ、そのなかで翻弄されながら、またそのなかで新しい波を起こすのはわくわくする経験だ。

わたしはこうやって走った。あなたにバトンを受けとってもらいたい。

（二〇一一年四月）

凡　例

- 1〜3章の各論稿は、基本的に発表年代順に並べた。
- 原則として当時の文章のままを収録し、若干の語句の訂正、論稿間の重複の調整をおこなった。
- 現時点からの注は、［　］の中に補った。

目 次

2 ジェンダー平等への地殻変動——90年代

序　フェミニズムの40年

フェミニズム　——2002

二〇世紀前半をゆるがした思想がマルクス主義だったとしたら、二〇世紀後半をゆるがした思想はフェミニズムだった。そう言っても、けっして大げさではない。いったいそれ以前のだれが、「女」が思想になると考えただろうか？　差別の中の差別、あまりにも自明視され自然化されているために、差別とさえ感じられることのない最後の差別が、問題化されるにいたったのだ。駒尺喜美《こましゃくきみ》は、これを「区別が差別に昇格した」と表現する。女は男とちがう生き物だからちがう取り扱いをしてあたりまえ。女に選挙権を与えるのは豚に選挙権を与えるようなもの……という「血も凍るような」区別が、それは不当だという問題化をふくむ「差別」と見なされるようになった。近代が「個人」と「人権」という概念を生み出したときに同時に胚胎された女性解放の思想を、フェミニズムと呼ぶ。フェミニズムは近代の生んだ鬼子として、同時代的に世界各地でさまざまなすがたをとって成立した。

日本におけるフェミニズムをいまでも、外来の輸入思想だとか、欧米からの借り物の理論だとかと見なす人がいる。外国人からも「日本にフェミニズムってあるの？」といらだたしい問いが向けられることがある。この見方は、第一に事実に反しているし、第二に偏見の産物である。

フェミニズムということばが日本で最初に使われたのは、二〇世紀はじめのことであると聞いて、多くの人はおどろくかもしれない。七〇年代以降の新しい女性解放運動を第二波フェミニズムと名づけたことから遡及して、第一波フェミニズムと呼ばれるようになった二〇世紀の転換期の動きのなかで、『青鞜』を中心とするグループの女たちは、すでにフェミニズムということばを使っていた。この第一波フェミニズムにたしかな肉声を与えたのは、平塚らいてうや与謝野晶子のような人びとであった。

第二波フェミニズムは、七〇年代以降のウィメンズ・リベレーションとかウィメンズ・エマンシペーションと呼ばれた女性解放運動の波に対して、あとから与えられた名前である。「ウーマン・リブ」と日本で呼ばれた運動がはじめて産声をあげたのは、一九七〇年。一〇月二一日の国際反戦デーにおける「ぐるーぷ・闘う女」による女だけのデモである。このときに、日本のリブのマニフェストとも言うべき田中美津の有名な「便所からの解放」が書かれている。これをさして、「アメリカのウーマン・リブが日本にも上陸した」というのは事実に反しているし、また「リブはフェミニズムとはちがう」と主張するのも歴史的に見て適切とはいえない。この時点で、運動の当事者たちは「リブ」を名のっていないからである。彼女たちが「ウーマン・リブ」という評判の悪い名前を、自ら名のるようになるのはそれよりあとのことであった。この事情は、『青鞜』の女たちが、自分たちのメッセージに対する当時のメディアからの反発と揶揄《やゆ》を受けて、問題含みの「新しい女」という名称を自ら引き受けていった経緯と似ている。フェミニズムということばは七〇年代後半に日本に定着し普及していったが、フェミニズムが『青鞜』の後継者たちであるということは自覚されていたし、そのときまでにリブの影響は、メディアのさまざまな攻撃と歪曲《わいきょく》にもかかわらず、リブの直接のにない手以外にも、深くひろがっていた。

遡及的に考えれば、第一波フェミニズムは近代の形成期に、第二波フェミニズムは近代の解体期に成立したと言ってもよい。このところ、第一波フェミニズムとは何であったか、という歴史研究がさかんだが、それも第二波フェミニズムを経由して「近代とは何だったのか」という再検討がおこなわれるようになってはじめて、可能になったと考えられる。第一波フェミニズムも第二波フェミニズムも、そのなかに大きな多様性をかかえこんでいたが、第一波フェミニズムが結果としてまだ見ぬ近代を完成する方向へと女をおしやったのに対し、第二波フェミニズムはなによりも近代批判としてはじまった。その意味でわたしは、フェミニズムに「女権拡張論」という訳語ではなく、「女性解放思想」という名前を与えたい。

七〇年代までに法的な男女平等はすでに自明のものとなっていた。形式的な平等だけではじゅうぶんではない……そう気づいたときに「男なみの権利を女にも」という「女権拡張論」の考え方に代わって、「女性解放」のかけごえが生まれた。しかも近代がすべての個人に約束したはずの「人権」が「男になる権利」をしか意味しないとわかったときに、「女も人間だ、というだけではじゅうぶんではない」と「おんな解放」ののろしがあがったのだ。

歴史家の鹿野政直の著書、『婦人・女性・おんな』(岩波新書、一九八九年)は、タイトルのなかに「女」をめぐるパラダイム転換をみごとにうつしとっている。リブのにない手たちは、蔑視を含む「おんな」という呼び方をみずから引き受けた。近代の完成をもとめた第一波フェミニストたちが「女であるまえに人間でありたい」と主張したのに対して、第二波フェミニストたちは「おんな」が「おんな」のままで解放されることを求めて、近代の人間＝男性中心主義を衝いた。そしておんながそれから解放されなければならない「敵」とは、目に見えるわかりやすい制度や権力であるより以上に、自分を縛る規範や価値であることをあばいた。「個人的なことは政治的である」という第二波フェミニズムの標語は、性愛や日常そのものをミクロの政治の場として「闘い」に変えた。

七〇年代に世界史的なうねりとなって起きた女性解放運動は、七五年の国際女性年［当初は「国連婦人年」と呼ばれていたが、後に「国連女性年」と呼びかえられるようになった］をきっかけに国連女性差別撤廃条約として結実し、七五年メキシコシティ、八〇年コペンハーゲン、八五年ナイロビ、さらに九五年北京での国際会議を経て、ジェンダー政策の主流化をもたらした。日本では九九年に男女共同参画社会基本法が成立した。それ以前に、八〇年代に国連女性差別撤廃条約の批准をきっかけに、父系主義の国籍法の改正がおこなわれ、男女雇用機会均等法が成立した。売春を「買春」と言い換えたり、セクシュアル・ハラスメントを問題化することによって、空気のようにあたりまえになっていた差別的な性文化を問い直し、「女性問題」を「男性問題」へと、パラダイム転換した。九〇年代には「慰安婦」問題で、歴史の再審をめぐってナショナリズムの問題へとふみこんだ。「女性の問題」はもはや「女性だけの問題」ではありえず、ジェンダーという変数ぬきにはもはやなにごとも語れないところへまでフェミニズムの影響は拡がり、それへの反発からバックラッシュ（揺り戻し）を招くまでにいたった。

だが、それと同時に「強くなった女」に対して、「いったいどうしてほしいというのだ?」といういらだたしげな声が浴びせられる。女にも男と同等の能力がある。当然にもイエス。男のできることは女にもできる。イエス。女にも男と同等の権利と機会を。イエス。……これがフェミニズムの要求した答えだったのだろうか? 公式フェミニズムは「あらゆる分野に男女の共同参画を」と、女性の過少代表性を適正なレベルにひきあげることを目標とするが、既存の社会の秩序とルールをそのままにして「男に似る」ことをフェミニズムはめざしてきたわけではない。近代批判として出発した第二波フェミニズムは、なにより「人間」の範型が男でしかないことを問題にしてきた。男と同じルールのもとで女にも競争に参加する権利——言い換えれば「機会均等」の名のもとで敗者となる権利——を求めたのではなく、ルールそのものを変えよ、と要求することで、既存の社会にもっとも鋭いノーをつきつけてきたのである。

フェミニズムのインパクトを受けて学問の領域では女性学が誕生し、さらにジェンダー研究へと発展していった。ジェンダー研究は「女性」というローカルな領域にゲットー化されることを拒否して、かえって学問のカノン(正典)そのものに挑戦するにいたった。何が真理かをだれが決めるのか? ……ジェンダー研究は男仕立ての学問の真理性を、たんに女という視角＝死角から補完するものではない。それどころか、女とはだれか、女であることをだれが決めるのかを問うことをつうじて、知の政治性をあばいてきた。

九〇年代以降、「女」という記号もさらに内側から解体を迫られている。フェミニズムは、人種やセクシュアリティなどのさらなる差異をよびこむ装置となった。だがそれも当然だろう。「女という思想」は差異と平等のディレンマを問うことをつうじて、近代の生んだ「人間」の普遍性そのものを解体しようとしているのだから。

おんなの運動論

──1988

啓蒙はキライだ

わたしは啓蒙がキライだ。他人から啓蒙されるほどアホではないし、他人《ひと》さまを啓蒙するほど傲慢でもない。フェミニズムの運動は、自己解放から出発したはずなのに、いつのまにか「すすんだワタシ」が「おくれたアナタ」を啓蒙するという抑圧に転化してしまった。フェミニズム啓蒙主義には、リブ度に応じて女たちを「ススンデル―オクレテル」に序列づける権威主義がある。スススンダ方はオクレタ方に正義を押しつけ、あまつさえフェミニズム十字軍よろしく女の正義を「輸出」しさえする。フェミニズム先進国―後進国の関係は、たとえば「アメリカの正義」を押しつけようとする抑圧的な植民地主義と変わらない。大きなお世話だ。何が解放かはテメエで決める。他人さまの定義のお世話なんかにはならない。それがフェミニズムの出発点だったはずだ。

おんなの運動は抑圧的な男権社会に対する対抗文化として誕生したが、成立したとたん「対抗的価値」の尺度ができあがる。法律婚をしてるかしてないか。化粧するかしないか。夫を「主人」と呼ぶか呼ばないか。さまざまな尺度が「踏み絵」になる。運動の退廃は、自分たちが批判したはずの当の社会体制の歪《ゆが》みを、そのままカリカチュアライズして、しかももっといびつな形で再現してしまうところにある。

「正論」はつまらない

正論はつまらない。一言言えば問答無用、で終わりだからである。性差別は悪だ。売春は悪い。そのとおり。で、だからどうした。

正論は一〇〇回唱えても何も変わらない。正論で世の中は変わらないし、正論で人間は動かない。もしそうなら誰も苦労しない。正論のつまらなさは、正論でなぜ人が動かないかを理解しない無知と傲慢さにある。

対抗文化や反体制運動の退潮は、正論にしがみついているうちに、正論が通らない世の中の現実のしくみをつかむことを、すっかり怠ってきた怠慢にある。この一〇年、世の中はずいぶん大きく変貌したのに、反体制運動がこんなにたち遅れたのは、対抗価値をかかげる「正義」に固執して現実の変化にキャッチアップしそこねたからである。現実の変貌にそのつど対応できたのは、理念抜きで微調整をくり返した「保守」の方だった。だからいまは、「すすんだ保守」に「おくれた革新」が負けている皮肉な保革逆転の時代なのである。

こういう時代に対抗価値をかかげる運動が、正論の硬直からまぬがれるには、正論が通らない世の中のしくみを徹底的に理解する——つまり敵を知る——っきゃない。敵以上に敵を分析しぬいて、敵の弱点をつかんで逆手にねじ上げるしか、力の弱い側は勝ちめがない。だから「売春は悪い」と一〇〇回唱えるヒマがあれば、にもかかわらず男はなぜ買春しつづけるのか——アイツラ、何考えてんの——ということを研究することに費やす方がマシである。

自立のワナ

女性解放のゴールが「自立」だというので、ジリツ、ジリツと唱えて、ジリツ神経失調症に陥った人たちがたくさんいる。「自立」のイメージは、即とんでるキャリアウーマンのシングルライフというふうにとらえられてしまう。自立即経済的自立と短絡されたために、経済的自立を果たした女たちは、その実、ひとりわびしく明かりのともらない家に帰って、レトルト食品を温めて食べる、というネガティヴなイメージが宣伝された。ゆりもどしの下での女性誌は、いっせいに、女の子たちよ、自立のワナにはまって「女の幸せ」を捨てるようなソンな選択はやめなさい、と忠告しはじめた。

自立が孤立なら、愛を捨て家族を捨てて得られるそんなわびしい孤独のイメージは女たちを脅えさせる。あたりまえだ。自立がそんな貧しいものなら、少々の束縛は我慢しても、男に依存してる方がずっといい、と女たちは思うに決まっている。

自立がこんなに貧しいイメージを持たれたのは、もちろんマスメディアの悪意ある逆宣伝にもよる。だがフェミニズムも、歯を食いしばって耐える「自立する女」のイメージをきまじめに信奉してきた。「おしん」的な自立イメージである。そんな自立ならまっぴらごめん、と女たちが思ったとしても無理もない。

フェミニズムが運動の中で発見したのは、自立は共立だということである。ひとがひととして自立していく力は、集団の支えの中でしか育まれない。仲間がいるからひとははじめて安心して「自立」できるのである。自立は孤立ではない。

おんなの運動がつくりあげてきたのは、実のところ「自立」ではなく「支えあい」である。自立した個人同士だからはじめてお互いにもたれあえる。お互いの支えがあることがわかっているから、安心してひとりになれる。自立した女たちは、甘えあい頼りあっていいんだよ、ということを学びつつある。それはかつてのような男に対する一方的な依存でもなければ、男たち同士のような弱音を吐かない関係ともちがう。フェミニズムは、「個人」の概念を踏み越えてその先まで行っている。アメリカのフェミニストは、このプロセスをうまい標語で言いあらわした。ディペンダンス(依存)からインディペンダンス(自立)へ、そしてさらにインターディペンダンス(支えあい)へ。女たちは、インターディペンダンスの味やノウハウを、今度は男たちに教えてあげる側にまわるだろう。

戦時の運動・平時の運動

リブの最初のにない手が、全共闘のバリケードの中で、男の運動に対する失望から生まれたのはよく知られている。全共闘が敗れ、男たちが戦線を離脱したあと、おんなの運動であるリブだけが残った。政治の季節が去ったあと、性の季節の中で、男と女はつがい、孕《はら》み、子を産んだ。リブはこの日常生活そのものを闘いの場にしていった。

大学闘争が終わったあと、女たちが闘いを持ちこたえることができたのは、おんなの運動が「戦時」の運動ではなく「平時」の運動だからである。子育ては、今日のように明日もつづくということを前提にした日常性の中でしか成り立たない。子どもが腹を空かせてピイピイ泣けば、「明日の革命」なんてそっちのけにしても「今日のミルク」を調達しなければならない。敗戦直後の日本でも、ふぬけになった男たちに代わって、闇市からコメを仕込んできたのは、元気いっぱいのカーチャンたちだった。

おんなの運動は「明日の解放めざして今日の我慢」をしない。いま・ここでのささやかな解放のないところで、絵に描いたような未来の解放なんて、あてにできるだろうか。

「明日の革命」のために今日を耐えるのを、禁欲のヒロイズムという。禁欲のヒロイズムは、カッコよさで人を――とくに男を――酔わせる。「戦時」の運動は、そういう男たちのヒロイズムが支えた。そういうヒロイズムにだまされた男たちのこっけいさや末路をわたしたちはずいぶん見てきたし、ヒロイズムに酔った男たちにたくさん迷惑もかけられてきた。

はっきり言って、ヒロイズムはおんなの運動の敵である。ヒロイズムならぬヒロイニズムの好きなイキガリも女の中にはいるが、こういう人たちも迷惑である。女たちは、いま・ここでのささやかなたのしみを見つけ出すのがとくい。それをバカにしては運動は一歩もすすまない。「明日の百より今日の五十」の女のリアリズムは、遠い未来の解放という「絵に描いたモチ」のうそっパチも、目的のために手段を奉仕させる運動の退廃も、よく知っている。その「平時」の感覚が、おんなの運動の正気と健康さを支えている。

ネットワーク型運動

反体制運動が、いつのまにかタテ型の官僚組織をつくって、いつのまにか打倒すべき当の体制のミニアチュア――それどころかもっとタチの悪い戯画――になってしまっている、というのはよくある。おんなの運動はタテ型の組織をきらう。ヨコ型の「平場《ひらば》」の集団づくりをめざす。おんなの運動はストラクチャー(構造)型かノンストラクチャー(非構造)型か、論争のタネになったが、「構造がない」というよりも、ネットワーク型の運動と呼んだ方がいい。

日本の反体制運動の中には、ネットワーク型運動の先例がある。六〇年代に拡がったべ平連の運動である。べ平連の運動はそれ以前に一九五九年の三井・三池闘争の中で谷川雁《がん》さんたちがになった「大正行動隊」の行動原則にお手本を持っている。

その行動三原則は、

① やりたい者がやる。やりたくない者はやらない。

② やりたい者はやりたくない者を強制しない。
③ やりたくない者はやりたい者の足をひっぱらない。

という簡単なものである。言ってしまうと簡単なようだが、よく考えぬかれている。

ここでは集団の境界は不明確で、集団の強制力もない。べ平連にもメンバーシップというものはなかった。自分が「べ平連だ」と名のれば誰でもべ平連になれた。行動の責任は個人が負い、個人の自律性は最大限に尊重された。なにしろ集団のアイデンティティというものがないのだから、誰かがやったことに対して、べ平連という「団体」が責任をとるということもなかった。逆に団体の名において除名や統制など、個人を抑圧することも起きなかった。

思想や理念を問わず、行動に共感したら、時間と空間を共有しあう、という健康なプラグマティズムがネットワーク型の運動の中にはある。その中では離脱も合流も自由である。既成左翼が指導する大組織型の運動とはべつに、反体制運動の中には、こんなネットワーク型の運動の伝統が脈々と受け継がれて、草の根の市民運動や地域住民闘争の中に生かされている。おんなの運動も、権威と組織に頼らない草の根の運動として、このネットワーク型の運動の伝統を受け継ぎ、発展させている。それは女たちが、権威主義と組織の抑圧に、ひときわ敏感だからである。

新しい運動論

おんなの運動も、リブから二〇年近い年月を経た。その間に蓄積した経験やノウハウの在庫目録をつくり、他の人々に伝えあっていってもいい時期である。おんなの運動の実績がつくりあげてきた新しい運動論を、経験からいくつかまとめてみよう。

①　ピラミッド型からローリング・ストーン型へ

リーダーシップをまったく否定するのは現実的でない。得意分野によって自然なリーダーシップはある。それが課題別にころころ変わる。ある課題ではリーダーだった人が、別な課題ではフォロアーになる。

②　直接・参加民主主義

その場にいて参加することが民主主義。手を出す人が口も出す。多数決のような形式民主主義はとらない。どんなことでもやりたい人がいればやればよいし、逆にどんなよいことでも誰もやり手がいなければ実行できない。規則より人。形式よりなかみ。現にわたしの関係する女性学の団体は、過激にも総会を廃止してしまった。それでも生き生きと動いている。

③　スモール・イズ・ビューティフル

「組織を拡大すること、続けること、がいいことだ」という発想を持たない。思ったとたん負担がかかるから。そのつど集まって場を共有し、それが終われば散っていく。フランチャイズ方式は採らない。支店は出さない。ただし、横に連帯してつながって、ノウハウは互いに伝えあう。

④「いま・ここ」での解放

「明日のために今日の我慢」を絶対にしない。今日おもしろくないことが明日おもしろくなる保証は何もない。それなら今日おもしろいことをやる。

⑤同質性より異質性

みんなが一緒だから共同する、とは考えない。場を共有した上で、違う立場、違う感じ方、違う行動が組みあわさって、何かをつくり出していく。

⑥自発性と創意工夫

自発性と創意工夫を集団の中でひき出していく。「それはおもしろいね」「やってみたら」と言い出しっぺの肩をポンと押す。ある人がうまい表現をした。「この会は、出る杭は打たれる、じゃなくて出る杭は使われる、ね」

⑦情報の集中を避ける

情報は力。情報の集中や独占は、権力を生むもとになる。だから極力避ける。

そのためには、情報をできるだけメンバーの間で流しあって共有しあう。そのために意思決定にテマがかかったり対応が機敏にできず立ちおくれたりすることもある。内部の情報交換と調整のプロセスにぼうだいなエネルギーが食われて、効率的でない。しかし、これもネットワーク型組織を維持するコストと腹をくくる。効率の原理よりは連帯の原理。

⑧役割分担の流動化

情報の人格化——その人がいないとその分野のことが何もわからない——と権力の発生を避けるもう一つの方法は、役割分担の固定化を避けること。短期間でころころお役を交替する。専門家主義《エキスパート》よりはアマチュアリズム。それをスムーズにやるためには、役割遂行の内容をスタンダード化し、マニュアルをつくる。知ってる人が知らない人を教える徒弟奉公制もよい。いつでも誰でも何でもやれる、が理想。

⑨ハレの場をつくる

運動はお祭りである。たのしくなければつづかない。ハリがなければキバれない。運動をハリのあるものにしたいと思ったら、やってることを見世物にしちゃうことである。舞台をつくってお客さんを呼んできたら、誰でもイキがってハリきっちゃう。お客さんが呼べなければ、お互いにサクラでお客になりあおう。女は見られてキレイになる。

⑩ 仲よしクラブより苦楽を共にした仲間

たのしくなければ運動じゃないと言っても、お友だちつくって和気あいあい、の仲よしクラブじゃ連帯は育たない。同じ課題を共有し、それを解決するプロセスを共有してはじめて、意見のちがいもはっきりするし、葛藤を調整し克服するノウハウを学ぶこともできる。課題のない集団は、ジリ貧になり自滅する。

コミュニケーションは資源

こういうことをつうじて、女はいったい何がしたいのだろうか？　理想の実現？　価値の創造？　――女はイデオロギーや理念では動かない。イデオロギーや理念に弱い知識人を除いて、女や大衆は、ほとんど自分と自分の生活にしか興味がないものである。自分が誰かわかりたい、自分の生活をキモチよいものにしたい、自己表現したい、ということが、その人にとって一番切実な欲求である。それがわかるための鏡になるのが他者だから、コミュニケーションというのがほんとうは一番おもしろい。

人間関係というのは、あらゆる資源を使い尽くしたあとの最後の資源である。どんな資源も使えばなくなるが、この資源は使い尽くせない。他の資源が身につかなくても、この資源だけはなくならない。これをやっている限りは一番おもしろいという資源である。この「関係」という資源をつくりだしていく運動がおんなの運動だったのではないだろうか。

ただし「関係」をつくる能力は、個人差がきわだつ。しかもこの差は年をとるほど開く。カネもヒマも体力もアテにできなくなった人生の秋に、最後にモノを言うのは「関係」という資源である。「関係」は老後の含み資産になるが、それをつくれるかつくれないか、あなたの生き方が問われることになろう――とおどかしておこう。

だが、「関係」をつくる能力は、学習することができる。学ぶに遅すぎるということはない。女たちは、ひとりぼっちのタコツボからやっとの思いで這い出して、この「関係」という資源づくりのノウハウを、運動の中で学びあってきた。おんなの運動が持ってきた育てる力、それこそ私たちが誇ってよいものだろう。

1　燃えるマグマに形を

── 80年代

性差別をめぐる不毛な応酬 ——1983

日本はこの一〇年間に、アメリカに対してすっかり自信をつけた。工業製品も優秀だ、経営もいい、失業率も低い、そのうえ治安もいい、となれば、外から日本を見ている限り、うまく組織されたまとまりのよい理想社会に見えてくる。しかし、とアメリカの進歩的文化人は言う、日本じゃ女性が抑圧されているじゃないか。

日本に行ったが公式の席に女性はいなかった。企業幹部に女性は驚くほど少ない。日本の女性は家庭に閉じこめられている……。彼らは理想社会ニッポンに、申し開きの余地のない「後進性」を見つけて、鬼の首でも取ったように喜ぶ。彼らは性差別という日本攻撃のかっこうの目標を見つけたようだ。おそらくアメリカの知識人たちは、ここしばらくは組織的に日本の性差別を槍玉にあげるだろう。

ベトナム戦争を例に引くまでもなく、アメリカには救世十字軍的な信念がある。一元的な価値尺度から、進んだアメリカ・遅れた日本、という図式を引き出し、その後進性を救済してやらなければならないと考える、彼らの素朴なアメリカン・エスノセントリズム(自民族中心主義)にはうんざりだ。彼らの進歩史観に同調したこれまた素朴な日本人が、そうです、日本の女性解放はこんなに遅れています、と例証をあげて迎合し、それにアメリカ人が深くうなずくのを見ているのも、同じくらい不愉快だ。

一九八〇年、国連婦人の十年の中間年に、コペンハーゲンで開催された国際会議の部席上、『最後の植民地』(新潮社、一九七九年)の著者ブノワット・グルーがアフリカの部族の陰核切除手術をともなう成女儀礼を、その女性抑圧の野蛮さで非難した時、いきり立って反撃したのは、当のアフリカ女性たちだった。イラン革命後の急激なイスラム化運動の中で、女性のチャドル[イスラムの女性たちが着る伝統的衣服]使用が再び奨励され始めた時、それを女性解放の後退だと非難した西欧人に対して抵抗したのも、当のイラン女性たちだった。自分たちの文化の全体性を無視して、一元的な西欧化のものさしを当てはめるなという、それはその限りでまことに理にかなった反論であった。

西欧中心のフェミニズムが第三世界の女性解放と連帯するのは、思ったほどやさしい課題ではない。女性解放イデオロギーが再び進歩主義的な先進・後進説を再生産するとしたら、彼らとフェミニズムを合唱する前に、ちょっと待ったをかけざるをえない。

一方、アメリカ人による日本社会の性差別批判に対する日本男性のリアクションぶりもお粗末なものだ。彼らは口々に、家庭の中では女性が実権を握っていること、主婦専業は女性たち自身がのぞんだ結果であること、彼我の文化的な違いを無視して男女平等を押しつけるのはナンセンスであることなどを、揶揄《やゆ》とも本心ともつかぬ口調で言う。女たちと決して立場を交代しようとは言い出さない彼らの狡猾《こうかつ》さを知っているわたしとしては、男たちの反応にも、苦々しい思いがする。

そのうえ彼らの反応の背後には、離婚、単親家庭、単独世帯と解体現象を起こしているアメリカの家族に比べて、何と言っても日本の家族がうまく機能しているという自信がほの見える。日本型経営論争で起こったことが、日本型家族論争でくり返される舞台装置は、すべて出そろっている。

日米経営論争の中で、日本人は自分たちのやり方がよかったのだとすっかり自信をつけたが、同じ居直りと自信を、今度は家族の領域でも持ち始めているようだ。手厚い老人介護(しばしば嫁の犠牲のうえに)、保護と教育の行き届いた(しばしば行き届き過ぎた)子ども、少ない夫婦間の葛藤(しばしば単に期待値が低いために)を例に、家族の福祉機能が再評価され始めている。日本の家族がうまく機能していることは、経営機能と並んで、日本が世界に誇る奇跡の一つになりかねない。

しかし老人と子ども、そして主婦を家庭に隔離しておいて、この人々の抑圧の上に築かれるパックス・ヤパーナ(日本型平和・繁栄)を、手放しで称賛してはいられない。アメリカン・エスノセントリズムを、ジャパニーズ・エスノセントリズムで切って返すのは、不毛な応酬だ。そのどちらにも陥らずに、第三の道を行くことが、さめた理性には期待されている。

フェミニズム・いろいろ ――1984

一月二二日は、アメリカの中絶合法化の記念日である。一九七三年のこの日、最高裁で中絶を適法とする判決が出た。中絶に反対する陣営にとっては、敗北を喫した無念の日、中絶を支持する人たちにとっては、勝利の記念日である。

毎年この日が近くなると、敗北と勝利の両陣営からさまざまな記念行事が企画されて、攻防がはげしくなる。ことに近年、宗教的な理由から中絶に反対するグループが、大規模なキャンペーンをくり拡げている。

一九八二年シカゴでは、市内の中央広場に中絶反対派が、バスを何台も連ねてのりこんできて、敗北記念大集会をおこなった。一月のシカゴ、と言えば北海道は網走《あばしり》なみの寒さだから、その意気のほどが知られよう。あろうことか、反対派は、高校生を組織して、バスで送りこんできたのである。高校生に女に不利な社会のしくみを知らせないまま、「生命を抹殺するにッくき中絶」を教えこむのはかんたんだ。その上、ことによったら、あんたも胎児のうちに葬られていたかも知れないのだよ、と脅かせば、子どもたちのナイーブな正義感をすぐに動かすことができるだろう。最近は、大学のキャンパスや高校で、狂信的な中絶反対同盟が組織されつつあるという。なにしろ、ＫＫＫ(クー・クラックス・クラン)を生んだお国柄だ。進歩派が動けば、反動派がより強硬に騒ぐ、というのは、さすが「草の根民主主義」のアメリカならでは、である。

「中絶の権利」運動を組織している友人の女性は、昨年その集会にピケを張った。敵は六〇〇人ばかりの大集団、ピケグループは女たちばかり三〇人、というふつりあいである。中絶反対派が、十字架や子ども用のお棺を用意して、ヒステリックに中絶支持派を人殺し、とののしる中で、彼女らは果敢にピケを張った。そこに居あわせたある黒人カメラマンが、その姿をカメラに収めて、翌朝の新聞には、支持派と反対派が、同じサイズの写真となって並んだ。まるで三〇人が六〇〇〇人に匹敵するみたいだったわよ、と彼女はうれしそうにカラカラと笑う。

ところである日突然、シカゴ大の学生組織と名のるグループから、わたしあてに電話がかかってきた。さる教授の紹介で、わたしが女性学研究者と聞いたが、という前置きで、二月八日の女性週間をめぐってシンポジウムを催すから、報告をしてくれないか、と言ってきた。グループの性格と催しの主旨をたずねて、フェミニスト団体なの？と聞いたら、「まあその種のもの」という答えだ。わたしの知っている他のフェミニスト学生組織にウィメンズ・ユニオンというのがあるので、そこと関係があるか、と聞いたら、ない、と言う。シカゴ大はフェミニスト運動がきわめて低調なところで、狭いところで同じことをやっている同志はすぐにお互いが知れてしまう。けげんに思って、グループの名前を聞いてみると、プロライフ・アソシエーション、と名のった。

待てよ、プロライフ、というと、「生命を守る」といういみあいである(日本流に言うと、つまり「生長の家」ですね)。わたしは注意深く、おたくの団体は、中絶にどんな意見を持っているの、とたずねてみた。そうすると、一九七三年の最高裁判決に反対している、との答えだった。

なるほど、とフに落ちた。わたし自身も、わたしの日本の仲間たちも、日本の優生保護法の改悪に反対して闘っている。わたしは、フェミニズムが中絶反対と両立するなんて思えない。そんなわけだから、あなた方の催しに参加することはできません、と言うと、電話口の向こうの主は、思いのほか、すっきりした声で、そうですか、わかりました、と答えたものだ。

そんなにはっきり自分の立場を打ち出して断わったのは、あなたが二人めだと言う。

ずい分いろんな教授連に電話をかけたけれど、時間がないとか、自分の任じゃないとか、その件ならわたしよりあの人が、と逃げられた、と言うのだ。かく言うわたしも、最後の手で、他の人から紹介されたクチなのである。彼女の反応は、いっそ爽やかで、わたしは敵ながら、あんたもわたしもお互いにがんばろうよ、とポンと肩をたたいてあげたくなって、やめた。反対陣営を激励することなんてない、と気づいたからだ。

　というわけで、わたしは自分のうかつさから反対派の催しに参加する、という失敗を冒さずにすんだ。それにしても、中絶反対派にフェミニストなんて名のられると、全く頭がこんがらがってしまう。重要なのは、フェミニスト(だと思っている人たち)の間でも、中絶に反対する立場がありうるということだ。というより、フェミニズムの中にあるさまざまな立場の相違が、運動が成熟してくるにつれて、しだいに明らかになってきた、という方が当たっているだろう。なるほど「生命を守り育てる権利」は、母親運動以来、女の権利だからだ。わたしは、「産まない権利」は、「産む権利」をその裏側に随伴していると思う。それゆえに「産めない社会」への告発を含んでいると思うが、なるほどイデオロギー的には、中絶に反対するフェミニストというのも存在しうるわけだ。

　同様に、フェミニズムの中で、産む性としての女性性を、最大限に主張していくか、最小限に抑えて平等を主張していくかというフェミニスト戦略のちがいも、しだいに明らかになってきつつあると思う。フェミニズムが一枚岩のものではなくて、右から左まで現代思想のすべての領域をカバーするヴァリエーションの広さを、フェミニズムもまた持っているのだ、ということがわかってきた。

とまれ、ちがいがわかることはよいことだ。これをいたずらな対立に終わらせずに、フェミニストの利害という共通の地盤の上で、議論を闘わせていく、という大きな仕事が待っている。わたしは力のあるすぐれた他者と拮抗しながら、自他を形成していく、というプロセスが好きだから、たとえば母性原理派フェミニスト、といった、まじめで危険な人たちが現われると、ワクワクしてしまう。味方が鍛えられるには敵が強くなくてはならないから、どうぞ健闘して下さいよ、と言いたくなる。

いや、ここでは、敵・味方の比喩はよろしくない。同じフェミニズムの土俵の上で、何がわたしたちにとってより重要なのかを、意見のちがった人たちと、一緒に考えていきたいと思っているのだ。やりたい企画がいっぱいある。少しは身の回りからおもしろくしなくちゃね。にせの大同団結より、ちがいのわかる連帯を。フェミニズムの成熟がその段階まで来たことを、わたしは喜んでいる。

産む・産まないは女の権利

――1983

シカゴでWomen's Reproductive Right Movementという集まりに出かけてみました。日本流に言えば「産む権利・産まない権利」を女の手に、とでも言うのでしょうか。アメリカ人の女性が「わたしたち女性には、産まない自由がない」「産む自由もない」と語りかけました。

全くそのとおりです。洋の東西を問わず、問題は同じなのだな、という思いを深くしました。女性が妊娠中絶をすることはいつでも倫理的な非難の的になるばかりか、あまつさえ日本では、女性が妊娠しないことさえ、非難の対象になります。日本ではまたぞろ、優生保護法改悪の動きがむし返されているそうですね。こんな状態では、わたしたち女性に「産まない権利」があるとは言えません。けれどReproductive Rightのもう一方の重要な側面は「産む権利」もまた、それほど保障されているわけではない、という指摘です。

公私の分離のあとで、性と生殖がこれほど私事になってしまってからは、母になろうとする女に、一体だれが手をさしのべてくれるでしょうか。この文化の中で、だれもが母になることを女性に奨励(あまつさえ強制)しながら、実は、当の女性は、孤立無援で生殖の一切の責任を引き受けるほかないことは、出産のために家庭に入った女の人のだれもが、痛切に感じていることでしょう。

今の時代は、幸か不幸か子どもを「選んで産む」時代だから、「いつ産むか」「いつ産まないか」は、どんな人にも関わってくる重要な問題になります。合法的に子どもを産めるはずの夫婦の間でも、避妊のお世話にならない人はありません。避妊法には、ピル、リング、コンドームなどがありますが、スピーカーの女性は色々例をあげながら、女性にとって完璧な避妊法はない、と語りました。

ニューヨークの計画出産協会で入手したパンフレットの表紙に、計画出産に生涯を捧げたマーガレット・サンガーさんの美しい言葉が載っていましたが、それには「女性が産む自由と産まない自由を完全に手に入れるまでは、女性解放はない」とありました。全くそのとおりにはちがいありません。

「ディスカッションが始まると、男性が中絶について「何カ月の胎児から殺人になるのか」と倫理的な質問をしました。

「僕は、子どもの生まれる権利を問題にしているんだ」と言うと、出席していた女性たちが、いっせいに色めきたちました。「わたしたちは、女のことを問題にしてるんで、子どものことを言ってるんじゃない」と口々に反論しはじめました。わが身を棚に上げて、抽象的で倫理的な問題を言挙げするのがいつも男だというのは、これもいずこも同じ現象ですし、女たちが「わかっちゃいない」といっせいにヒートするのも同じ反応でした。

男の側の避妊法の話が出たので、わたしが「出席者の男性の皆さんにお伺いしたいのですが、精管結索手術(かんたんに言うと、パイプカットのことです)には恐怖を覚えますか？」と問いかけると、会場がシンとなったのも、おもしろい現象でした。

男らしさの観念は、受精能力に結びついていますから、パイプカットの考えは、それだけで男性を脅えさせるようです。男らしさや女らしさを支えているのは、観念であって、生理的な能力ではありませんから、パイプカットが精子の製造にどんなに影響がないか、人体に害がないか、ということをいくら説得しても、男たちはパイプカットに同意しないことでしょう。そして甘ったれて自己中心的な男たちに代わって、女たちばかりが避妊の責任を一方的にとらなければならないのです。わたしがたたみかけるようにそう言うと、みんなそうだ、そうだとうなずきました。

一人の若い男性が、おずおずと、パイプカットの復原手術(九〇パーセントの確率だそうです)の可能性や、自分の精子を凍結保存しておく精子銀行の話などを始めましたが、他の男性の不安感を除くには至らないようでした。

中絶は、いまアメリカで宗教家、生命科学者、政治家、女性解放論者など、さまざまな立場の人々をまきこむ、大きな論争になっています。この国は今でも、神のいる国ですから、生命をめぐる問題は、いつでも倫理的な色あいを帯びるのです。それを聞いていると、わたしは、神のない祖国、日本の、とことん世俗的な性格を、よくも悪くも思い起こさないわけにはいきません。けれどわたしは「女の権利」の問題が、抽象的で倫理的な問題にすりかえられてどこかへ飛翔していくのを好みませんから、ついつい発言してしまいました。

「日本はご存知のとおり、中絶天国と言われる国です。中絶というのは、もちろん当の女性本人にとって、痛ましい体験にちがいありません。けれど、中絶にどんな問題があるにしろ、選択のある社会の方が、選択のない社会よりは、たしかにのぞましいのです……」

そう語りながら、わたしは、自分が居心地の悪い思いに落ちこんでいくのを防ぐわけにいきませんでした。

「選択のある社会の方が、選択のない社会よりはのぞましい」――たしかにそうでしょう。わたしは何度でも、同じ主張を繰り返すでしょう。けれど、ことが「産む・生まれる」という、人間の生の根幹にふれる問題になると、わたしたちはとてつもなく微妙な問題に直面せざるをえなくなります。

人が人を産んだり、生まれたりすることに、理由が要る、という考えは、ほとんど悪夢のような観念だとは思いませんか。避妊を知らなかった時代の人びとは、子どもを産むことに、理由を求めたりはしなかったことでしょう。

「産む権利・産まない権利」がないうちは、女は自由ではない、というのは本当です。けれど、女が自由になっていくことは、女と男を、とんでもない近代の悪夢の中へ連れこんでいくように思います。女と男というカテゴリーは、ブルジョアとプロレタリアートというような社会的なカテゴリーとはちがって、人間が生まれ、産み、死ぬ、ということに関わる根源性を持っています。だから女が変わり、女と男の関係が変わる、ということは、生に対する人間の対し方が、根本から変わってしまう、ということを意味しないわけにいきません。この生の形式を定めたのが神サマならば、女の運動は、神にチャレンジするところに行ってしまいます。

「産む権利・産まない権利」を女の手に、という標語は、何という大それた要求なのでしょう。

産む自由・産まない自由の中で、女はあらゆる制度から見放されて「秩序の真空地帯」(P・L・バーガー)に立ちつくさなければなりません。産まない女ばかりでなく、産んだ女も無罪ではありません。「なぜ産んだの?」という問いは、「なぜ産まないの?」という問いよりも、はるかに重いことでしょう。

けれど一体、誰がこの問いに答えられるというのでしょう?

人類史は、生命の再生産を確保するためのさまざまな社会的・文化的な制度で満ちています。だからこそわたしたちは、異性愛へと強制され、生殖へと強制されています。しかしその制度が、強制ではなく選択だとわかってしまったときに、わたしたちに何を選び直すことができるのでしょう。そして、女たちは、いまその制度の解体を要求していることになるのです。

「産む権利・産まない権利」の要求がわたしたちをそうした根源的な問題にまで連れていってしまうこと、これは政治の問題でもましてヒューマニズムの問題でもなく、思想のたたかいであること、それを考え抜くタフさが、女たちに要求されているのだと思います。

全米女性学会議に参加して

――1984

六月二四日から二八日にかけて、米ニュージャージー州ラトガース大学で開催された第六回全米女性学会議「進路の舵《かじ》をとる――八〇年代のフェミニスト教育」に参加した。以下はその報告。

今年は日本人参加者による初めての公式セッション「日本型フェミニズムを理解する」が持たれたうえ、アジア人女性のネットワークが組織され、日米相互の視野の拡大に貢献した。

全米女性学会議(NWSA)は、全米最大の女性学研究者の組織で、七〇年代の女性解放運動がアカデミズムにもたらした落とし子である。アメリカの女性学の特徴は、運動との結びつきを強く意識していること。女性学の存在意義を、運動のための「理論武装」と位置づけている。

今年の会議の特徴は、フェミニズムの中の多様性と差異――人種、民族、階級、国籍、文化、障害、政治的立場など――が強調されたことである。フェミニストの間にある多様性と差異をおそれずに認め、ちがいを明らかにしたうえで連帯していくという、女性学の成熟を感じさせる大会であった。

初日の全体集会では、黒人、アメリカ先住民、アジア系アメリカ人の女性が、それぞれの立場に固有のフェミニズムについて語った。黒人教育に長くたずさわってきた女性は、女性が力を握ってきたブラック・アフリカの誇らしい歴史を子どもたちに教えるべきだと主張した。大会二日目の集会で、スペイン語系アメリカ人の女性は「わたしたちはみんな美しい――なぜって、一人一人がちがっているから」と発言して会場をわかせた。

今回の大会は、白人中産階級高学歴女性の独占物であった女性学への反省から、少数民族、労働者階級の女性にも門戸を広げていこうという基調のもとで、発言者が「わたしは白人女性だけれども」と前置きするような雰囲気があった。実験的な試みとして、少数民族、労働者の女性がそれぞれの利害について自由に話せるように、大会の中に一種の「自治区」を設けてもいた。

このしくみは来年度もひきつがれることになった。アメリカ社会の複雑さと、フェミニズムの中の多様性、その間の橋わたしの困難さ、それにもまして連帯への強い意志——を示した印象的な大会であった。

この大会の基調の中で、「日本型フェミニズム」のセッションを持ったことには大きな意義があった。アメリカのフェミニズムに時として見られるエスノセントリズム(自民族中心主義)を「脱中心化」し、相互理解の上に立つ、異なったフェミニズムとその間の協力というセッションの趣旨は、大会の目的にかなったものであった。

まず上野(筆者)が米日フェミニズムのちがいを、文化背景のちがいに応じた、「女性の男性化」による平等戦略(米)と、「男性の女性化」(日)による平等戦略のちがいとしてまとめたのをうけて、アメリカ人フェミニスト、アリス・ダンが日本での調査をもとに、労働基本法改正による生理休暇廃止の是非をとりあげ、日本のフェミニストは、母性保護を廃棄した「男なみ平等」ではなく、「保護も平等も」要求していると説明した。

次に日本からの参加者、樫原真理子と高橋真理が、栄松堂書店でのパートタイマーとしての闘いの経験から、雇用機会均等法制定と児童福祉法改正の方向が、女性に「職場の中の男なみ平等」か、主婦パートタイマーかのいずれかの選択を強いるものだ、と訴えた。

最後に上原ユリ子が、日本の女性は搾取されているだけでなく、発展途上国の女性の労働を搾取する立場にも立っていることを指摘して、日本型フェミニズムの全体を「脱中心化」してしめくくった。

今年の大会で、二つの自主組織、国際女性連絡委員会とアジア女性連絡委員会とが発足した。前者のオーガナイザー、ヴァージニア・サイラスは「アメリカ女性はどうやってあなたたちを助けることができるか」と問いかけて、日本人フェミニストから手きびしい批判を受け「わたしたちはどうやって学びあえるか」と訂正する一幕もあった。

後者では、日本、韓国、台湾、中国の参加者によって、共通の文化・社会的背景を基盤に、アジア型フェミニズムを考えていこうという新しい連帯も生まれ、大会最終日のスピーチで、会場の熱い支持を受けた。

来年の大会は西海岸のシアトル。アジア系移民の歴史が長い土地柄でもあり、アジア人フェミニストとの交流がさらに重要な意義を持つことを期待している。

こんな女たちとなら21世紀も悪くない

——1985

一九八五年六月、シアトルの全米女性学会第七回年次大会に出かけた。これで三度めである。この会議にはいつも興奮させられる。ただの学術会議とちがうところは、この会議に集まる女性たちがたいへんポリティカルで、自分たちを取り囲んでいる性差別と断固として闘うという気概を共有していることだ。「ポリティカル（政治的）」ということばは、この国では日本とちがう響きを持っている。それは「おカミ」のやることや政治家の権謀術数のことではなくて、自分たちののぞましい方向に「社会を変える」という行為に、コミットしていることを意味する。このアメリカ人のオプティミズムは、いつ見ても健康で爽やかだ。

この会議には、ひとつアメリカらしからぬところがある。それは、一人一人はおそろしく自己主張が激しいのに、全体としてお互いの間では支えあい励ましあう雰囲気が強いことだ。ご存じのようにアメリカの学会は、学者の見本市のようなもので、研究者の卵たちは職探しのインタビューのためにロビーを駆け廻る。誰もが他の候補者より目立とうと最大限の努力を払っており、にこやかな社交辞令の陰には、はげしい嫉妬心や競争心が渦巻いている。名のある学者でさえ、さらによいポストを求めて、自分をディスプレイすることにやっきだ。大学人の世界はどこでも、地位と名声を求める競争的なゲームである。だが、女性学会にはそれがない。むしろレーガン政権下で共通の圧迫を苦しんでいる者の、連帯がある。そこでは一人一人の研究者が生き残ることよりも、「女性学」というジャンル全体がどうやって生きのびるかという、共通の利害があるのだ。彼女たちはそのために、実践的な知識を伝達しあい、相互援助のネットワーキングを作る。女性学会は、年に一回、女性の連帯を祝いあうお祭り気分に包まれている。

彼女たちの力強さは驚くばかりだ。ステージを設定する力仕事から照明のメカニックスまですべて女性だし、フォトグラファーの女性も重い機材をラクラクかついで仕事をしている。女にはやればできないことはない、と彼女たちは実証している。彼女たちはこびないし、へつらわない。彼女たちの間にいると、わたしはアメリカ人の中でいちばん気持ちよく、美しい人びとの間にいるという気分がしてくる。

ところで今年は、七一歳になる女性が、若い女性の高齢者差別を激しく非難した。

それに勢いを得て、太平洋の小島から来た女性が、アメリカ人は自分たちのことをこれっぽっちも気にとめない、と自己主張をした。つづいて、ハワイの先住民の女性が、わたしたちにはわたしたちの問題がある、と訴えた。その後、身体障害者の女性が、自分たちにも発言する権利がある、とつづけた。少数民族も、社会的弱者も、声をそろえて「わたしたちはここにいる、わたしたちの存在を認めて。We want to be visible.」と声をあげた。

それはまったく感動的な光景だった。会の全体に、どんな人にだって、主体として生きる権利がある、あなたにはあなたの問題を、他の皆と共有しあう権利がある、という励ましの雰囲気が満ちていた。アメリカ人の自己主張の激しさときたら並みのものではないが、それにしても少数者や弱者が「わたしたちは弱い、わたしたちはちっぽけだ、そのどこがいけないの。わたしたちにだって生きる権利がある」と声をあげるには、誰だってそうしていいんだよ、という支えが背後になければ、なかなか出てくるものじゃない。

自己主張は強者の特権ではない。この会議の中ではマジョリティである白人中産階級のインテリ女性たちも、自分の属する集団では社会的弱者だから、弱者であるとはどういうことかについて十分に敏感だ。彼女たちは、少数者の言い分に耳を傾けようとするし、わが身を振り返ることを知っている。「男みたいに(支配的・権力的に)振るまう」と言われるのが、彼女たちにとっては最大の悪罵《あくば》である。

女のつくる集団は、男のつくる集団とはちがっているし、ちがっていなければならない。七〇年以降のリブの運動の中では、とくに組織論について激しい議論が闘わされた。彼女たちは、上下関係を徹底的に嫌うし、特定の誰かがリーダーシップを握ることも避ける。七〇年代の新しい女性グループはその点で、上意下達方式の地域婦人会のオバサンたちの組織――それはミニ権力機構だ――とは決定的にちがっている。そんなリーダーシップを欠いた組織がうまくいくわけがない、と思う向きには、この全米女性学会がいい参考になるだろう。彼女たちは緊密なネットワーキングで、毎年何千人にものぼる参加者から成る大会の運営を成功させてきている。

男たちは、権力的な意味で「政治的」な態度を骨の髄まで身につけている。男が現われるとそのとたん、リーダーシップをめぐってにわとりのつつきあいのような順位争いが始まる。どんなちっぽけな集団や座にもその権力ゲームがあって、はたから見ているとこっけいだが、本人たちは真剣だ。逆に言うと、権力ゲームの圏外に置かれた女たちだけが、男たちのこっけいさを嗤《わら》うことができる。

妙なもので、上司と部下、教師と生徒の間では、いつでも下位に置かれた方が上位にいる人間の状況や欠陥をよく見抜く。上に立ったとたん、まるで逆光で世の中を見るみたいに、周囲も自分のこともよく見えなくなるものらしい。いつも底辺にいる女は、スポットライトを浴びた権力者たちのみっともなさやこっけいさをよく知っているから、自分が同じ立場に立つかもしれないことに敏感だ。しかしこれは、よほど注意深くしていないと持続できる態度ではない。男たちの価値観は、まるで重力のようにそこら中に充満しているから、ちょっと気をゆるめるとすぐに巻きこまれてしまう。

女たちの集まりは、少数者や弱者に最大限の注意を払うことで、彼らを「醜いわたし」を映す鏡にしているのだと言える。弱者はいつでも正義ではないが、弱者に盲点を衝かれて彼女たちは正直に困惑し、うろたえ、謝罪し、反省する。弱者もまた、自己主張しながら、自分の依存性と自己中心性とを仲間たちの間で自己認識していく。「育てる」ということが女たちの美徳であると認めてもよいほど、ここには男たちの「ポリティクス」が成しとげなかった、お互いの間の「育ち合い」がある。こういう集団の中にいると、ふと二一世紀まで生きてみるのも悪くないな、という気がしてくるのだ。

「パイの中身」を作り変える時——1987

イギリスの西側に並ぶ小さな島国アイルランドの首都ダブリンで、第三回国際学際女性会議が開かれた(七月六—一〇日)。約五〇カ国から二〇〇〇人を超える女性が参加、約二五〇の分科会で活発な討論がくり広げられた(日本からは一四人が参加)。

アイルランドといえば、カトリックがまだ強い影響を持っている国。昨年、中絶に反対する国民投票が成立したところ。アイルランドの女性たちが、今回の国際大会をダブリンで開催しようと思ったのも、この保守的な風土に女の国際的な連帯で「外圧」を加えようという意図があったからだ。会議の最終日には、中絶禁止に反対する女たちのデモが持たれた。

〝男なみ〟でいいのか

今回の会議で、基調講演に招かれたのは四人。ノルウェーから平和研究に携わっているブリジット・ブロック＝ウトネ、インドから開発問題に関係しているカムラ・バシン、アメリカからフェミニスト哲学者のメアリ・デリー、オーストラリアから反核運動のヘレン・カルディコット——その四人が、はからずも口をそろえて主張したのは、女の解放が男なみになることだったら何の意味もない、ということだった。

女が男と対等になることが、同じように戦いに行くことだとしたら何の意味があるだろう。平等に競争に巻き込まれることだとしたら、女の解放とは何だろう。競争の機会が、男と女に均等に開かれているだけでは十分でない。どうやってこの競争社会を変えるか。人間が人間に敵対する社会を変えるかが問題なのだ、と彼女たちは熱っぽく訴えた。

とりわけ平和、開発、反核の運動に男性と共に取り組んでいる三人は、男性主導型の運動に大きな失望を表明した。力の均衡によって保たれる平和、経済的尺度で測られる開発、きわめて政治的な反核運動——もし平和や開発や反核が、男性が定義するようなものだったら、女性がそれに貢献する意味がどこにあるだろう？

サッチャー首相が槍玉に

女性たちがしなければならないのは、平和の意味を作り変え、開発を定義し直すこと、つまり「パイの中身」を変えることだ、と彼女たちは主張する。

「女たちは今まで一度だって大統領や首相のような重要な地位についたことがないから、かえって従来の考え方にとらわれない新しいやり方をあみ出すことができるのです」とカムラ・バシンは言う。だから、権力の地位について「男なみに成り下がった女」として、イギリスのサッチャー首相がつねに槍玉にあがった。

女性解放運動が起きてから約二〇年。女性はあらゆる分野にどんどん進出していった。その実績と自信が、「わたしたちがのぞんだのは、男なみになり下がることではなかった」と言わせているように思える。

〝世界の意味〟への挑戦

女性学の分野でも、この一五年に女たちは次々と知識の内容を作り変え、歴史を書き変え、社会を解釈し直してきた。メアリ・デリーは、神や教会という男たちが作り出してきた究極の「世界の意味」にまで挑戦している。彼女はフェミニストの間で、熱狂的な支持を受けている。

この二〇年、女たちがやってきたことは、たんに男社会のゆがみを告発することばかりではなかった。世界の各地で、男たちの思想、運動、組織とは違う新しい何ものかを作り出しつつある、という確かな手応えをわたしは得た。

世界の半分を知らない男たち

男たちは、世界の半分がやっていることを知らない。世界の半分が何を考え、何をのぞみ、何をしようとしているかに男たちが注意さえ払わない間に、大きな地殻変動が起きている。女はおそろしく力強くなった。もう黙らせることは、誰にもできないだろう。

次回の国際大会は、三年後一九九〇年にアメリカ・ニューヨークのハンター大学で開催される。この女たちの国際的な「外圧」を、日本に招き寄せることができるのはいつのことだろうか。

首相の「未婚の母」のすすめとフェミニストのディレンマ

——1987

この七月インドからの帰路にシンガポールへ立ち寄った。朝日新聞記者松井やよりさんの友人のライ・アーエンさんを船橋邦子さんから紹介してもらって、彼女とディナーの約束ができていた。連絡をつけると、それどころじゃないと言う。緊急事態が発生して、今夜フェミニストの間でミーティングを開くから、約束をキャンセルしてほしいとの話。いろいろやりとりしているうちに、コトは日本にも関係しているらしく、それなら日本のフェミニストが集会に加わってもいいだろうと、彼女に同行することにした。

ことの発端は、昨年一二月二九日に、リー・クアンユー首相が春節(旧正月)の祝賀メッセージの中で、シンガポールの出生率が大幅にダウンしたことを憂えて子づくりのススメを説いた際、あろうことか日本の田中角栄元首相に言及して、女性に「愛人

(mistress) になるのも一案だ」と説いたことにある。もちろんシンガポールの女性たちは激怒した。

日本の国民が田中角栄を犯罪者とし訴追したのに、今ごろ田中氏を引きあいにだすのも時代錯誤だが、リー・クアンユー首相の言い分によればこうだ。「田中氏は、国会に妾《めかけ》と子どもがいることを追及された際に、率直にその事実を認めた。田中氏のような男性がいるから日本の社会がダイナミックなのだ」と。

事実上の一夫多妻婚 (polygamy) のすすめは、もちろんたいへんな物議をかもした。ニューヨーク・タイムズの記者がリー・クアンユー首相にインタヴューするという一幕もあった。

首相のスピーチの背景はこうである。シンガポールの出生率はこのところ激減している。とりわけ、中心をしめる中国系人口のなかで人口低下は著しい。シンガポールは東南アジアの中で、ほとんど唯一、よく管理された「中産階級国家」をつくり出すことに成功した社会だが、この中産階級社会は同時に学歴社会でもある。伝統的な上昇婚 (hypergamy) が学歴階層制と結びつくと、結婚は日本とよく似た学歴間上昇婚 (女性が自分と同等かそれより上の学歴の男性と結婚する) となる。したがって高学歴の女性ほど、結婚率が低くなる。もちろん、自分とマッチする学歴の男性人口が少ないということもあるが、そのほかに、高学歴の女性は結婚しなくても自活する手段を得ているし、また家父長的な婚姻をきらって独身にとどまる、という事情もある。

高学歴の女性が結婚せず子どもを産まないというのは、国家にとって損失である。というのは高学歴の母親から産まれた子どもは学業成績がすこぶる優秀だからである。

シンガポールは人口不足に悩んでいるからといって、国民のすべての階層に子づくりを奨励している訳ではない。資源小国シンガポールにとっては、テクノロジーと人材だけが「資源」だから、子どもは子どもでも、優秀な子どもでなければならない。だから、高学歴女性の出産には、さまざまな優遇措置がとられている。

学歴上昇婚は、婚姻連鎖のトップとボトムに、「結婚しない女」と「結婚できない男」をつくり出す。高学歴の女と、低学歴の男である。だが、リー・クアンユー首相も、高学歴の女が低学歴の男と、学歴にこだわらずに結婚するようにすすめたりはしない。Hypergamy is O.K.——

上昇婚は、社会の階層秩序と家父長制的な結婚制度を維持するには重要だからだ。

その代わり、首相は、高学歴のシングル女性に「角栄のように」富も権力もある男の愛人となって「未婚の母」になりなさい、とすすめる。このメッセージはフェミニストにとってすこぶるアンビヴァレントだ。時の宰相が「未婚の母」はOKだ、婚姻外の子ども（非嫡出子）に対する差別はなくそう、と言い出したのだから。未婚の母や非嫡出子が差別を受けずに生きていけるような社会を、フェミニストは久しく願ってきたのだから。

ライさんたちの緊急集会は、首相の発言に対するフェミニストの抗議声明を起草するインフォーマルな集まりだった。AWAREというシンガポールの女性団体による、首相の発言への初の公式声明になるはずのものだ。ジャーナリズムもそれを注目して待っていたから、ライさんたちの協議は、一字一句にわたって、とても緊張に満ちたものだった。ライさんと彼女の仲間たちの好意でわたしはその場に居あわせるという得がたい体験をした。

彼女たちの議論は、いくつもの点で錯綜したものにならざるをえなかった。

まず第一に、シンガポールの人口は、中国系、マレー系、インド系の三大人種から構成されている。このうち中国系を除いて、宗教的にはヒンディーとムスリムが多い。ヒンディーとムスリムはもともと一夫多妻制を認めている。法律は重婚を禁じているが、彼らの慣習法の中では、一夫多妻婚は今でもおこなわれている。リー・クアンユー首相の「一夫多妻婚のすすめ」は、このヒンディー法やムスリム法のもとでおこなわれている抑圧的な一夫多妻制を追認することになる。だからフェミニストの立場は、近代的な一夫一婦婚を伝統的な一夫多妻婚に対して擁護する、というものになる。皮肉なことに一夫一婦婚の近代的な抑圧に対して、フェミニストは長く闘ってきたというのに、である。フェミニストはここでは、「家族と婚姻制度を守る」というモラル・マジョリティの立場に立たされてしまうのである。

第二に、リー・クアンユー首相の言う「未婚の母」のすすめと、非嫡出子差別の緩和こそ、フェミニストが久しくそれを求めて闘ってきたものだった。それに異を唱えることだ。フェミニストは結果的に、婚姻と婚姻の中で生まれる子どもを擁護するという保守的な立場に、心ならずも立たされてしまう。

まだまだワナはある。第三に「未婚の母」のすすめは、高学歴で自立した女性の単親世帯 single parent family を生む。これは「夫はいらないが子どもはほしい」という家父長制をきらう女性たちの自立欲求にうまくマッチするだけでなく、父親になる男たちから育児責任をなくす。男たちにとってこんなにいいことはない。首相の発言の中には、子育てに男女両親の責任があるという認識が脱け落ちている。だがフェミニストは同時にシングルマザー・ファミリーが安心して子どもを育てられる社会を求めてもきたのだ。首相の発言は、皮肉なことにそのフェミニストの闘いに支持を与えてもいる。あれやこれやで、どの立場に立つことが反動的なのかそうでないのか、彼女らの議論は錯綜したものになった。

AWAREのコミュニケの内容の大すじは、一夫一婦婚は女性が獲得した権利であること、女性を愛人の位置におとしめるような首相の暴言は認められないこと、というものであった。その前文で、彼女たちは、くり返し過去数十年にわたるシンガポールの発展に女性の力がどれほど貢献したかを訴えた。別な政治的な文脈に置いたら、おそろしく保守反動的に聞こえかねない彼女たちの声明文の草稿を読みながら、ただ一人の異邦人であるわたしは、複雑な気持ちだった。

全く妙な時代なのである。体制と目されている側が、フェミニストの要求を逆手にとって、先手先手と打ちかねない時代である。

一歩たたかい方をあやまると、フェミニストの方が保守にまわらざるをえない。問題は、もう少しずれたところにあるのに。たとえばこの例では、第一に、性別役割分担を解消して育児責任を妻と分かちあおうとしない男性に、第二にどこまでも自分の能力より劣る女性を配偶者にもとめようとする家父長制的な上昇婚の制度に、より根本的な問題があるだろうに。

ライさんたちのやりとりを聞きながら、わたしは他人ごとではないと感じた。アジアでもう一つの例外的に成功した「中産階級国家」ニッポンにとって、しかも資源小国、人材大国をめざすほかに第三次技術革新下の新国際分業体制を生きのびるすべのないニッポンにとって、シンガポールのケースは「明日はわが身」なのだ。そればかりではない。雇用機会均等法の攻撃のもとで、いま男なみにがんばって働くことがいったいフェミニズムのためなのか、そうでないのか、わたしたち自身がわからなくなっているのではないか。ピルの解禁に賛成すればいいのか反対すべきなのか。女子大生の就職を応援すべきなのか。活動専業・主婦として地域にとどまるべきなのかどうか。

どの立場に立てば解放的なのか、それとも反動的なのか、わたしたちは手さぐりで歩くしかない「混迷の時代」を迎えている。シンガポールでの経験は、わたしにおそろしくいろいろなことを考えこまさせた。

いま女のおしゃべりが最高におもしろい
——1987

女は本にお金を使わない、と京都で唯一のウィメンズブックストア、そして日本で最初の「女の本屋」さんの店長、中西豊子さんは嘆く。だから一九八二年、はじめてウィメンズブックストアを開店した時、業界の人々の反応は、「女の女による女のための本屋」イコールもうからない、と解いて、冷笑的だったと言う。

女が本にお金を使わないのは、第一に女にはお金がないからだ。第二に、お金があっても自分のためにではなく、夫や子どものために使うからだ。第三に、たとえ自分のために使うお金でも、行き先は化粧品や洋服に化けて、めったに本など買わないからだ。第四に、本を買う場合でも、せいぜい婦人雑誌か編物や料理などの実用書で、活字のぎっしり詰まった本など手にとってみたりしないからだ。第五に、活字の大好きな女性は、ほとんど元文学少女、いま文学オバンで、こういう女性に売れるのは渡辺淳一の不倫小説か田辺聖子のカモカのおっちゃんシリーズの類、こむずかしい「女性問題関連図書」なんか読まないからだ。第六に……いやもうたくさんだろう。

今から四、五年前に、京都の書店組合が女性向けのブックフェアというのをやった時に、各取次店から寄せられた本の大半は、美容、健康、料理、手芸などの実用書、冠婚葬祭のマナーブック、そして女性向けの小説類だった。会場にわざわざ出かけたわたしは、女ってこんな本しか読まないとタカをくっているのねと、主催者側の態度にプンプンしたものだった。

ところがこのところ、この「常識」に異変が起きている。女の本が売れ始めているのだ。しかも小説や実用書でなく、ルポ、エッセイ、ノンフィクション、果てはお堅い研究書や理論書に至るまで、「女」と名がつく本が売れている。本屋でも女性図書コーナーは、堂々と一画を占めるようになった。

一九八六年版の「女性問題図書総目録」によると、八六年三月現在で女性問題関連図書は一五〇〇点。内容は、「家族」「性」「労働」「婦人解放」など多岐にわたる。点数が増えただけでなく、女ものに見向きもしなかった老舗の出版社が、女性問題関連図書にのり出すようになった。「女もの」が商売になり始めたのである。

理由の第一は、女が本を読むようになったことである。第二は、女の読む本が増えたことである。第三は、「女の本」を、女だけでなく男も読むようになったことである。男性読者もつかなければ、女性のさびしいふところだけをあてにしていては、商売が成り立たない。

最近のトレンドは、男性読者向けの「女性問題関連図書」が出てきたことだ。八六年四月には、樋口恵子さんらの『日本男性論』(三省堂)が出たし、続いて渡辺恒夫さんの『脱男性の時代』(勁草書房)が出た。つまり、これまでの「女の女による女のための本」から、「女の女による男のための本」を経て、ようやく「男の男による男のための」女性問題関連図書が出はじめたのである。こうなれば、もう「女性問題関連……」と呼ぶのはふさわしくない。「男女問題」とか「両性学」とか言わなければならないところまできた。

そして第四に、もっとも大きな理由として、女たちが声高に語り始めたということがある。「女性の自立って、ギャアギャアわめくことじゃなくって、黙って実行することよ」と、かの大女優メリル・ストリープが言ったとか。「自立自立ってさわぐのはもう古い」と言うが、ちょっと待ってほしい。女たちが騒ぎ始めたのはよほど新しい。昔から女は黙ってけなげに自立してきたのである。新しいと言えば、女たちが自分の経験やフィーリングを、他人のコトバを借りずに堂々と言挙げしはじめたことこそが新しい。女たちがしゃべり始めてみると、女について男がつくった神話や思いこみは次々に化けの皮がはがれた。山田詠美さんは女も男と同じく能動的な性欲を持っていることを示したし、伊藤比呂美さんは、出産はウンコを出すのと同じであると証明した。こんなに新しい「発見」があっただろうか?

女は黙って自立する、はもう古い。いま、女のおしゃべりが最高におもしろいのである。女が女自身について、男について、世の中について、しゃべり始めると、コロンブスの卵みたいに世の中の見え方が次々に変わっていく。そうしてみると、これまで世の中については、ずいぶん一面的に男の目でしか、見えていなかったのだなということがわかる。ディスカバー・ジャパンどころじゃない。女によるディスカバー・ザ・ワールドが起きているのである。

差別撤廃条約で主婦は失業する？
——1985

　国連女性差別撤廃条約が、一九八五年に国会で批准された。一九八〇年、国連婦人の十年中間年の国際会議がコペンハーゲンで開催されたとき、日本代表の高橋展子《のぶこ》さんは、この条約に署名をすませてきている。

　内容を読めば、当時の日本の状況からも、そして五年後の現状から見ても、条約の中身はまったく過激ともいえるほどだから、よく日本代表が署名を決意したものだ、と驚く。コペンハーゲン会議の直前まで、日本代表が署名をするかどうかで政府筋がもめた、というのもうなずけるし、その後も批准に向けての国内法の整備が思うように進まなかったという経緯ももっともだ。

　署名した国際条約を国内に帰って批准しなければ、国民を代表して条約締結をした政府が、国際社会に対して面目まるつぶれになる。本当なら内閣総辞職なみの面目失墜だ。

条約は結局批准されたが、主として戦前生まれの保守党のオジサンたちが、こんな条約を支持してほんまにいいんかいな、とつい心配になるほど、条約の掲げる理想と、わが国の現実はほど遠い。

女性差別撤廃条約が、これまでのどんな女性の地位向上のための施策とも違うのは、それが「男女の定型化された役割」（前文）を否定している点だ。「女が男と平等だって？　もってのほか」と怒りだすおそろしくおくれたオジサンたちを除いて「男女平等？　フーン、当然じゃない」と今どきの女や男は同意する。

先輩の女性運動家たちは、婦人参政権を求めて闘ってきたし、日本の憲法には、性による差別を禁止する二四条がちゃんとある。押しつけ憲法といわれる日本の憲法に性差別禁止規定があり、日本にその民主的な憲法を押しつけたはずのアメリカの憲法にそれがない、というのも皮肉な話だが、それだからアメリカの女性たちは、ＥＲＡという男女平等憲法修正条項を求める運動を起こさなければならなかった。しかもこのＥＲＡは、保守派の根強い抵抗にあって、中途で挫折している。

もうとっくに男女平等じゃないの、と思う人びともいる。女性は参政権を持ったし、国会議員に女が三％しかいないといっても、結局女が女に投票しないからじゃないの。学校は男女平等だし、職場が平等じゃないっていったって、女の子は自由意思で家庭に入るんだし――。

好きで入ったはずの家庭で「だれが食わしてやってるんだ」という切り札は、どうやらあいかわらず男たちが握っているらしいし、平等なはずの学校でも、できる女の子は嫌われる。法的な平等が実質的な平等にいっこうに結びつかないのはなぜかを、いろんな人が「封建的な男尊女卑の考え方が残っているからだ」「女の子の甘えが問題だ」「妻の家事労働の価値が過小評価されているからだ」等々と考えてきた。こうした議論に対して、差別撤廃条約は、男がやること・女がやることが決まっている限り、つまり区別がある限り差別はなくなりません、と決定打の回答を出したのだ。

教育の場や職場での女性差別は、まったく不当かつ不公正と考えられているけれども、その元凶は、家の中での「夫は仕事・妻は家庭」という性別役割分担にある。これこそが性差別の根源だから、これをやめなさい、と条約はいっている。

特に「子の養育及び発育における男女の共同責任(第五条)」を、条約は強調する。つまり父親に、仕事を早くきりあげて育児に参加しなさい、とすすめる一方で、女性に家事育児に夫をひきこむと同時に、あなたも働きに出なさい、と言っているのだ。つまり条約は、「専業主婦」の存在を否定しているのである。

専業主婦を否定されると、夫たちだけでなく、主婦自身も「失業」するから、一部の人たちはパニックに陥っている。たとえば『中央公論』一九八五年五月号で「主婦・教員」の長谷川三千子さんは「男女雇用平等法は、文化の生態系を破壊する」という論文を書いて、性別役割分担を否定した差別撤廃条約が、日本の伝統文化を破壊する、男と女は区別があって当然なのだ、と条約に署名した政府の「暴挙」にあきれかえっていた。

その後、法学者や経済学者から、たかが法律ごときで文化の基層は壊れない、という、条約に賛成なのか反対なのかよくわからない反論が出たり、同じ年の一〇月号には富士谷あつ子さんが「固定的性別役割分業こそ文化の生態系を破壊する」の中で、「男は仕事・女は家庭」の性別役割分担が、たかだか明治以来一〇〇年の「伝統文化」にすぎないと論じた。

アメリカのＥＲＡ反対運動の急先鋒に立ったのも、女性たちだった。彼女たちはＥＲＡが通って「男女が平等」になったら、女も男なみに戦争へ行かなければならなくなる、と言って反対した。でも、どうして、もうひとつアタマの切り換えができないんだろう？「男女が平等」になったら、男も女なみに戦争へ行かなくてすむ、というように。戦争なんて「男の仕事」は、ないほうがいいのだ。

仕事にも家庭にも、つらいこともあれば、いいこともある。仕事の上の達成感や人間関係の広がり——それに何よりオカネ——から、女がのけ者にされているのはおかしいし、家族に対する人間的な配慮や子育ての哀楽に、男の居場所がない、というのも情けない。

男と女が二人で家族を作るなら、稼ぎ、食べ、愛し、育てるという暮らしを、同じように分かち合おうじゃないの、という当たり前の真理を、条約は言っているだけである。条約は「専業主婦」だけでなく、「専業働きバチ」も否定している。そのためには、女が男なみに働くよりは、男も女なみに家庭参加するほうが先だろう。

稼ぐだけで暮らしを知らない男と、消費するだけで暮らしを支えることを知らない女との、双方の疎外と退廃から、人間の暮らしを救い出そうというのだ。

石器時代と現代のあいだ

——1985

雇用機会均等法が成立した。この法律は労使双方からすこぶる評判が悪い。

使用者側からは、職場の男女平等なんか実現したら、日本経済はガタガタで企業の国際競争力が落ちる、と圧力がかかるし、女性労働者の側からは、罰則規定なしで努力義務だけの「平等」では絵に描いたモチ、その上労働基準法の改悪——女子保護規定の廃止——と抱きあわせの「保護ヌキ平等」では、やらずぶったくりだと不満の声があがるのも当然。

こんな法律がなぜ通ったかは、国連婦人の十年最終年のナイロビ会議にすべりこみセーフの間にあわせだということは一目瞭然だが、この法律の成立過程で、元の「雇用平等法」がいまの「雇用機会均等法」へと後退していくさまを見ていると、政府・使用者側が、何を意図しているかがはっきり見えてくる。つまり、職場で男と平等に扱われたいキャリア志向のエリートウーマンには、甘えを捨てて男なみに働け、と要求する一方で、結婚もしたい子どもも産みたいフツーの女たちには、「家庭の幸福」がほしいなら職場では二流の地位に甘んじろ、男なみに働けないなら文句を言うな、と不満を封殺したいのだ。

「男女平等」の資本主義的解決は、エリート女とただの女への女性労働者の二極分解である。この現象は、女性解放先進国で軒なみ起こっている。しかも、キャリアウーマンと言われる女性たちだって、実情は少数の例外的な女性が、言いわけもどきに企業のショーケースにディスプレイされているにすぎない。

政府と企業が迫る「男なみ平等」か「女に甘んじての差別」か、という二者択一は、一見もっともらしく聞こえるけれど、おっとどっこいそのワナにははまらない。向こうの土俵にのる代わりに、発想を転換してロジックを組み換えたら、答えはただ一つ――労働の女性化だ。女たちは男にこう言ってやればいい、「あンたたち、誰のおかげで「男なみ」に働いてられると思ってンのよ」。男が「銃後の支え」を失ったら、男だって「男なみ」には働けなくなる。父子家庭が抱える問題を見てみるといい。男が「女なみ」になりさえすれば、女だって無理な競争をさせられずにすむのだ。「労働の女性化」とは、家庭持ちの労働者――女も男も――が、無理なく仕事と家庭を両立させることができるような労働のしかたを言う。

だがそれは、男親や女親が、職場に乳呑み児とおむつバッグをかかえて行って、執務のあいまに赤ン坊に乳をやったりおむつを替えたりするような仕事のしかたを言うのだろうか？　しかし効率重視の現代の職場は、育児のようなムリ・ムダ・ムラの多い人間くさい仕事とは、ほとんど両立しない。それならいっそのこと、自宅を仕事場に自営業を営んで、仕事と子育てを無理なく両立させればいいのだろうか。現に脱サラ、ペンション経営を実行して、家族ぐるみ生活の場を仕事の場にしてしまった人たちもいる。しかしサラリーマン化がこれだけ進行した今日、誰もが脱サラを実行できるわけではない。その上、脱サラはえてしてサービスセクターに限られるから、国民がすべて脱サラ自営業化したら、日本経済はパンクしてしまう。

だとしたら、職住分離が避けられない今日の社会で、家庭持ちの労働者が「仕事と家庭を無理なく両立」できる条件、とは何を言うのだろうか。——結局は、男は仕事時間をへらし、女は家にいる時間をへらして、どちらも家庭と職場の両方を、バランスよく往復するしかないだろう。男は家庭と職場を往復して公私の顔を使い分けてきたが、女にも二つの生活——場合によっては三つも四つもの——を持つことが要求される。女はこれまで一〇〇％べったり家庭人でいられたが、職場に出たら、やはり「妻の顔」「母の顔」は捨てなければならない。男たちがこれまでそうやってきたように——とは言え、男の方は「夫の顔」「父の顔」をほとんどしないですんできたから、その落差に自分で気がついていないだけだ。一日の中で「夫」「父」の時間がふえれば、妻にどう対処していいのか、子どもにどう口をきいていいのか、あわてふためく男たちも出てくるだろう。男たちは「夫」「父」の出番が少なかったからこそ、自分が「夫」役、「父」役をちゃんとこなせる、こなしている、と錯覚してきたにすぎない。

ということはつまり、これからは男も女も、仕事の世界と家庭の世界を往復しながら、職業人の顔と家庭人の顔の間の落差を生きなければならないということだ。ハイテク時代の産業社会で職場が現状から変わることはあまり考えられないから、仕事の場では、あいかわらず高速の能率や高い業績が要求されるだろう。そこでは現代人は、スーパーモダンな生活を強いられる。ところが家に帰れば、そこには子どもがいる。大人は生活の場のさまざまな分断や区別を操作することができるが、子どもはそれに耐えられない。小さな子どもに「公私の別」を教えこむのは至難のわざだ。あたりまえである。「公私の別」なんて大人の世界が勝手に作ったもので、子どもの知ったことじゃないのだから。

ある女性は、自分の赤ン坊とつくづくつきあってみて、赤ン坊のことを「石器時代人」と呼んだ。なるほど、今でも石器時代を生きているニューギニア高地人と現代人とを比べて見ると、大人はおそろしくちがうが、子どもはほとんど変わらない。石器時代以来、大人の生活が変化したほど、子どもは変化していないのだ。つまり二〇世紀の子どもたちは、生まれてから二〇年ぐらいの間に、猛スピードで四万年ぐらいの時間を駆け抜けるわけだ。現代人の生活が、子どもの生活とテンポがあわなくなっているのも無理はない。

だからと言って現代人の生活を石器時代に戻すのは無理だから、わたしたちにできるのは、石器時代と現代とを、一日の間に猛スピードで往復することである。この落差と断絶は、カルチャーショックに値する。まったくクレイジーな生活である。現代人は、こういう落差のある生活を、男も女も、営むほかないのである。

とはいえ、石器時代人とつきあうのは、わたしたちの中にある石器時代の感覚を呼びさましてくれる。これは心身の健康を維持するにはもってこいのセラピーだろう。いずれにせよ、家庭も職場も交際も、どちらも持ちたいと考える男や女は、子どものいる「石器時代」、おつきあいの「中世」、ハイテク・オフィスの「二一世紀」をめまぐるしく駆け抜けながら、この落差をしたたかに生き抜くほかはないだろう。この分断されたライフスタイルを「疎外」だとか何とか言って、一つに「統合」しよう、なんていう戦略は、残念ながら時代錯誤にしかならない。

燃えるマグマにいま形を！ ——1986

女性をめぐる状況は、ふたたび混迷を迎えている。国連婦人の十年を経過して、女性解放の思想は草の根に根づき、女性の暮らしと意識はあと戻りしない変化を経験したが、その中でかえって、「何が解放か」が見えなくなっている。一九八五年六月、国連女性差別撤廃条約の批准に間にあわせて、すべりこみで制定された「男女雇用機会均等法」は、八六年四月一日から施行を迎えるが、この法律をめぐっても、女性が「保護ヌキ平等」を求めてどんどん職場へ進出していったらよいのか、それともそれは女性が資本制の思うツボにはまって、ますます企業による女性の抑圧と搾取を強める結果に終わるのかという立場が対立している。

八五年一一月三日、「社会主義理論フォーラム」は「女性部会」に一四〇人の参加者を集めて熱気あふれる集まりを持ったが、その中の中心セッションのテーマは「さまざまなフェミニズム」だった。フェミニズムの成熟にともなって、解放戦略もまた多様化している。「女権か母性か」という伝統的な対立に加えて、女性の職場進出をめぐって新たな混迷と展開が見られた。女性の職場進出と経済的自立は、長い間、社会主義婦人解放論の立場からもリベラル派フェミニズムの立場からも、女性解放の第一義的な戦略として支持されてきたが、この「労働への参加による解放」に対して、全く逆に「労働の拒否による解放」戦略が打ち出された。加納実紀代氏は「今こそ社縁社会（職場）からの総撤退を」と呼びかける。銃後史を掘り起こして女の戦争加害責任を久しく追及してきた氏にとって、女が社縁社会に巻きこまれていくことは、日本資本主義への加担を強めていくことにしかならないと映るのだろう。「ニュー・ワーキング・クラス（新しい労働者階級）」と呼ばれる今日の若者たちが、私生活志向を強め企業バナレを起こしている中で、意欲と能力にあふれた女子学生は、いま企業にとってもっとも使いでのある労働力となっているという逆説の中に女性はいる。

「女性解放のためにいま何をしたらいいのか」という問いに答えて、あるフェミニストは「何もしないことが、いま一番の女性解放だ」と答えている。エコロジストやヨーロッパ系フェミニズムの流れにいる人びとが、これに唱和する。もちろん人は「ドロップアウトする自由」も「他人に寄食する自由」も持っているが、職場から撤退した女が戻る場所が家庭にほかならないとしたら、家庭も「解放区」ではありえない。女は「労働に参加」することで資本制に加担しているかもしれないが「労働を拒否」することでも資本制の受益者・加担者になっているからである。「フォーラム」の副題にあるごとく、まことに女性をめぐる状況は「往クモ地獄、還ルモ地獄」のジレンマの中にある。

職場進出が解放なのだろうか

フェミニズムの多様化が起きてきた背景には、女性の生活をめぐるオプションが現実に多様化したことがある。女はすでに兼業主婦となって「仕事も家庭も」持つこともできるし、専業主婦にとどまることもできる。専業主婦にとどまったからといって、女は家にいるわけではない。ポスト育児期以降の女は、専業・兼業を問わず出歩いているし、今どき女に家にいることを要求する暴君的な夫はいない。女性の暮らしの変化に敏感なマーケッターたちは、彼女らを「家内」ではなく「家外」、「奥さん」ではなく「外さん」と呼ぶべきだと提案する。

ひととおりのオプションが出そろって、そのどれをも経験してみると、その実態と問題点が浮かびあがってくる。たとえば、長い間職場進出は女性にとって解放だと信じられてきた。「仕事も家庭も」手に入れた兼業主婦の暮らしは、それだけで女の抱えていたモヤモヤをいっきょに解決するように——やってみるまでは——見えた。とりわけパート就労型の暮らしは、人間らしい家庭をこわさないでかつ外での仕事も持てる、女にとってまことに理想的な仕事と家庭を両立した選択のように見えた。だが、いったんそれが現実化してみると、兼業主婦の生活の実態は思ったほど羨《うらや》むべきものでないことがわかる。彼女たちは第一に忙しく、負担が多い。そのわりに入るお金はわずかであり、そのうえ仕事の内容ときたら単調でつまらない。こういう現実を目の前にして、多くの女性たちが、はした金と引き換えに自由や時間的な余裕を失いたくないと考えて、兼業主婦化のオプションの前で足踏みしている。

他方専業主婦にとどまった「出歩く妻」たちを待ち受けているのは「生きがいを求めてあちらの教室、こちらのサークルとさまよう「カルチャー・ショッピング」」、ついには行きくれて行き場を失った「主婦難民」か、その場しのぎのせつな的快楽を追い求める「金曜日の妻たち」［八〇年代にヒットしたテレビ番組のタイトル。「金妻する」は「不倫する」の代名詞］の退廃である。

もちろんカネで買えない「時間という資源」を有効利用している女性たち——脱専業主婦という名の「時間貴族」たち——もいる。だが、彼女らのヒマが夫のカネで買われたものだという事実を見れば、そこには「ニュー・レジャー・クラス（新しい有閑階級)」の退廃が待っている。

いずれにせよ、女の暮らしに多様なオプションができたのはたしかである。女性は多様化し、ひとくちで「女」とか「主婦」とか語れなくなっている。女性層の分解が進行しているのである。問題は、この女性の暮らしの変化やオプションの多様化が、ほんとうに女性自身がのぞんだ結果なのだろうか、ということである。

女性の職場進出について言えば、それは女がのぞんだ結果よりもむしろ、戦後一貫して女性を職場に引っ張り出したのは企業の方だったと言える。企業が女性の労働力を必要としていたからこそ、女性の職場進出は実現したのである。それと共に、家庭でも妻の家計補助収入が不可欠になっていく。高齢社会化にともなって年功序列・終身雇用がくずれ生活給から職務給への移行が起こるのにともなって、男一人の給料では一家を養っていけなくなっている。

女性の暮らしの変化は、何よりも七〇年代以降の日本の産業構造・社会構造の変化の反映である。

わたしは日本の大衆社会は終わったと考えている。「みんな中流」の幻想の下で進行していたのは大衆の分解だった。明治以来一〇〇年、日本の大衆民主主義の幻想を支えていた階層間移動性は低下している。職業の世襲性は高まり、親の代の資産形成が子の代の㊎、㋪［マル金、マルビ。金持ちと貧乏人の両極端にレッテルばりする当時の流行語］を決める時代が到来しているのだ。

この一〇年、女たちの暮らしと意識は大きく変化したが、それは何もフェミニズムの啓蒙のおかげではなくて、あと戻りのきかない暮らしの変化を追いかけて、女たちが自分のアタマの中を必死であわせてきた結果なのである。女と男をまきこむあと戻りしない暮らしの構造的変化、それに直面した女性の意識の変化、この変化した現実にいっこうに気がつかない、取り残された男性たち——というのが、女と男を取り囲む今の構図だというのが状況認識である。

国連女性差別撤廃条約は「社会生活へのあらゆる局面への男女の共同参加」を女性解放のゴールに置いて「男女の同質化」戦略を打ち出した。保守派がどんなに嘆こうと、フェミニスト多数派のコンセンサスはすでにこの方向に形成されている。だが、皮肉にもと言おうか、偶然にもと言おうか、この方向は、今日の高度産業資本主義の目ざしている方向と、ぴったり一致している。今日の資本制は、産業構造の再編の中で「ジェンダー」という変数の再編を目ざしているが、それは「ジェンダー」を無効化する方向に、つまり「男女の同質化」に向かっている。

女を食いものにするのも女？

フェミニストにとっても資本家にとっても、戦略戦術のちがいは、ただ「遅かれ早かれ」のタイムスパンの差にすぎなくなっている。だが、一見同じ方向に歩んでいるかに見えるフェミニストと資本家が、この「ジェンダーの再編」過程をどちらの側につごうよく回収していくかには、決定的なちがいがあるだろう。「女の時代」はつねに女自身にとって両刃の剣である。

たとえば男女雇用機会均等法の施行をめぐって、使用者側のとまどいと混乱があると報じられている。女性労働者の側からは、この法律は、使用者主導の「骨ヌキザル法」であり、一部のエリート女子労働者を生み出すことによって「男女平等のショーウインドウ」を作るものにすぎないとの批判がある。だがたとえ「ショーウインドウ」にすぎないとしても、そこには女子労働者の「やる気」をモチベートする効果がある。企業は、長い目で見れば女性を戦力化する以外に生きのびる道はない。

昨秋の就職戦線で、ある業界三位のコンピュータ関連会社が、コンピュータ・ソフトの開発要員に大卒女子を四〇人大量採用したという「異変」が起きたと聞いた。偏差値輪切り、指定校制度のもとでの新卒就職戦線で、男子大卒は上から順番に業界一位、二位の会社に入社していく。この偏差値階層制の中では、業界第三位の会社は、いつまでも一位と二位の落ちこぼれを拾いつづけるしかない。男子大卒に固執するかぎり、そうなのだ。第三次技術革新でしのぎを削るソフト業界で、業界一位の会社と対等にわたりあっていこうと思えば、優秀な人材が決め手になる。「男子に限る」という枠をはずして発想の転換をはかれば、この企業はトップクラスの男子と互角にわたりあえるトップクラスの女子学生を採ることができるわけである。ここでは、性差にこだわることが企業の死活問題になる。

女性解放の思想は、意欲と能力にあふれた女性たちを励まし、労働市場に送り出す。そしてその女性を戦力化する必要に何より迫られているのは企業の方なのだ。女子労働の戦力化に失敗した企業は、企業間競争に勝ち抜けないだろう。

女性の戦略化が要請される背景には、三つの事情がある。

第一は情報産業化にともなう第三次技術革新の波である。高度産業資本制の完成とともにビッグビジネスによる市場の寡占化がほぼ完了していたと思われていたところに、ベンチャー・ビジネスのようなゲリラ的な殴り込みが成立した。「アイディア」という資本が、市場の再編・再分割を要請する。「金」に代わって「知」が新しい権力になる情報資本主義の時代が来ているのだ。

資力も経験もバックに持たない学生がコンピュータ・ソフト業界でベンチャー・ビ

ジネスを成功させるように、いわば手つかずの潜在能力を持った女・子どもが、既存の市場分割体制のスキマをかいくぐって進出できる市場再編の過渡期にわたしたちは来ている。

第二に、過剰な貿易収支黒字国に成りあがった日本は、国内市場依存を強めざるをえない。新しいメディアによる市場再編だけでなく、「内需拡大」という名のもとに成熟した国内市場の再開拓を余儀なくされている。国内市場開拓の鍵を握っているのは、消費者という名の女たちである。

高度成長期「人なみ中流」を達成してきた内需主導型のビッグマーケットは、大衆の分解にともなって分解してきた。多様化・分極化した女性の暮らしに対応して、マーケットもまた、分解している。「男は生産、女は消費」の近代型性分業のもとで、消費の意思決定権はとっくの昔に女性に握られている。女を動かさなければモノは売れないのだ。この「性的アパルトヘイト」のおかげで男性には女の暮らしが見えなくなってしまっている。

流通新時代、女性マーケッターの時代である。豊田商事[悪徳商法で多額の金をだましとり、会長の殺害事件にまで発展]の営業社員には、何人もの女性社員がいた。彼女たちは女性の顧客の心理のヒダに分け入りニーズをつかみ、商談をまとめた。ここでは

「女を食いものにするのも女」という構図が成り立っている。

死屍累々の上に女性成功者？

「見えなくなった市場」を前にして「女のビジネス」が穴場になっている。小回りのきかなくなったビッグビジネスのスキを縫って、あるいはそれを補完するかたちで、「女のビジネス」が商売になっている。

消費者の方でも「男＝生産、女＝消費」の分業をうちこわそうという動きがある。女たちが消費の意思決定権を握っているならば自分たちの欲しいものを男たちに作ってもらうまでもない。男の手を介さずに、自分たちで作り、自分たちで売ってしまおうという「主婦のビジネス」が成立する。兼業主婦と専業主婦の分極化の中で「金を稼ぐ女」と「金を使う女」に女性は分解したはずなのだが、専業主婦たちは、既存の男性主導の生産システムに組みこまれることを拒否して、かえって自由に男の想像力の及ばない女性のニーズを掘り起こす。男子労働を補完する補助型労働をあてがわれてはした金でこき使われる兼業主婦たちよりも、かえってオリジナルなアイディアと主体的な参加で、それ以上の高収入を稼ぎ出す「主婦ビジネス」の成功者たちがいる。そうなれば家庭の外でおこなっている活動が「収入になるかならないか」だけで区別する「兼業主婦」と「専業主婦」の境界は、だんだんあいまいになってくる。

第三のそして最後の要因は、女子労働者が増員するにしたがって「女を使うのも女」という女性(中間)管理職への要請が高まることである。「男の上司に女の部下」の構図は崩れるが、これは必ずしも「女性上司に男性の部下」という逆転を意味しない。「女を使う女の上司」が大量に必要とされてくるだろう。「彼ら自身をして統治せしめよ」――これがもっとも効率的な帝国主義支配の常道なのだ。

パックス・ヤパーナ(日本の繁栄と平和)のもとのパックス・フェミニナ(女の繁栄と平和)、すなわち「女の時代」が女性にとって解放的か否か、帰趨はにわかには見定めがたい。たとえば女性のベンチャー・ビジネスや主婦のネットワーキングが、大企業の下請けにとりこまれて、みごとに「外部労働市場」化を完成するという可能性は大である。企業は女性を「内部労働市場」に組みこまないまま、彼女たちの創意と自発性を思うさま低コストで利用することができるだろう。現に各地の主婦サークルは、企業とタイアップしてモニターやコンサルタントの役割を果たしている。エリート女性の間でも、アメリカでも日本でも、女性エグゼクティブの会のようなネットワーキングが盛んである。彼女たちは、男社会に食いこむハンディキャップを、互いの情報交換や相互扶助で補おうとしている。この一部エリート女性たちのサクセスが、他の多くの女性大衆の死屍累々《ししるいるい》の上に築かれていない保証はない。女を搾取するノウハウもまた女がいちばんよく知っている。

しかしだからと言って「市場」というシステムから背を向けることが女性解放になるだろうか。はじめに書いたように、わたしたちがこの社会で生きている限り、「職場」に出ようが「家庭」にいようが、「市場」に加担していることに変わりはない。なぜなら職場と家庭のこの分断は、市場の側が強いたものだからだ。

この「女の時代」には一つのワナがある。「市場の条件が変わらない限り」というものがそれだ。たとえば「内需拡大型の経済成長がつづけば」「日本の貿易収支の黒字がつづけば」「国際分業体制が崩れない限り」……という条件のもとで、つまりパックス・ヤパーナの中での、その限りにおけるパックス・フェミニナがその実態であろう。女もまた、日本の社会が置かれた加害・被害の構造から無罪でなく無縁でない。

ともあれ、「内なる発展途上国」である女性は、ここ当分の間、オプションの多様化と自由を享受し、固定化した既存のシステムの間隙をぬって抜け駆けのゲリラ戦にいくばくかの勝利を収めるであろう。「当分の間」がいったいどのくらいのタイムスパンを指すのか、パックス・フェミニナのもとでの「女の時代」が果たして女性にとって真に解放的かどうかについては、いましばらく息を詰めて帰趨を見守っていなければならない。

働く母が失ってきたもの

——1988

アグネス・チャンさんが、職場や講演に幼い息子を連れて歩いていることを、マスコミ界きっての才女、林真理子さんと中野翠さんが週刊誌などで批判している。山田詠美さんも月刊誌の中で、アグネス批判に同調している。最近の『朝日ジャーナル』の「メディア時評」はこのやりとりを「コワイ女が二人でアグネスをいびるの巻」とやゆぎみにとりあげた。それらの発言を「あれはいじめね」「子どもを持てない女のひがみよねえ」という「低レベル」の論争におとしめるのはフェアではない。

アグネスさんも月刊誌で「アグネス・バッシングになんか負けない」と、必死で抗弁しているが、不用意な発言も目立つ。それよりアグネス擁護の声が小さいのが気にかかる。ここは買ってでも、アグネス擁護にまわりたい。

林真理子さんは月刊誌の中で、たいへん冷静な正論を書いている。「子連れ出勤」が「許されたらどんなにいいだろう……。しかし、仕事の合い間におっぱいを与え、また自分の席に戻ってくるというのは、働く人間としての自負心が許さない」。彼女の「正論」は、プロの職業人として「許されないこと」という「正論」である。歯を食いしばって、職場で男たちと肩を並べてきた女の側の「正論」である。この「正論」から見れば、アグネスさんのやっていることは「甘ったれ」た非常識、横紙破りにちがいない。

だが、こういう「正論」で、女たちはこれまで何を失ってきただろうか。「正論」はしばしば抑圧的な働きをする。ルールを守れ、と叫ぶのは、ルールに従うことで利益を得る人たちである。女たちはルールを無視して横紙破りをやるほかに、自分の言い分を通すことができなかった。女たちが要求してきたのは、「仕事も子どもも」「有給の育児休業を」「託児室つきのコンサートを」と、どれも前例にない非常識だった。

アグネスさんは、山口百恵さんのように「結婚退職」も、松田聖子さんのように「育児休業」もしなかった。それはアグネス一家が「共稼ぎ」だから当然、という見方もあるが、昔から「共稼ぎ」の芸能人家庭は、お手伝いさんを雇って子育てを切り抜けてきた。庶民には手の届かないベビーシッターも、アグネスさんの収入ならいくらでも調達できるはずである。

だがアグネスさんはそれをやらなかった。周囲がどぎもを抜かれる中で、芸能界で初の「子連れ出勤」という「非常識」をやってのけた。もちろんアグネスさんという「特権階級」と「ふつうの女たち」とを同列に論じることはできない。だがアグネスさんが世に示して見せたのは、「働く母親」の背後には子どもがいること、子どもはほうっておいては育たないこと、その子どもをみる人がだれもいなければ、連れ歩いてでも面倒をみるほかない、さし迫った必要に「ふつうの女たち」が迫られていることである。

いったい男たちが「子連れ出勤」せずにすんでいるのは、だれのおかげであろうか。男たちも「働く父親」である。いったん父子家庭になれば、彼らもただちに女たちと同じ状況に追いこまれる。働く父親も働く母親も、あたかも子どもがないかのように職業人の顔でやりすごす。その背後で、子育てがタダではすまないことを、アグネスさんの「子連れ出勤」は目に見えるものにしてくれた。

アグネスさんの代わりに、こんな「代理戦争」を買って出るのは、かえって彼女には迷惑かもしれない。だが、女による女の「子連れ出勤」批判を、高みの見物して喜んでいるのはいったいだれであろうか。この「代理戦争」の本当の相手は、もっと手ごわい敵かもしれないのである。

女性よ〝おしん〟はもうやめよう　――1988

「女性も職業人として自立すべきだ。子連れで企業に迷惑かけてはいけない」とアグネス批判をした林真理子さんの主張は、働く女性だけでなく主婦層の支持も多かった。それに対し、またまた賛否のうずが巻き「わたしも一言」と多くの人が発言した。今回の論争は、女性の間に「子どもを育てながら働くこと」について意見が盛り上がり、広がったことに意義がある。

戦後、女性問題の論争として「仕事か家庭か」などをテーマに「主婦論争」が三回あったが、いずれも一部の人の論争でしかなかった。そういう意味では、アグネス論争は広がりを持つことで個人の生き方、価値観を問う試金石だった。

アグネス論争のキー・ワードは「迷惑」だった。すなわち子連れ出勤で社会や企業に迷惑かけるのは甘えだ。そのアグネスを甘やかす社会が悪いということだ。しかし、子連れ出勤は社会の迷惑というコンセンサスができるとまずい。わたしに言わせれば、子連れ出勤する女性が甘えているのではなく、女に子育てを全面的に押し付けている男たちこそ一番甘えているのだ。

迷惑をかけない、他人からもかけられたくない人の言い分もわかる。しかし、だれしも病気をし、年をとる。他人に迷惑をかけずに生きていくことは不可能だ。迷惑をかけまいと歯を食いしばって生きている人たちは、病気をしたり、年をとった時どうするのだろうか。

子連れ出勤することでだれに迷惑がかかるのか考えると次の四つの場合が考えられる。企業の都合、子どもの都合、女性の都合、男性の都合だ。

まず、林派の論理はまさに企業の論理だ。現在の男社会をそのまま女性に当てはめただけで、何のために企業の都合に合わせ、自分を使いつぶさなければならないのか。女性がこれまで求めてきた女性解放は、男なみに頑張ることではない。今回の論争でわかったことは、女性の中にも、いかに黙って耐える「おしん型」[「おしんは、NHK朝の連続テレビ小説の主人公の名。ひたすら耐える女性を描き高視聴率をとる」]の会社人間が多いかだった。

次に子どもの都合を考えると、子連れ出勤は子どもにとっては迷惑だ。おもちゃはないし、遊び相手もいない所が楽しいはずがない。また、子どもを迷惑がらない場所を探すと、自分の家庭しか残らない。こうなると、女、子どもは社会の迷惑だから、迷惑にならない所に引っ込んでおくべきだということになる。

ではどうしたらいいか。託児施設の充実しかない。例えば、公民館など公共施設に託児施設が設けられたのは一九七〇年代の初めだったが、今では普通になった。子育て中でもレストランや映画に行きたいという人はいる。そういう人たちのためにも託児つきの映画館などは商売として成り立つのではないか。

子どもにとっていいことと言っても大人が判断し、決めている場合が大半だ。その判断の基準も絶対的なものではなく、個人によって、時代によって変わっている。それなら女性は自分がいいと思うことをやること、女の都合を通すことが一番だ。ある女性の小児科医が言った言葉が印象に残っている。「母親が機嫌よく暮らすことが子どもにとって都合のいいことだ」

機嫌のいい条件は人によって違い、働くことだと言う人もいれば、家庭にいることと言う人もあろう。女性が機嫌よく過ごせるための社会の仕組みをつくることが大事だ。だからわたしは、女の都合を通すことだったら非常識と思われようとも支持する。

女性たちよ〝おしん〟になることは、もうやめよう。アグネスが子連れ出勤したことは、しなかったことよりずっといい。その結果、何か問題がおきたとしても、世の中の仕組みは、何か問題がおきなければ変わらないのだから。

しかし、アグネスの母子一体感には疑問を持つ。「一歳半まで母乳で育てる。小さい時のスキンシップがあって安定した親子の信頼関係ができる」というが、この考えは働く母親に対する脅迫となり、母親たちは罪の意識に悩むだろう。スキンシップが不足したら子どもが非行に走るということには根拠がない。次に、子どもを産んでいろんなことが初めてわかった、女性は子どもを産むべきだということも困る。わたしは子どもはいないが、子どもを持つ母親の苦労、ハンディキャップもわかる。一部の女性が自分の狭い経験から判断したことを、すべての女性に押し付けるのは、女性全体にとってマイナスに働く。

最後にアグネス論争を通じてとても嫌だったことは、男性が口をつぐみ、逃げ腰、高みの見物を決め込んでいたことだった。子育ては女だけの問題ということを浮き彫りにした。子育てにかかわらない男にとって父子関係はない。子どもを捨てていることと同じだし、そのツケは必ず回ってくる。早くこのことに男たちが気づいてほしい。日本の社会は「母性」を持ち上げていながら、女と子どもに何の手出しもしない。子連れの女が割に合うような社会のシステムをつくることが大事だ。この論争を男性も、社会も巻き込んだものにしなければならない。

平女のアグネス ——1988

つとめ先の女子短大(平女こと平安女学院短期大学)で、公開授業というのをやっている。「地域に開かれた大学」という構想を持っている平安女学院は、他校の例に洩《も》れず地域住民対象に公開講座というのを年に三回やっているが、公開授業はそれとはちがって、ふだんの授業に一般社会人の参加を認めようというもの。今年度からスタートした。

結果は大成功。学生はサボりたがるのに社会人受講生はサボらない。「休講です」と言うと、学生はワッと歓声をあげるのに、社会人の人は「そんな」とガックリくる。その反応の落差を目の前に見せつけられて、ワッときた学生たちも、十分なカルチャーショックを受けているようだ。

授業中の発言も意欲的。高度成長期の話をする時も、「あのころは……」という歴史の生き証人がいる。学生たちは生まれる前の話を、感心して聞き入っている。

時には「わたしがあなたたちの年齢には」という教訓話もある。母親とはちがう生き方、パーソナリティの他の大人の女の話に、学生は興味シンシン。壇の上から教師がしゃべるより、よほど迫力がある。

効果があるのは学生に対してばかりではない。教師のわたしだってシャンとする。社会経験のないガキ相手とちがって、なかにはわたしより年長の人もいるのだから、ウカウカアホなことをしゃべっていられない。今年の授業は、教壇に立つわたしも緊張しましたよ。

本学は女子校だから、残念ながら男性はお断り。悪しからず。授業はウィークデーの昼間だから、社会人受講生は、その時間帯にやりくりのつく女性、ということになる。フタを開けてみたら予測どおり、子バナレ期の三〇代半ば以上の無職の女性が中心になった。

ある日、授業のなかでアグネスの子連れ出勤が話題になった。学生と見まちがうような若やいだ社会人受講生の一人が発言を求めた。

「わたしは四歳と一歳の子どもがいますが、週に一回、この時間は舅《しゅうと》に預けて出てきます。わたしのまわりにも、同じくらいの年齢の子をかかえていて、もし託児があったら公開授業に自分も出てみたいという人たちがいっぱい。預かってくれる人がいなかったら、いっそ子連れ受講でもしようかと思うのですが……」

　連れてきたらご迷惑でしょうか、と彼女はたずねた。それじゃ「平女のアグネス」になりますね、と言ったら爆笑。

　アグネス論争の成果の一つは、そう言えばボクもワタシも母親に職場に連れていかれて育った記憶がある、という若い人たちが続々あらわれたこと。子連れ出勤なんて、一昔前はざらにあった。

「あ、連れてきて下さい。ハッキリ言って授業に子どもは迷惑です。子どもにも授業は迷惑です。でも、いーじゃないですか。迷惑、かけて下さい。トラブル、おこして下さい。そしたら、大学側も、公開授業は託児つき、なんて考え始めるかもしれません」

というのが上野センセのお答えでした。

　世の中のしくみって、何か問題がおきるまではなかなか変わらない。平女のアグネスになって〝問題〟おこして下さい、と励ましたい思い。

　ちなみに平女の英語名は、聖アグネス学院、というのです。

神話こわしのあとで

——1988

八〇年代に入ってからの女性論の展開はめざましい。ここ数年、ルポ、ドキュメント、エッセイの域を超えて、理論的な書物が集中的に刊行されている。もちろんこれらの理論的な達成は、七〇年代のウィメンズ・リブの影響下にある。八〇年代の女性論は、思いだけ先行してことばにならなかったリブの言語に分節的な表現を与えたこと、そして一〇年の時間経過をおいたうえで「リブとはいったい何だったのか」をフェミニズムの歴史の上に位置づけて相対化しようという点で、意義を持っていた。その中から「リブとフェミニズムとはちがう」という反発や、理論家と活動家とのあいだの分裂もまた起きている。

八〇年代の女性論がもたらした成果を、いくつかあげてみよう。

第一に、日本のフェミニズムが欧米の輸入思想を超えて、独自の根拠や背景を持ち、固有の展開を示していることが明らかにされた。江原由美子は『女性解放という思想』(勁草書房、一九八五年)の中で、リブ運動の軌跡をたどりながら、日本のリブが提起したのは近代主義vs反近代主義という対立軸だったと指摘する。リブの持っていた共同体志向や自然回帰は、エコロジー運動に結びついて、近代批判の代わりに近代に背を向ける結果になった。また「産む性」を強調することで、女性幻想の形成に手を貸す結果になった。しかしリブの内実は錯綜していて、ひと口で言いつくせない。

第二にその中から、独自の理論的達成が次つぎに生まれてきたことである。青木やよひは『フェミニズムの宇宙』(新評論、一九八三年)や『フェミニズムとエコロジー』(新評論、一九八六年)でエコロジカル・フェミニズムの立場から近代批判を展開し、とりわけ天皇制と「家」イデオロギーがどのように女性抑圧的な近代を形成していったかを日本近代を例にとって詳しく論じた。イヴァン・イリイチの『ジェンダー』(岩波書店、一九八四年)が「女性原理」派にいわば迷惑な支持を与え、日本の男性知識人がこれを歓迎したことから、上野が『女は世界を救えるか』(勁草書房、一九八六年)で徹底的な批判を加え「フェミニズム論争」がまきおこる。さらに金井淑子が『転機に立つフェミニズム』(毎日新聞社、一九八五年)で「女性主体の形成」を強調するフランス流の「差異派フェミニスト」の立場を明らかにし、性差のミニマリスト(性差より個人差)とマキシマリスト(差異にこだわる)との間にも対立が生じる。七〇年代には混沌とした一体と思われていたフェミニズムが、多様なかたちをとってあらわれ、その間に対立や論争をおそれない新しいステージが出現したのが八〇年代だった。江原、金井、上野が一堂に会したシンポジウムの記録(『フェミニズムはどこへゆく』日本女性学研究会85・5シンポジウム企画集団編、松香堂書店、一九八五年)は、女性論の現在を概観するにはうってつけだ。

第三に、フェミニズム理論が女の視点から社会全体を見直すという、一種のパラダイムの転換であるということが明らかになった。リブが社会科学にインパクトを与えて七〇年代に女性学(ウィメンズ・スタディズ)が成立する。女性学は井上輝子の『女性学とその周辺』勁草書房、一九八〇年)の定義によれば「女性の女性による女性のための学問」だった。それなら女性学は女が女のためにやっていればよいローカルな学問ということになるが、女性学がその後つぎつぎに明らかにしたのは、社会認識総体にある男性中心主義のバイアスであった。「女という視点」から近代社会の成り立ちと社会認識のパラダイムを問い直すと、その歪みがこれほどはっきり見えてくるという点を衝いたのが、上野の『女という快楽』(勁草書房、一九八六年)である。女性学以前には「婦人問題」論という研究分野があるが「婦人問題」から「女性学」への転換の中には、社会病理として問題婦人を研究するというローカルな学問から、女性視点から社会構造全体の歪みを問うというグローバルな学問への展開があった(山村嘉己・大越愛子編『女と男のかんけい学』明石書店、一九八六年)。

女性学がターゲットにした中心課題の一つに主婦研究がある。日本で最初に「女性学」の名を冠した本は、岩男寿美子・原ひろ子編『女性学ことはじめ』(講談社現代新書、一九七九年)である。この本は一九七八年、東京で開催された国際女性学会にもとづいているが、その中で原ひろ子は「主婦研究のすすめ」を書いている。この学会の報告書はのちに『現代日本の主婦』(NHKブックス、一九八〇年)にまとまるが、女性学が主婦を研究対象にしたという戦略的なスタンスには、あたりまえの女の幸福と思われている「結婚したら主婦」という常識を疑うという、社会通念の転覆の意図があった。同じころ、上野編『主婦論争を読む・全記録』(勁草書房、一九八二年)が刊行されて、主婦研究は加速される。これはのちに家事労働論争に結びついて、主婦研究と家事労働研究は、八〇年代に入ってから飛躍的に進展した。家事労働の概念化には、マルクス主義フェミニズムの貢献が大きい。その中から、マルクス主義フェミニズムの立場に立つ、上野『資本制と家事労働』(海鳴社、一九八五年)のような成果も生まれている。家事労働論の古典、イタリアのダラ・コスタ『家事労働に賃金を』(インパクト出版会、一九八六年)やドイツのドゥーデン&ヴェールホフ『家事労働と資本主義』(岩波書店、一九八六年）のような著作もつぎつぎに翻訳されている。

第四に、こうしたトレンド全体を、フェミニズムの歴史の上に位置づけようとする動きもまた起きている。藤枝澪子はフェミニズムの歴史を二つに分けて、二〇世紀初めの『青鞜』に代表される大正期の女性解放の波を第一期フェミニズム、六〇年代末のリブ以降の女性解放の新しい波を第二期フェミニズムと呼んでいる（朝日ジャーナル編『女の戦後史Ⅲ』一九八五年）。どちらも欧米との世界的な同時代性を持っていた。第一期フェミニズムも多様な立場の複合体であり、その中で有名な「母性保護論争」が起きた（香内信子編『資料母性保護論争』ドメス出版、一九八四年）。女は経済的自立を果たすまでは子を産むべきではないとする激烈な近代主義者与謝野晶子に対して、平塚らいてうは「母性保護の主張は依頼主義にあらず」と反論する。それに割って入った山川菊栄が、母性の個人主義的解決も福祉国家的解決もともに限界があることを指摘したうえで、社会変革なしには女性解放はありえないというマルクス主義の立場を主張する。この母性保護論争を、のちに晶子とらいてうの「女権主義」対「女性主義」とまとめたのは高群逸枝《たかむれいつえ》である。高群は、山川菊栄の立場を「新女権主義」と呼んだうえで、それをのりこえるのは、自分の「新女性主義」であると言う。高群は日本女性史の輝く星となったが、近代個人主義を超える「母性我」を強調し「族母」の率いる理想社会を提唱する高群の立場が、ファシズムの戦争協力にまきこまれていく過程には、近年若手の女性史研究者山下悦子から批判的研究があらわれている(「高群逸枝『母系制の研究』と本居宣長」社会主義理論フォーラム編『挑戦するフェミニズム』社会評論社、一九八六年)。

八〇年代の青木対上野の論争(『フェミニズムはどこへゆく』松香堂書店、一九八五年)を、第一期フェミニズムの母性保護論争と対比して「第二次フェミニズム論争」と呼んだのは、西川祐子である(「一つの系譜」脇田晴子編『母性を問う』下巻、人文書院、一九八五年)。そのアナロジーによれば、水田珠枝(『女性解放思想の歩み』岩波新書、一九七三年)のような近代主義的な「女権主義」に対して、「女性原理」を強調する青木やよひのエコロジカル・フェミニズムは「女性主義」、両者を脱近代化のほうへ止揚しようとした上野のマルクス主義フェミニズムは、菊栄の「新女権主義」に対応する。きたるべき「新女性主義」は空欄のままであるが、西川は、高群の現代への後継者を石《いし》牟礼《むれ》道子に見る。これは女性性の救済への道ではあるが、同時にナショナリズムと伝統回帰への罠でもある。日本のフェミニズムが、ナショナリズムや経済侵略に対してどれほど有罪であるかを、加納実紀代は地道に掘り起こしつづけている(『女たちの〈銃後〉』筑摩書房、一九八七年。ほかにも鈴木裕子『フェミニズムと戦争』マルジュ社、一九八六年、など)。

第二期フェミニズムが第一期フェミニズムのたんなるリバイバルではないように、第二次フェミニズム論争は第一次フェミニズム論争のたんなるくり返しではない。家族史研究者落合恵美子は、フェミニズムの第一の波は「近代家族」の成立期に、第二の波はその解体期に、それぞれ対応している、とクールな分析を示している(「『近代』とフェミニズム」講座・女性学第四巻『女の目で見る』勁草書房、一九八七年)。フェミニズムが歴史の変動期に論理的な必然性をもって対応していることは疑いようがない。無効になった「男性原理」に代わって「女性原理」を賞揚するという単純な二元論はもはや成り立たなくなっている。女性性に対するあらゆる思いこみや神話をこわしたブレイクスルーのあと、女性論は、総論の時代から地道で多様な各論の時代へ、しずかに転換をとげているのである。

オチコボレ男とオチアガリ女のあぶない関係 ――1989

メンズ・リブ宣言

「男もフェミニストになれるか」という問いを聞くたびに、わたしは、大きなお世話だよ、あんたたちには、女性解放に手を出す前に、自己解放という大仕事が目の前にあるだろう、せっせとメンズ・リブでもおやんなさい、と答えてきた。

それに応えるかのように渡辺恒夫さんの『脱男性の時代』(勁草書房、一九八六年)が出て、高らかにメンズ・リブ宣言をやった時、お、待ってました、と言いたい一方で、半信半疑の気持ちをおさえることができなかった。読みすすむうちに、疑惑は不信に変わった。なに、女房との関係はそのままにしておいて「女性に奪われた美」をとり戻すために、女装するのが男性解放なの？　夫や恋人の女装趣味を寛大に認めて、性的な嗜好《しこう》の多様化を受け容れるのが「女と男のいい関係」なの？　ジョーダンじゃない。セクシズムのおいしいとこだけは味わっといて、抑圧の代償を一時的な倒錯で慰めようなんて、男権主義もいいとこじゃないのよ、甘えんじゃないよッ、オニイサン、と言いたい気分になった。

ニッポンに、本もののメンズ・リブを実践してる男族はどこにいるんだろ、と思ってたら、いた、いた。一〇年の昔から、気負わず言挙げせず、フェミニストともメンズ・リブとも名のらずに黙々と男性解放を実践してる連中がいた。育時連の男たちである。第一、育時連、という謙虚な名前がいい。「男も女も育児時間を！　連絡会」の略称だそうだが、労働基準法の育児時間たるや午前・午後それぞれ三〇分、というささやかなしろもの。世話人のひとりのますのきよしさんは「男も女も一日四時間労働を」と、マルクスもまっ青な未来社会像を描いているが、こんな革命的な提唱はタナにあげておいて、とりあえず一日計一時間の育児時間を男にも、という彼らのこのささやかな要求が泣かせる。

でも、こんなささやかな要求でさえ、企業社会に生きる男にとっては、オチコボレ覚悟の命がけの要求だという現実を、彼らはよく知っている。職場でこんな要求を出してごらんなさい、最初に同性の男たちから冷たい視線を浴びるに決まっている。労働組合の男だっておんなじだ。ことによるともっと悪い。労働運動の大義、なんていうヒロイズムに酔ってるから、「健さん、背中がヤバイ！」のヤクザの美学とおんなじなのだ。労働組合の男たちだって、育時連の男の味方にはならない。もちろん、雇用主の抵抗も強い。育児時間はもともと授乳のためのものですから、オッパイのないあなたに認めるわけにいきません、という生物学的決定論をも論破しなければならない。近所のヒソヒソ話。保育所の保母さんやお母さんたちの白眼視。親族のイヤミ。たかが育児時間と言うなかれ。育時連の男に、闘うべき敵はいっぱいいるのだ。

オチコボレ男とオチアガリ女

政府は婦人行動計画のお題目に「男女共同参加社会の建設」とか男女の役割の相互のり入れとか言うが、女の領域にすすんでのり入れてきた男はいただろうか。女の方は、昔から男の領域にのり入れようと熱望してきたし、現にのり入れを果たしてきた。男の領域に進出したい女は、はねっかえりとか、とんでる女とか言われた。彼女たちは、女の中のオチコボレであったが、男の領域と女の領域に価値の格差がついているところでは、男なみにデキル、というのは、オチコボレというよりオチアガリ、というべきだろう。事実「女らしさ」の抑圧に甘んじない彼女たちは、なみはずれてパワーのあるエネルギッシュな女たちだった。

メンズ・リブを唱える男たちも「男らしさ」の抑圧からオリたい男たちだが、彼らは男の中のオチコボレ。これは正真正銘のオチコボレだ。「女の領域」にある育児や家事が低く見られている限り、それに手を出す男たちは「女なみ」に身を落とすことになる。「男の領域」と「女の領域」にあるこの落差をそのままにしておいて「家事・育児がクリエイティブなたのしみだってこと、男のひとにも味わわせてあげたいのよ」なんて言うのはただのオタメゴカシ。価値の転換というのは「革命的」なできごとだが、それが起きるには、「男の領域」と「女の領域」が真に対等になるという思想的かつ制度的な変革が起きていなければならない。育時連の男は、自分が「男らしさ」からオチコボレルという心理的な抵抗とも闘わなければならないのだ。

それに比べりゃ、女装なんて、悲愴がってやるほどのもンじゃない。生産と権力を奪う代わりに女に押しつけた美まで、今度はちょうだいしようってんだから、おいしいとこ取りじゃないの。男が賞めたたえる価値を、女という媒介ヌキに手にしたいというこの男の自己愛と自己所有欲は果てしがない。

フェミニストとメンズ・リブのあぶない関係

フェミニストは女のオチアガリ、メンズ・リブは男のオチコボレ——両者は仲がいいか？　これがやっかいだ。

「女らしさ」からオリた女たちの中には、生きいきしたチャーミングな女性が多い。事実フェミニストは、女の子にとって肯定的なロール・モデルを、たくさん供給してきた。ところが、メンズ・リブの方となると、これがいまいち、くすんで影が薄い。若い男の子にとって、ああなりたいというカッコいいロール・モデルになりそうな人が少ない。無理もない。だって彼らは、正真正銘、男社会のオチコボレなんだもの。誰だってオチコボレにはなりたいとは思うまい。

その上、フェミニストの女にさえ、彼らは評判が悪い。ひとつには、オチアガリ女が内面化したエリート主義のせいである。自ら「強くたくましく」をめざしてきたデキル女たちは、同じように「強くたくましい」デキル男しか好きじゃないのだ。エリートの女は深くふかくエリート主義を内面化していて、自分より格のオチル男を決して相手にしないという点で、自らおそるべきセクシストなのだ。

「女らしさ」が「強さ」や「たくましさ」をも含みこんで多様化したほどは、「男らしさ」は多様化していない。男のカッコよさやセクシーさも、健さんやハードボイルドばかりがモデルでなく、多様化してもらいたいものだ。その責任の半分は女にもあるが、オチコボレ男の努力も足りない。どーせオイラはハグレ鳥とすねてしょぼくれないで、確信犯らしく、プライドを持ってオチコボレてほしい。なにより、もうちょっと、おシャレしてよね。

第二に、オチアガリ女とオチコボレ男がツガイになるケース。これは失業対策事業なみのアイディアに思えるが、わたしはこれにも悪い予感を覚える。育時連なんてったって、子どもが大きくなるのはあっという間。ノドもと過ぎれば熱さを忘れる。現に育時連の主力メンバーの子どもたちだって、すっかり仕立てあがっている。人生八〇年時代に女にとっても子育て期間の比重はどんどん小さくなっているのに、育児という価値に身を投じて男社会のゲームを棒にふろうっていうのは、いったいどういう男だろう。こんな男が育児パパになったら、子どもにとってはガミガミこうるさい男のママが一人ふえたも同然。今だってママは一人でも面倒なのに、これがママが二人になっては子どもたちは窒息してしまう。

とはいえ、育時連の男は育児パパに変身してママの二番煎じをやろうってわけじゃない。少産少死時代。育児期間があっという間に過ぎ去ったら、この男たちは、ほんとは家族のためでもなく、会社のためでもなく、自分勝手したい男たちなのだ。ちょうど女が育児を錦の御旗にしたように、彼らも「子どものため」を男社会からオリるパスポートにして、ほんとは「自分のため」に生きたいのだ。

もちろん、ウィメンズ・リブが「夫のため」でも「子どものため」でもなく「自分のため」に生きる女たちをつくり出したのだから、メンズ・リブが「自分のための」に生きるのをとがめる筋合いは少しもない。ほんとなら、「自分のため」に生きる女と、「自分のため」に生きる男とが、互いにエゴを認めあった女と男と子どもの支え合いの共同体をつくるってのが、ウィメンズ・リブとメンズ・リブ双方の理想なんだけど――でも現実はそうは問屋が卸さない。現状では、強いオチアガリ女が、阿修羅のごとく、はたまたどっしりした「日本の母」のごとく、子どもと夫をかかえこんで、掌の上でオチコボレ男の極道を許容するという、「裏返しのセクシズム」のパターンに落っこち、が多いみたい。これって昔からある、胆っ玉母サンのパターンじゃないだろうか。日本のよき伝統だなあ。ただし今日びの女は、グチ一つ言わずに夫に極道させてやるほどの胆っ玉はないから、ついつい不平を言ったり、ハライセにフリンしたりする。そう言われれば、そのへんに思い当たるケース、ころがってそうな気がしない？

男たちへの応援歌

というわけで、オチアガリ女の前途はけわしいが、オチコボレ男の前途はもっとけわしいのだ。まなじりを決して雄々しく困難に立ち向かうってのは、ちっともあなたらしくないから、できるだけノンシャランに、オシャレに、セクシーに、この前途をこなしてよね。そしてワー、メンズ・リブってカッコいい、と外野席からため息と拍手を送らせてほしいもんです。

女による女叩きが始まった ——1989

自分が仕掛けたのではない事情に巻きこまれて、この一カ月思わぬ〝渦中の人〟になった。ほかならぬ曽野綾子さんの上野批判(「夜明けの新聞の匂い」『新潮45』一九八九年九月号)のことである。もっとも、ことを起こしたのは「曽野綾子さんに叱られた社会学者『上野千鶴子』助教授」と報じた『週刊新潮』(八月三一日号)と、それに追随して「曽野綾子さんひさびさに叱り飛ばす——上野千鶴子さんの体験に」とはやしたてた『週刊ポスト』(九月八日号)。

『新潮45』に掲載の曽野さんの文章に、いちばん反応が早かったのは『週刊新潮』である。なにしろ、自社誌だもんね。わたしがその文章の存在も知らないうちに、早速FAXを送りつけてきて、「反論」を書くよう要請してきた。後に述べる理由で、わたしはただちにお断りした。それなら談話でも、と相手は執拗に食い下がってきた。それも無視した結果、出たのが前述の記事である。先方の口ぶりには「曽野vs上野」

を、何が何でも〝争点〟にしたいという執念が感じられた。

ポスト参院選〔マドンナ旋風とよばれた一九八九年七月の参院選〕の言論状況を見ていると、「女vs女」の「女の〝戦争〟」――言っておくが、この「戦争」という用語は『週刊ポスト』の使った言葉だ、念のため――が、マス・メディアにとっておいしいネタだということは、すぐわかる。そう考えれば、わたしが巻きこまれたこの事件も、ポスト参院選の思想状況をかたちづくる一つの〝エピソード〟にすぎない。「論争」から一カ月ばかりたったいま、わたし自身もその状況の一部にコマのようにはめこまれている思想的文脈《コンテクスト》について、ここで論じておくのもよいかもしれない。迫害に遭ったけなげな仔羊のフリをして、「ちづこバッシングなんかに負けない」とやれば、他人さまの同情を買うのかもしれないが、なにしろ「社会学者」だからね。またぞろ、「状況を社会学したい」という、社会学者魂がうずく。

こんな低次元の話につきあっているヒマはないのだが、中野翠流に言えば「急ぎ旅だけど、身にかかる火の粉は払っておかなくちゃね。キリッ」というところだ。

社会体験を独占する世代的特権意識

「曽野vs上野」を「論争」とか「戦争」とか報じたのは、週刊誌の側だ。実は、「論争」も「戦争」も起きていない。曽野さんの文章はまともに論争をふっかけたとは思えない軽いエッセーだし、『週刊ポスト』へのコメントでも明らかなように、これ以上追及しようという姿勢も示しておられない。曽野さん程度の批判やイヤガラセには、わたしは右からも左からも、さらされなれている。そんなものにいちいち対応していては、身がもたない。わたしがケンカっぱやいという評判に期待した向きもいたようだが、まともに相手にするに足りないケンカなど、バカバカしくてやってられない。

わたしがただちに反論を書くことをお断りした理由はいくつかある。

第一に、曽野さんの文章は、「夜明けの新聞の匂い」と題して『新潮45』に連載中の身辺雑記風のエッセーである。選挙から始まって、リクルート疑惑、宇野(宗佑)総理の「女性問題」、ちびくろさんぼの「自粛」からオペラに至るまで、さまざまなトピックが列挙されている中に、「天安門事件」について述べたわたしの『朝日新聞』連載のエッセー(「ミッドナイト・コール」一九八九年七月二三日付)にも言及されている。「ことのついでに」言及したような書き方で、文意の尽くし方も論理展開も、すこぶる安直なもの。とても真正面から論争を挑むような質のものではない。この文章の中にはフェミニズム批判も含まれているが、問題が「学園闘争」の評価や「フェミニズム」評価という大きなテーマに関わるとしたら、とてもこんな枚数で論じられるものではない。大した理由も示さずに「わたしはフェミニズムが嫌いだ」と言われれば、ああそうですか、とでも言っておくほかない。

第二に、曽野さんの理論展開が、すこぶる粗雑で事実誤認を含んでいることである。どうやら、かねがね気に入らないと思ってきたことがらや相手に、ことのついでにケチをつけたいという安易さが感じられる。どこが「粗雑」で、かつ「事実誤認」かを、順番に述べよう。

第一に、曽野さんがまっさきにとびついたのは、わたしの使った「戦争」という言葉だった。

「世代の分岐が年齢によってではなく、社会的な事件によって細分されるとしたら、二〇年前のあの事件(注＝学園闘争)は、わたしたちにとって、ひとつの「戦争」だったのかもしれない」

というわたしの文章をとりあげて、曽野さんは「「学園紛争」はいかなる意味においても「戦争」などではなかった」と言う。『週刊新潮』によれば、「闘争」を「戦争」と表現する「大雑把」な言語感覚を曽野さんに「叱られた」ことになっている。曽野さんによれば、「戦争は二つの要素を持ってこそ、戦争なのだ。常に命の危険が付きまとうこと。そこから個人の意志では逃れられないこと」なのだそうだ。

わたしの文章を慎重に読み返してほしい。

わたしは「戦争」にカギカッコをつけ、「かもしれない」と留保をつけている。わたしが「戦争」という言葉を、ここで比喩として使っているのは明らかだ。この言葉は「わたしたちにとって」「ひとつの」経験の切実さを表すメタファーとして使われている。もし「戦争」という言葉を比喩としても使うことがはばかられるなら、巷《ちまた》にはんらんする「受験戦争」や「日米貿易戦争」のような言葉も使えなくなる。きっと曽野さんは、「受験戦争」や「貿易戦争」のような言葉づかいもお気に召さないのだろう。

曽野さんが「戦争」という言葉の濫用を許せないのは、「ほんとうの戦争をローティーンとして知っている私」という〝戦中派〟意識があるからである。自分が経験したほんものの戦争にくらべれば、あんなちょろい「闘争もどき」を「戦争」だなんて、という彼女たちの〝世代感情〟は、その限りで理解できる。

わたしの文章には、こういう一節がある。

「——上野さんたち〝戦中派〟はねと、自称〝戦無派〟の年下の友人が、おくめんもなく言う」

「二〇年前のあの事件は、わたしたちにとって、ひとつの「戦争」だったのかもしれない」という文章が、この直後につづく。

ここに示されているのは、「全共闘体験」を「戦争体験」とアナロジーする見方がもともとこの「年下の友人」のものであること、「おくめんもなく」というわたしの表現の中には、彼の言い方に対する批評が含まれていること、にもかかわらず、「「戦争」だったのかもしれない」という表現で、カッコつきで、彼の言い分を受け容れていることを示す。

わたしが彼の言い分を留保つきで受け容れたのは、その中に、よるとさわると「オレたちの頃は」と半ば誇らしげに吹聴する「全共闘世代」の特権的な世代感覚に対する批評意識を認めたからだ。「要するに、あンたたちは、ことあるごとに「戦争中は……」と言いだす、あの〝戦中派〟と変わりないじゃねェか」と言う、彼の批評意識は、曽野さん、あなたにも向けられているのだよ(あ、これってほとんど小浜逸郎の『男がさばくアグネス論争』(大和書房、一九八九年)――それにしてもこのタイトル、気に入らない――のノリじゃないだろうか。ま、いいや、しばらく〝小浜節〟でつづけてみよう)。

『週刊新潮』で「無共闘世代」の大塚英志が「自分たちの体験を〝美しい物語〟として再生しようとしている」と全共闘世代に対するいらだたしさをかくさないのは、

彼らの目にはこの二つの〝戦中派〟がパラレルに見えることを示している。彼らがいらだつのは、「戦争」や「闘争」を、独占しようとする世代的な特権意識に対してだ。そして曽野さんは、「ほんとうの戦争」を体験した世代の特権意識をまるだしにして、「戦争」という言葉を独占しようとしている。

大人気《おとなげ》ないよ、曽野さん。その上、「ほんとうの戦争」を体験したと言い張るあたの地盤は、言うはしから、足元を崩されていくだろう。「ローティーンとして」体験した戦争は、「ほんとうの戦争」と言えるだろうか、と戦地に赴いた兵士たちなら言うだろう。その上、曽野さんは「女」だったから、赤紙が来るという可能性からも排除されていたはずなのだ。

戦争体験は、時期、年齢、性、地域、状況、立場によって、いちじるしく異なる。まさか戦争体験の「ほんもの度」を競いあうようなバカげたことを、曽野さんは本気で考えているわけではあるまい。

マスコミの「学園闘争」報道は正確か

曽野さんの論点の第二は、「学園闘争」の評価をめぐってである。これもわたしはまじめにとりあう気になれない。第一に、曽野さんの文章には事実誤認があって、

「学園闘争」に対する無知をさらけ出しているからである。あることがらについてよく知らない人が、感情的に下した判断を、いちいちとりあげてはいられない。

「事実誤認」というのは、曽野さんの次の文章である。

「日本の「学園紛争」の時、学生は一人も死ななかった。それに対して警官は何人も殉職した」

これを読んで、わたしはアゼンとした。それから、ちゃんとした編集者に巡りあえなかった彼女の不運に同情した。「常識」のある編集者がついていれば、執筆者の思いちがいやミスなど、事前に指摘して直すものである。「学生は一人も死ななかった」という単純な事実誤認を、どうして訂正することができなかったのだろう。

六〇年代末の学生運動は、死者を何人も出している。一九六七年に、第一次羽田闘争で山崎博昭君が死んだ。わたしは彼と京大の同期生で、山崎君追悼デモがわたしの初めての街頭デモだった。「学園闘争」は、「街頭闘争」が、学園内にとび火したものだった。「学園闘争」に限ってみても、学生は何人も死んでいる。催涙銃の水平打ちをまともに食らって顔の半分がぶっとぶ重傷ののち病院で死亡した者。警棒による脳挫傷で死亡した者。鉄パイプで失明したのち死亡した者。自殺者。内ゲバで死亡した者。それを「学生は一人も死ななかった」と言い、他方「警官は何人も殉職した」というのは、当時の警察発表を、「大本営発表」なみに信じるナイーブさである。

「学園闘争」の実態は、正確に伝わっていない。それは「学園闘争」を「子どもたちの反乱」に貶《おとし》めて報道した当時のマスコミの責任である。だが少し注意深い読者なら、マスコミ報道の裏に見えかくれしたマイナーな記事や「当事者の言い分」の中から、「警察発表」や「大学当局発表」がどのくらい一面的なものであるかを理解したはずである。それは、同じ「事件」に対して、「全共闘派」に立つ識者と、そうでない識者が、「曽野さんの世代」にもいたことからもわかる。

しかも、「戦争体験」と同じく、これも、時期、年齢、性、地域、状況、立場によって、「経験」の内容がきわめて多様である。「学園闘争」という「歴史的事件」をどう評価するかという大仕事は、曽野さんのようにエッセーの中で手みじかに論じるには重すぎる主題だし、またここでのわたしの手にも余る。ただ曽野さんが「二〇年前のあの事件」に対して、不快感を持っており、その不快感が二〇年間変わらないらしい、ということだけは伝わってくる。曽野さんのような「全共闘」嫌いは、当時もいまもたくさんいる。その意味で、曽野さんの議論は「いつかどこかで聞いた」ような内容であり、どこにも新味はない。察するところ曽野さんは、かねがね持っていた反感を、ここでついでに表明したように見える。

それより何より驚いたのは、曽野さんの次の文章を読んだ時であった。

「「学園闘争」「大学紛争」はお坊っちゃまお嬢ちゃまのお道楽に対して、警官隊はむしろ命を張って、そのお相手を申しあげた、ということになる」

これはまるで、天安門事件の学生たちに対して、中国政府が出した声明と同じ論理ではないか？　中国では大学生といえば、エリート中のエリートである。その「お坊っちゃまお嬢ちゃま」の民主化闘争という「お道楽」に対して、「人民解放軍」が命を張ってお相手申しあげた、というのが、中国政府筋の公式見解だったのは記憶に生々しい。もちろん、こういう「公式見解」を信じこむほど、わたしたちはナイーブではない。中国政府の声明を聞きながら、わたしたちは暗澹《あんたん》と思ったものだ。――歴史はこうして捏造《ねつぞう》される。

曽野さんの事実認識の誤りを、もう一つ指摘しておこう。この場合は、事実認識の偏り、という方がいいかもしれない。曽野さんはこう書く。

「あの当時も今も、反体制でいることは、保守的でいるより、一面では明らかに喝《かっ》采《さい》を浴び人気を得るカッコいい方途である。その点を私ははっきりさせておきたい。現に上野先生は、「闘争」を闘ってきても、マスコミから閉め出されることもなくむしろ愛され、自由に書物も出版でき、立派に世間の人からも羨《うらや》まれる大学教授の地位を得ておられる(注＝これは「助教授」のまちがいである)。そしてこれは上野先生だけの例外ではないのである」

「その点を私ははっきりさせておきたい」と気負って言わなければならないほど、曽野さんは「反体制」派知識人にうらみでもお持ちなのだろうか。曽野さん、あなたほどの保守派の大物が、そのへんのザコどもを目の仇《かたき》にしてはいけない。バランス感覚というものを持ってほしいものだ。

曽野さんは「一面では」と留保をつける。もっとはっきり「一部の少数者《マイノリティ》のあいだでは」と書いてもらいたい。「反体制」でいることは「少数者」の立場に立つことであり、「保守派」であることは「多数者」の立場に立つことだ。現に曽野さんは自民党大会の講演にお声がかかるではないか。「保守系」であるほうが「反体制的」であるより、社会的な資源、地位、権力の配分に有利であることなど、そのへんの大学生でも知っている。わたしが「マスコミから閉め出され」ていないのは、マスコミが一種の「芸能界」だからである。現にわたしだけの「例外ではない」多くのマスコミ芸能者＝知識人たちが、アカデミズムの世界では、ポストや研究費の配分という権力構造の中でほとんど無力であることは、「中沢問題」(「東大教養学部人事をめぐる内紛。推薦された中沢新一は結局否決」を見てもすぐわかる。世の中を論じるのなら、ジャーナリズムの表層にだけまどわされないで、客観的な権力や資源の配分について冷静に見てもらわなくては困る。

「世代」を十把一からげで語れるか

「全共闘世代」という、世代論的なひとくくりのまとめ方に対してもここで一言しておこう。

わたしは「世代の分岐が年齢によってではなく、社会的な事件によって細分されるとしたら」と書いた。もっと正確に言えば、「社会的な事件への対応のしかたによって」と書くべきだったろう。

「団塊の世代」という年齢別のくくり方と、「全共闘世代」という社会的経験によるくくり方とは同じではない。「団塊の世代」には、親全共闘派も反全共闘派もいたからだ。彼らの名誉のためにも言っておくが、「団塊の世代」の中には、「生命をかけて」全共闘運動と対決した人たちさえいた。

横山敬子は「全共闘世代大卒女性のライフコース」というユニークな論文(『女性学年報』第八号、一九八七年一一月、日本女性学研究会)の中で、彼女自身を含む上智大学一九六九〜七三年卒業の大卒女性全数一六八五人(うち回答者四三〇人)を対象に調査し、全共闘派、心情全共闘派、反全共闘派、心情反全共闘派、無関心派、立場不明派に分けている。全共闘派は全共闘運動に積極的に参加した人、心情全共闘派は、積極的に参加しないまでも支持を与えた人、反全共闘派は、積極的に反対にまわった人、無関心派は、文字どおり、どちらにも関わらなかった人である。彼女のサンプルによれば、全共闘派一四%、心情全共闘派六%、反全共闘派九%、心情反全共闘派八%、残りが無関心派と立場不明派で合わせて六三%で、これが一番多い。

おもしろいことに、この類型はその後のライフコースが著しくちがうと横山は指摘する。全共闘派大卒女性は、他の類型に比べて、初婚年齢が高く、未婚・既婚にかかわらず就労継続者が多く、夫婦の年齢差が小さく、夫妻の年収が等しいか夫より上のケースが多い、という共通点を持っている。しかも他の類型の女性が、「転機となる出来事」に結婚・出産・育児をあげているのに対し、全共闘派の女性は、「大学闘争」をもっとも高い比率であげている。「人生が順調でない」という感じ方も、他の類型に比べてきわだっている。一つの社会的事件への反応のしかたは、人間の質を測るリトマス試験紙のような役割をする。ひとくちに「全共闘世代」と言っても、対応のしかたにこれだけのちがいがある。

その上、全共闘体験にも、年齢差、性差、地域差、学校差が大きい。どの学校にいたか、その時、学生だったか院生だったか助手だったか、それとも高校生だったか、大学が首都圏か否か、私立か国公立かで、全共闘体験は大きくちがった。その上、大学生自体が多数派とは言えなかった。一九四八年生まれのコーホート(同一年齢)集団の大学進学率は、当時でわずか一四%。女子学生となると、もっと少ない。「全共闘体験」は、学生という限られた集団の、しかもそのうち全共闘との関わりを持った一部の人々の共有した経験にすぎなかった。

人口誌学的に言えば、「団塊の世代」は、先行の世代や後行の世代と変わるところがない。平均初婚年齢で結婚し、平均出生児数を産み、結婚・出産で大多数が退職しているところも変わらない。ただ一つ、人口学的平均に異変が見られたのは、夫妻の年齢差が近接したことで、これが「ニューファミリー」「友だち夫婦」と言われる現象の基盤になった。ところがポスト団塊の世代では、夫妻の年齢差はもう一度拡大する方向へ逆行しており、結局、団塊の世代以前の統計平均値に落ちついている。それから見ると、夫妻の年齢差の接近は、イデオロギーや価値観がもたらしたものというより、上下の年齢層に配偶者を見つけられない、たんなる人口圧力から帰結したことがわかる。しかも「ニューファミリー」の実態たるや、あいかわらず夫は会社、妻は家庭の伝統型性分業ファミリーだったことは、今では周知の事実である。

「団塊の世代」は、統計平均から言えば、このくらい特色のない世代である。「全共闘体験」というものはある。だが、「団塊の世代」というひとまとまりのものはない。

それを十把一からげにして、大塚英志のように「団塊の世代はずるい」とか、「彼らに共通するのは、いつの時代でも自分たちはメジャーなマスで、我々がノーと言えば日本社会は止まるといった妙な自信だけ」といった、妙な〝物語〟をつくるのはやめたまえ(これも大塚クンの口真似)。大塚の言うように、「団塊の世代には特有の思想なんてのはない」。「まとまった時の始末の悪さ」と彼は言うが、この世代はまとまったことなんてない。この世代でも、自民党支持率は一位だし、性分業を支持する派は反対する派より多い、つまるところ、ふつうの日本人、なのだ。一つの時代的な経験に、どう反応したかは同じ年齢集団の中でもさまざまである。わたしが「ミッドナイト・コール」のエッセーで扱いたかったのは、その反応の種々相だった。

「エリート女」と「エリート主義者」

曽野さんはエッセーの中で、ことのついでにフェミニズム批判をしているから、わたしもことのついでに反批判をしておこう。

「私は昔から、いわゆるフェミニズム運動が嫌いである」

おやおや。女でフェミニズム嫌いの人はたくさんいる。それで？
「昔からほんとうの実力ある女は、黙って働いて来た。戦前でも、誰も海女《あま》や行商のおばさんや電話の交換手さんのことをばかにしたり、彼女らはいなくていい存在だなどと思った人はいない」

これは、よくある議論だ。「働いて来た」女の中に、「主婦」が入ってないのはなぜなんだろう、とか、女の働きなしには一家がたちゆかない海女の家でさえ、妻は家事・育児をこなした上に夫を立てる習慣があることは言うまい。「働きがある」ことと「発言権がある」ことが一致しないのは権力論の初歩だ。戦前の農家の嫁は「誰もいなくていい存在」だなどと思わなかったが、家の中ではもっとも無力な存在だった。「黙って働いて来た」結果が、正当に評価されなかったり、実力を発揮しても、結局陰で支える縁の下の力持ちみたいな裏方ばかりだったということは、女性の多い職場で知られるＮＴＴ（元電電公社）が、これまで一人の女性の総裁も持たなかったことでもわかる。参院選を見てもわかるとおり、女が今や自ら表舞台に立ちたいと言っているのに、あんたに向いてるのは舞台裏だと言っておしこめるのは「女性差別」だってことくらい、曽野さんだってわかるだろう。それに何より、実力を発揮しようにも発揮できない幾重にもからまりあった構造――親に教育投資をかけてもらえない、実力を養成するチャンスに恵まれない、発揮しようにもする場所が与えられない、いざ発揮しようとしたら冷水を浴びせられる等々(どれも女の日常経験だ)——こそ、女性差別というもののしくみなのだ。こんな初歩的なことを、知性も教養も人生経験も豊かな曽野さんのような人に、じゅんじゅんと教えさとすように言わなければならないのは情けない。

もし、曽野さんの目を曇らせるものがあるとしたら、それは彼女のエリート主義であろう。「ほんとうの実力ある女は、黙って働いて来た」という言い方で、曽野さんは、わたしは実力があるから発揮してきた、実力を発揮できないあなたはしょせんバカなのよ、と言い放っていることになるのだ。こういう言い方は、曽野さんだけでなく、エリート女に多いものの考え方である。エリートの女はあまりにプライドが高いために、個人の問題を類の問題に結びつけることができない。その結果、彼女たちは強者の論理を身につけ、弱者への想像力を失ってしまう。エリート女のエリート主義は困りものだ、と自戒をこめて言っておこう。

フェミニズムは、社会的弱者の運動である。女にとっくに「実力」があるなら、こんな運動をするまでもない。わたしは客観的にはエリート女だが(なにしろ大学助教授だからね)、自分が恵まれた特権的少数者の中にいることぐらい自覚している。自分にやれたから、あんたにもやれるはずだと言うのを、ほかならぬスーパーウーマン・シンドロームと言うのだ。エリート女とエリート主義者とはちがう。自分の立場とはちがう人びとに想像力を欠いた時にだけ、エリート女はエリート主義者になる。

曽野さんは言う。

「性差別は運動ではなくならない。実力があれば、今どき差別などしていたら損をすることが明瞭だからである。文壇は全く性差別の要素の皆無の社会である」

やれやれ。「今どき差別など」至るところで横行しているが、曽野さんの言い分によれば、「実力」がないから差別を受けて当然、ということになる。「実力がない」のではなく「実力を身につける」機会がないことが問題なのに、女が「実力を身につける」のにさまざまな構造的な障害があることが問題なのに、その構造的な障害をなくそうというのが「運動」なのに……なんでこんなこと、いちいち言ってあげなきゃわかんないのかね。その上、「文壇は全く性差別の要素の皆無の社会」だって——そりゃそうだろうよ。だって文壇も、一種の「芸能界」だもん。

曽野さんは、自分がしょせん「芸能界」でしか実力を発揮できなかった事実を忘れている。女は今でもアメリカの黒人と同じように、芸能やスポーツの世界でしか、対等な勝負をさせてもらえないのだ。ここばかりはハンディ抜きの世界だからね。曽野さんは、意識的にか無意識的にか、自分が大学や企業というハンディつきの勝負の世界を避けるという選択をしたことを忘れている。曽野さんは「女性議員が増えたことが、それほどのニュースになるということがまた情けない話である」と言うが、そのとおり、日本はそれほど情けない社会なのである。

メディアが仕掛けた「叩きのシナリオ」

最後に、曽野綾子さんの発言を一つの「事件」にまで仕立てあげたマス・メディアの状況――〝曽野綾子現象〟についても分析しておこう。

曽野さんの今回の発言程度の、フェミニズム嫌いや、「学園闘争」批判は、巷にザラにあふれている。それを何が何でも事件にしたかったのは、曽野vs上野、保守系大物女性知識人vsフェミニズムの旗手、女vs女の対決の構図が、マス・メディアにとってよほどおいしかったからだろう。

曽野さんと同じような発言をする、保守系男性知識人はたくさんいる。だが、男の女叩きは、すぐに反発が返ってきて、この頃どうやら分が悪い。ここは、同じことを言わせても、男vs女の構図にするよりも、女vs女にして、女に女を叩かせる方がうまみがある、というマス・メディアの読みが背後にある。

この背景には、ポスト参院選の保守系男性の危機感がある。「女性の勝利」「社会党の大躍進」がよほどこたえたらしい。とち狂ってオバタリアン叩きをする保守系男性知識人が、参院選後、マス・メディアで息を吹きかえした。だが、男がオバタリアン叩きをするのではあたりまえ。その上、オバタリアンを敵にまわすのは、よほど蛮勇のあるおっちょこちょいな男に限られる。

そこでお呼びがかかったのが、保守系女性知識人である。女性のエコノミストに「消費税のしくみもわからずにやみくもに反対なんて女はバカ」と言わせ、「台所からの発想なんてしろうとまる出し」「政治に女を持ちこむな」「宇野さんの女性問題でキーキーわめき立てるのは、政治家の力量を判断するにはお門ちがい」「訴える女がルール違反」等々と女に言わせる。

〝曽野綾子現象〟でも、コメントをとるのに保守系文化人を起用して、上野叩きをやらせるというシナリオは見えすいている。『週刊新潮』は西部邁のコメントを採用し、『週刊ポスト』は中山あい子に曽野応援団をつとめさせる。石堂淑朗もコメントをよせ、「女の敵はまさに〝女〟」と、ここはごていねいにもゴチックで印刷されている。

おあいにくさま。わたしは「女の敵は女」と思ってない。女の中にも、フェミニストと反フェミニストがいる。フェミニストの敵は、反フェミニスト。その中に男も女もいるというだけである。

こういう「女の戦争」をしかけるのが、マス・メディアの男性編集者だということは、誰でも知っている。編集者が書き手を選び、記事をまとめるコメンテーターを選ぶ。『週刊朝日』の七月二四日号の「編集部発」(編集後記)は、その事情を如実に物語る。編集子は〝冷戦状態〟にあった林真理子と和解が成立したことを報告してこう書く。

「実をいうと、〝和平交渉〟はスムーズに進んだのですが、「女の選挙」について書くことは林さん、なかなかイエスと言ってくれません。で、最後のお願いは参院選投票日の夜でした。……で、「女の選挙について書くと、わたし、またいじめられそうでコワイ」と尻込みされるのを、「大丈夫です。編集部には頼もしい男が何人もおります。お守りします」とお願いしてできたのが、「政治に『女』を持ち込むな」です」

アグネス論争にこりたらしい林真理子さんのためらいが伝わってくるが、一方編集部のこのはしゃぎぶりはどうだ。何が「お守りします」だろう。言論に対する批判は言論で返ってくるのを、編集部の「頼もしい男たち」はどうやって守ってくれる、のだろうか。

〝曽野綾子現象〟でも、『週刊新潮』と『週刊ポスト』が、保守派の立場に立ったのは明らかだ。「曽野綾子さんがナンクセをつけた」とか「あげ足とりをした」と書く代わりに、「曽野綾子さんに叱られた」「叱り飛ばされた」という表現の中には、明らかなバイアスがある。ふつうこういう記事の読者は、よほどのことがない限り、オリジナルの情報つまり曽野さんの『新潮45』の連載やわたしの『朝日新聞』のエッセーまでさかのぼって事情を検討したりしない。それを承知で「叱り飛ばされた」と一方に肩入れした表現をするのは、編集者の意図が見えみえである。そういうアンフェアなことをする編集者がいたことは、覚えておくからな。

とはいえ、わたしは、『週刊新潮』や『週刊ポスト』という媒体《メディア》そのものを敵にまわす気はない。なにしろ『週刊新潮』は、同じ号で、山下(徳夫)元官房長官の「女性問題」をすっぱ抜いて彼を辞任に追いつめるという「体制」なんだか「反体制」なんだかよくわからないメディアだ。

要は「売れりゃいい」んだろうけど、火のないところに煙を立たせようとして、針小棒大な記事を、明らかに一方に不当な肩入れをして書くという「品の悪い」ことをしたのはたしかだ。

見えてきた女の「保守とリベラル」

サヨクが騒げばウヨクも騒ぐ。こういう状況になれば、女性文化人の間でも、保守とリベラルのちがいはしだいにきわだってくるだろう。女だからって、誰でも女の味方とは限らない。現にこの参院選でも、保守系女性候補と革新系女性候補に、有権者はちがう審判を下した。同じ女でも、森山眞弓さんと土井たか子さんを同一視するひとはいない。森山さんは自民党員だし土井さんは社会党の党首、イデオロギーが全くちがう。女が官房長官になったからといって自民党の体質が変わるわけでなし、同じことは社会党にも言える。女が党首になったからといって社会党を支持しなくちゃならないのなら、女が党首になったら、自民党も支持しなくちゃいけないことになる。イギリスのフェミニストは、サッチャー首相という女性の宰相を持っていたおかげで、〝ウーマン・イン・パワー(権力の座についた女)〟に何の幻想も持たずにすんでいる。サッチャー政権がやってきた保守革命は、女を含む弱者切り捨て策だったからである。それどころか、女が就いても男が就いても、どうやら「権力の座」というもの自体が、その当人を腐敗させるものらしいということにも気づいている。それが明らかになったのが、ほかならぬリクルート疑惑ではなかったか。

ともあれ、女のあいだのちがいがはっきりしてきたことは、よいことだ。これからは、「誰が言ったか」ではなく「何を言ったか」が問われるだろう。何を言っても「しょせん女のたわ言」ととりあってもらえなかった時代に比べて、「どんな女が、どんなことを言うか」をいちいち吟味して聞いてもらえる時代こそ、フェミニズムがのぞんでいた時代というものだ。

ますます右傾化するメディアの中で、これからは、保守系女性文化人に、どんどんお座敷がかかるだろう。『読売新聞』の『Ｔｈｉｓ　ｉｓ』一〇月号では、スジ金入りの保守系女性文化人、上坂冬子と曽野綾子が対談しているし、ごていねいに、長い対談の中でほんの一言二言彼女らがふれた「フェミニズムこそ女性差別」という発言が、そのまま大きく見出しに使われている。『諸君！』一〇月号でも、「『平成』の暗い予感」というタイトルで、松本健一と長谷川三千子が対談し、長谷川は口をきわめて参院選の「オバタリアン・パワー」をあさはかと批判している。松本はすっかりとりこまれて、あれは全共闘の「イヤイヤ主義」とおんなじ反近代主義、反知性主義だと長谷川に支持を与えている。――いやはや。

それにしても、保守系女性文化人は、人材不足だ。知性と教養のあるタマが不足している。もともと「芸能界」にいる女性が「わたしって、フェミニズムが嫌いなのよね」と言ってもパンチはないが、曽野センセイぐらいの知識人が言うと同じ言葉も重みがある。マス・メディアがとびつく理由はよくわかる。それにマス・メディアは、曽野さんや上坂さんに代わって、保守系女性文化人の世代交代を要請している。が、いまのところ、若手で用意できているのは、山口令子ぐらいの、知恵も教養もない、何かというとすぐに「暴言」を吐くタマだ。マス・メディアはおだてたあげく、破綻すればすぐに使い捨てるから、気をつけたほうがいいよ、令子チャン。

最後に、『月刊ＡＳＡＨＩ』にこんな文章を書けば、ハイエナみたいにとびつく連中の顔が目に浮かぶ。わたしに「アサヒ御用達文化人」のレッテルを貼ったり、メディア間戦争に仕立てあげたりする定石は目に見えている。いったん公表した以上は、この文章に責任をとるのはわたし自身だが、どこかで引用する以上は、『週刊新潮』や『週刊ポスト』がしたような、コンテクストを歪めた切り張りなんぞ、するなよ。

いずれにしても、女による女叩きの構図は始まったばかりである。今回の〝曽野綾子現象〟程度は放っといても沈静するだろうが、いずれ近い将来、第二弾、第三弾が起きるだろう。メディアも世の中も、社会党さえ右寄りになる、イヤな時代の予感がする。

2 ジェンダー平等への地殻変動
―― 90年代

女と男の歴史的時差

――1990

日本で最初のリブ大会があってから二〇年。国連婦人の十年から一五年。日本の女は変わったか？

日本の女はたしかに変わった。そしてその変化のスピードと規模は、わたしの予測よりはるかに速く、大きかった、と思う。

街へくり出す「出歩く女」たち。職場で出会う年配の女性の笑顔。カラオケ・バーを占拠する「夜行性主婦」。TV局へ子連れ出勤しちゃうタレント。そして「山を動かした」マドンナ・パワー。――一〇年前には、いったい誰がこんな現象を予測しただろうか？　ベルリンの壁が目の前で崩壊するのを見て、予測しなかったことが起きたと誰もが驚きの声をあげたが、わたしには「女と男の壁」も、目に見えないところで深く静かに崩れていっていたのだと思える。

「女と男のあいだ」は、本能とか自然とかという名で呼ばれて、歴史を超えて普遍だと思われてきたのに、それがあっけなく目の前で変わっていくのを見ると、歴史の中で「はじまり」のあったものには必ず「おわり」があることがよくわかる。日本人が「みんな中流」に成りあがったのはせいぜい三〇年前。娘たちが「会社員の妻」にあこがれはじめたのは半世紀前。女たちがパンツをはきはじめてからだって、一世紀たっていない。

歴史の変化は、女と男、子どもと大人に、不均等に訪れる。変化の先ぶれをまっさきに経験するのは女と子どもだ。それは彼らが社会の周辺部にいるからだ。「男の城」に守られて既得権を手放さない男たちは、足もとに押しよせる変化の波に気づかない。女は変わったが、必要に迫られて変わったのだ。──だってこんなの、やってらんないもん。女たちはそう、くちぐちに言いはじめた。

男が変わらないのは、理由は簡単。彼らには、変わる理由がなかったからだ。少なくともこれまでは。女が黙っていさえすれば、こんな快適、自分から捨てる理由なんてないもん。でも、男たちも、もうそう言ってられない時が来た。女が変わってしまったからだ。

変わらなかっただけの男にしてみれば、鳩が豆鉄砲を食らったような感じだろう。一組の夫婦を考えてみたらいい。二〇年前、新婚のときには「あなたについていきます」と言った妻が、二〇年めには自立をめざし、三〇年めにはある朝突然「中高年離婚」をつきつける、というのだから。「オレのどこが問題なの？　オレはただ変わらなかっただけなのに。変わってしまったのはオマエの方じゃないか」って、きっと言いたくもなるだろう。

そうなのだ。あなたが変わらなかったことが問題なのだ。離婚届をつきつけられるその朝まで、妻が何を考えつづけてきたかに気づかない、あなたのその鈍感さが問題なのだ。

若い女の子たちは、もうそんな男を相手にしない。学歴があっても、収入があっても、気配りのない男は、たとえコンピュータがイエスと言っても、結婚相手に選ばない。巷には、結婚難の男の子たちがあふれ、とうとう「花婿学校《はなむこ》」なんてものまで登場した。

女の問題は、セカンド・ステージ（第二段階）に入っている、とわたしは思う。ファースト・ステージ（第一段階）は、女が変わる段階。セカンド・ステージは、男が変わる番。昨年の、労働省の婦人週間の標語は「女が変わる、男が変わる、社会が変わる」だった。この順番は言いえて妙。変化は、この順番に起きるのだ。

人間は、イデオロギーや理念では変わらない。女はフェミニズムの影響で変わったわけでもないし、『クロワッサン』の読みすぎで変わったわけでもない。「現実の必要」に迫られて、女がまっさきに変わり、変わった女を目の前にして男がしぶしぶ変わる。そうやってはじめて、女と男がつくるこの社会が変わる。

そういう歴史の転換期で、元気印の女たちにはエールを送りたい。そして、その女たちを眩《まぶ》しげに見ながら、おずおずと変わりはじめた男たちにも応援歌を歌いたい。

リブ・ルネッサンス ——1994

このところわたしは、かってに「リブ・ルネッサンス」と吹聴してまわっている。というのも、いくつか理由がある。

第一に、一九九二年から『資料 日本ウーマン・リブ史』全三巻が、ウイメンズブックストア松香堂から刊行中。電話帳なみの厚さで、当時のビラやミニコミ誌がどっさり再録されている。編者の溝口明代さん、佐伯洋子さん、三木草子さんの三人が、引っ越しのたびに段ボール類を持ち歩いたという執念の産物。

第二は、九三年の『フェミニズム・コレクション』全三巻の刊行。勁草書房の編集者、町田民世子さんが、加藤秀一、坂本佳鶴恵、瀬地山角といった三人のフェミニズム第二世代を編者に立てた。

第三は、いささか手前みそだが、上野の他、井上輝子、江原由美子、天野正子(編集協力)の四人の編者による岩波書店版『日本のフェミニズム』全七巻、別冊一(男性学)の九四年刊行開始。

最後の一つは、栗原奈名子さんというポストリブ世代の映像作家によるリブのビデオドキュメンタリー「ルッキング・フォー・フミコ——女たちの自分探し」の日本公開。この一〇月一三日には、東京の上映会に、リブの活動家、田中美津さんをはじめ、『女・エロス』を発行した舟本恵美さん、シンガー・ソングライターの麻鳥澄江さんなど「主演女優」が勢ぞろいした。

どれも独立した企画としてここ数年、準備されていたのが、いちどきに花開いた感がある。岩波のアンソロジーに作品の収録をおねがいした著者の方から、「こんなとこに入れられると、まるで博物館入りしたみたいな気分になる」と言われたが、それも無理はない。リブの誕生が一九七〇年、というと、「あたし、まだ生まれていなかった」という世代が大学に入ってきているのである。「リブは歴史になった」ということだが、ということはつまり、記憶され、受けつぐべき何ものかになった、ということである。

東京のビデオ上映会では、多くの若い女性が「こんな女のひとたちがいたから、今のわたしたちがいるんだ」という気持ちを強く持ったようだ。会場で麻鳥さんの言ったことばがその気分をピッタリ表現している。

「わたしたちの前にも、平塚らいてうだの、いろんな女の人たちがいてくれたおかげで、わたしたちの前にはザブトンが五枚も六枚もしいてあったようなもんよ。一枚ぐらいは、うっとおしくて投げ捨てたけどね、アハハ」

「中絶」という女の権利が世界的に脅かされている
——1992

参院選ではPKO（国連平和維持活動）が争点になった——とはいえ結局不完全燃焼だった——が、アメリカの大統領選では、中絶が争点になっている。

一九七三年一月二二日、アメリカの最高裁は妊娠中絶を合法化する歴史的判決を下した。その後も中絶を非合法化する保守派の動きは絶えず、ルイジアナ、ユタ、ミズーリなど南部諸州では、実質的に中絶を規制する州法が次々に成立。この九二年六月には、最高裁はペンシルベニア州法の中絶制限を認める決定を下し、七三年の歴史的判決を自らくつがえした。

このニュースは、アメリカの女性だけでなく、日本のわたしたちにも大きなショックを与えた。リブとフェミニズムの二〇年の後で、いったいなぜ？　中絶は女がかちとった権利なのに、今ごろになってどうして揺り戻しが起きるの？　一九八二年のE

RA運動が敗北に終わったあと――アメリカ合衆国憲法の中には「男女平等」をうたう条項がない。「押しつけ憲法」のわたしたちの憲法にはあるというのに――中絶をめぐるこの最高裁の逆転判決は、また一つアメリカの女性運動の大きな敗北に見える。

全米ベストセラーになったスーザン・ファルーディの『バックラッシュ』(新潮社、一九九四年)が指摘するように、保守派の巻き返しが始まったのだろうか？「女の権利」の主張はもうたくさんだ、とフェミニズムを苦々しく思う手合いの反撃が至るところで始まった。ブッシュは中絶自由化に反対だし、最高裁判事を反中絶派で固めている。昨年テレビ対決をつうじて全米を震撼《しんかん》させたトーマス対ヒルの「セクハラ疑惑」も、黒人のトーマス判事がゴリゴリの反中絶派だということが女性たちの反発の一因だった。

中絶をめぐるバックラッシュは、アメリカだけのことではない。ドイツでは統一後、東西両地域の中絶法の違いを調整することが課題になっていたが、今年六月二六日、統一中絶法が可決した。旧西独では中絶は非合法、旧東独では一二週まで合法。与党のキリスト教民主党は中絶の自由化に反対したが、新しい中絶法は東西両独の折衷案。強制カウンセリングつき一二週内合法、というもの。西側の女性にとっては前進、東側の女性にとっては後退を意味する。東の女性はここでもまた既得権を一つ、失った。

それよりこの春、世界を震撼させたのは、アイルランドの「レイプ妊娠」中絶禁止判決だった。親友の父親に乱暴され妊娠した一四歳の少女が、国内で中絶を禁止しているアイルランドからイギリスへわたって中絶を受けるのに対し、ダブリンの高等裁判所は出国禁止の決定を下した。この措置は国論を二分し、多くの女性や市民が中絶の権利を求めてデモを繰り返した。少女は「出産するくらいなら自殺する」と訴え、その間も刻一刻と中絶可能期間は過ぎていく。最高裁は緊急審理の結果、この少女の出国を認めた。中絶が国民的論争になる一方で、少女をレイプ妊娠させた男への断罪や、厳罰要求は聞かないから、カトリック教国アイルランドの「倫理」観も、男に甘い一面的なものではある。

中絶が政治課題や法的規制の対象になるたびに、わたしは困惑の思いにとらえられる。なぜ？　女の子宮は女のものではないの？　中絶が合法か非合法かを論ずる人びとのアタマの中には、女の子宮はおクニのもの、という観念が支配しているようだ。なぜわたしの子宮の使い方について、いちいちおクニに許可を得なければならないのだろう。その上、そんなにまで干渉して生ませた子どもに、生まれた後はいっこうに子育てのサポートをする気はないというのに。

前回のアメリカ大統領選では、女性団体が中絶支持か不支持かで候補を選ぼうというキャンペーンをした。「中絶」がそのくらい女性解放のかなめにあり、候補者のリベラル度を計る尺度になるからである。逆に言えば、子宮と再生産の管理は、家父長制支配の根幹にあるからである。とはわかっていながら、中絶が政治の争点になるたびに、なぜもともと自分のものである権利を「奪い返し」たり「守ったり」しなければならないのか、不快さはなくならない。そして、中絶をめぐる世界的なバックラッシュが示すように、この権利はたえず反対派から脅かされていて、努力して「守りつづけ」なければならないものなのだ。

「中絶天国」日本でも、昨年十分に議論も尽くされないままに、あっけなく中絶合法期間が妊娠二三週以前から二二週未満に「改正」された。しかも答申を出した審議会の委員一五人中女性は五人、という状態で。なぜ女の身体のことを、男たちに決めてもらわなければならないのか。優生保護法は、いまだに中絶を違法化しており、運用しだいではいくらでも条件を厳しくできる。出生率低下が言われる今日、またぞろ中絶規制の強化の声が出てこないとも限らない。中絶バックラッシュに向かう「国際化」は、ごめんこうむりたい。

企業社会というゲームのルール　——1993

昨年の新卒就職戦線は、不況のせいで学生にはさんざんだった。とりわけ女子学生には不況の風当たりはきびしかった。わたしの勤務先の大学でもごたぶんに洩《も》れず女子学生は苦戦した。三月末の卒業式当日になっても、まだ行き先が決まらず、泣きついてくる学生もいる。

男女雇用機会均等法はあるが、絵に描いたモチ。企業の人事担当者に電話をかけてアポイントをとろうとするだけで、声で女とわかった先方からは「今年は女性の採用はしませんから」と、露骨な法律違反の発言がかえってくる。その上、今春の内定取り消しである。企業は見舞金などでお茶を濁しているが、日本の雇用慣行では内定は雇用契約に準ずるから、一方的に契約を破棄した企業の責任はもっと問われてよい。

関西の五大学の女子学生が連合してつくった学生婦人問題研究会連絡会の調査によると、調査対象の女子学生は、求職活動中に、女であることを理由にした就職差別を一人当たり平均五件も経験していた。「女は要らない」と露骨に言われたのから、試験さえ受けさせてもらえなかった例、「女性は自宅通勤に限る」と条件をつけられたケース。報告書は企業の実名をあげているが、均等法違反が判明しても、努力義務のみの罰則規定なし、ザル法の均等法では、法の制裁もない。トラブルがあっても、持っていき場のないことが大きな問題である。

総合職だ女性管理職だともてはやされたのは、なにも均等法で経営者がとつぜん男女平等に目ざめたわけでも何でもない。たんに人手不足とバブルのおかげだった、というおハナシ。不況がくれば職場の男女平等など、採用の時点でふきとんでしまう。

『ワーキングウーマンのサバイバルガイド』(学陽書房、一九九二年)という本を昨年出版した福沢恵子さんと、最近一緒に仕事をした。「働く女性が落ち込みそうになったとき読む本」と副題がついた本書は、彼女自身の職場体験と多くのワーキングウーマンとの面接をつうじて、働く女性にこんせつていねいに「こんな時、どうする?」の実践的ノウハウを伝えている。

たとえばこんなふうだ。同僚の女性が職場から惜しまれて〝寿〟退職をするとき。男性上司があなたにこう言う。

「いなくてもいい人が残って、いてほしい人ほど辞めていくんだよね」

ここでカッとしたりひるんだりしてはいけない。あなたは彼の顔を見つめ返し、ニッコリ笑ってこう言うのだ。「ほんっとぉーにそうですわね」

女たるもの、企業でしたたかに生きのびていこうと思ったら、この程度のユーモア精神を身につける必要がある。この本には上質のユーモア感覚が満ちみちている。それに「男役割と女役割のはっきり決まった会社と、女性が男性に伍《ご》して対等に働いている会社。どちらが和気あいあいとしているか?」と問いを立てて答えは「前者」、というような鋭い観察も随所に顔をのぞかせる。

福沢さんの本を読んだ女子学生が感想を洩らした。「働いている女の人たちって、こんなにも励ましを必要としてるんですね」。そのとおり。女は職場に出るには出たが、職種や労働環境は必ずしも満足いくものではない。オヤジなみに働くことを「平等」だとおしつけられた総合職女性のサバイバル率は低く、秋葉ふきこさんの『彼女が総合職を辞めた理由』(WAVE出版、一九九三年)のような本が出る一方で、一般職の女性の勤続年数はのびている。職場にいすわる女性のために『女性が働きやすい会社案内』(晶文社出版、一九九三年)のような労作も出たし、セクハラに負けないための本、福島瑞穂さんたちの『セクシュアル・ハラスメント撃退マニュアル』(日本評論社、一九九〇年)もある。

「だけどほんとうに必要なのはね、男たちがつくる組織に女がフルタイム・メンバーとして参加していくときに、組織原理や組織の動かし方のカンどころを女性に伝えるような〝経営学〟のノウハウなのよ」

と言ったとたん「実は、ここにあります」と福沢さんがすばやくさし出したのは、彼女たちが訳したベティ・L・ハラガンの本『ビジネス・ゲーム』(WAVE出版、一九九三年)。「ママが教えてくれなかったゲーム」という原題の著書は一九七七年刊。全米で一〇〇万部を超すベストセラーになった。今でも少しも古びていない。

経済学と経営学は似ているようで、少しも似ていない。経済学は市場の動きを追う理論、経営学は組織分析。市場は近代化したが、その市場での行為者である企業という組織は少しも近代化していない。依然としてタテ型の軍隊組織である。市場ゲームと組織ゲームは成り立ちもルールもちがう。組織に参入する女は、まともなプレイヤーとして生き残るためにはそのルールを知らなければならない。

それは「ミイラとりがミイラになる」ためではない。ルールのウラをかくためにも、ルールをつくり変えるためにも、まず自分の参加しているゲームがどんな場であるか知ること——ゲームからオリないことに決めた女たちには、その情報の伝達が必要となってきている。

今もつづく「軍隊と性犯罪」——1993

「従軍慰安婦」のことを英語でsexual slaves(性的奴隷)と呼ぶのを聞いて、目からウロコが落ちた。彼女たちの置かれた状況は、「慰安」などという生やさしいものではない。監禁下の奴隷状況で兵士から強姦を受けつづけた女性のことを、日本語では「従軍慰安婦」と呼ぶのだ。こういう女性から「慰安」を受けることのできる男とは、いったい何者なのだろう。

一九九二年、研究旅行で沖縄を訪れ、一二一カ所にのぼる沖縄慰安所マップをつくった「沖縄女性史を考える会」のメンバーの方たちと、交流する機会を得た。そして慰安婦には韓国女性と沖縄女性がいたこと、その間には、兵士用と将校用で差別があったこと、沖縄に日本軍兵士のための慰安所が置かれたのは、「準外地」扱いだからだったこと、沖縄の人たちが内地の兵士からさんざんな差別と被害を受けながらその一方で韓国人差別をしていたこと……などの入り組んだ事情を聞いた。

沖縄には今でも慰安婦経験者の人たちがいるが、その人たちは強制連行された韓国女性とちがって、わずかな報酬を得ていたために名のり出にくいことも聞いた。

韓国女性の慰安婦訴訟の背景には、韓国のナショナリズムの高まりや、日本との経済力の接近がある。そこには、ひとつの国家の他国民に対する犯罪を告発するという姿勢がある。だとしたら、国籍の有無だけで、あるいはわずかな報酬の有無だけで、沖縄女性は告発の資格を失うのだろうか。

従軍慰安婦は、「国家による犯罪」であるだけではない。「男による性犯罪」でもある。その視点を確立しないと、韓国女性の従軍慰安婦と沖縄女性の従軍慰安婦との間には、ふたたび深い国籍の溝がひかれてしまう。そしてこの見方の中にこそ、従軍慰安婦の問題が、戦後四六年もたって「今さら」ではなく「今だからこそ」出てきた理由がある。

『思想の科学』一九九二年一二月号の特集「記憶の政治学」で、江原由美子は「なぜ四六年も(提訴に至るまで時間がかかったか=引用者注)?」という問いに答えて、「性暴力や強姦の被害にあった女性にその被害の事実を「身の恥辱」として恥じ入らせる通念や文化は、それ自体許しがたい性暴力である」という「フェミニズム的認識の確立」にある、という。

戦後、日本が国籍を剝奪《はくだつ》した旧植民地人に対する戦後補償は、元台湾人兵士の軍人恩給や遺族年金の請求としてくり返し問題になってきた。だが、従軍慰安婦の問題を、国籍の問題や国家賠償の問題に還元すると、「この四六年」が持つ、問題の今日的な意味が見失われる。

被害を被害者の側の責や恥に帰して沈黙させる家父長制の力学がはたらいたからこそ、慰安婦は沈黙してきた。昨年、「私は何も悪いことをしていません」とセクシュアル・ハラスメント訴訟の実名報道に踏み切った女性が登場したが、彼女の勇気ある一歩が事件になるまでにかかった「この四六年」だったのである。

慰安婦問題が「国家による犯罪」だというだけでなく、「男による性犯罪」だという視点を確立することで、国境の壁を越えて、基地の女たちとつながる道も生まれる。

国連平和維持活動(PKO)部隊が派遣されたアジアの地域では、兵舎のまわりに急ごしらえのスナックやバーができている。「バーUNTAC」があるという笑えない話も聞いた。UNTACの明石康代表が慰安所の設置を支持するような「失言」をしたと現地の新聞に伝えられる状況だ。むき出しの暴力による強制であれ、貨幣による誘導であれ、「軍隊と性犯罪」の問題は「過去の亡霊」ではなく、今日もなお、つづいている。

「進歩と開発」という名の暴力　――1994

「ヨーロッパはひとつになった」

国際交流基金から日欧女性交流事業をやりたいと相談を持ちかけられたとき、わたしともう一人のコーディネーター、綿貫礼子さんがまっさきに考えたのは、一九九四年にわたしたちが考えるヨーロッパは、これまで「西欧」の名で知っていたヨーロッパとは違う、ということであった。「西欧人」なら、男性も女性も、これまでたくさん日本にやってきている。だが、「西欧」の名がしめすとおり、わたしたちが長く「ヨーロッパ」と呼んできたのは、独、仏、英のあいも変わらぬ「西ヨーロッパ」ではなかったか？

ヨーロッパには「西欧」だけでなく、「中欧」も「東欧」も、そして「南欧」も「北欧」もある。八〇年代の世界史の激動をつうじて、「ヨーロッパはひとつになった」というのが、わたしたちの共通の認識だった。

一九八九年に「ベルリンの壁」が開き、東欧改革を経て冷戦構造が崩壊したことで「ヨーロッパがひとつになった」ばかりではない。「欧州連合」実現が日程にあがっていることだけでもない。そんな男たちの政治的な駆け引きで、「上からの」欧州統合が現実化しつつあるというだけでなく、それよりも「女の視点」から見て、もっと重大な事件、生活に直接影響するできごとが、あっけなく国境を越えて、いやおうなしに「ヨーロッパをひとつに」してしまうという事実があった。一九八六年のチェルノブイリ被災である。

環境汚染は国境をかんたんに越える。国境はひとともの流入を食い止めることはできても、放射能汚染を食い止めることはできない。チェルノブイリのせいで、「環境汚染がヨーロッパをひとつにした」という、皮肉な事態が起きた。それだけではない。このときほど、ヨーロッパの女性が草の根でつながりあって「ひとつになった」ことはない。チェルノブイリは、体制の違いを超えて「ヨーロッパの女性をひとつにした」、いや、ヨーロッパの女性ばかりではない、日本の女性をも含めて、草の根で世界各地の女性を「ひとつにした」のである。その過程で、「女性・環境・平和」というテーマが浮かびあがった。

わたしたちは、新しい「ひとつのヨーロッパ」を前提に、これまで日本になじみのなかった人びとを迎えたいと考えた。その結果、第一にロシアを含めて人選を意識的に東欧、中欧寄りにしたこと、第二に学者、研究者ばかりでなく草の根の活動家を積極的に含める、という選択になった。

受け入れる日本側の体制づくりもそれにあわせて方針を設定した。第一に、「見るだけ」「聞くだけ」の一方通行ではなく、できるだけ「交流」の実があがるように、日本側でもそれに対応する研究者や草の根の活動家に発言してもらうこと。第二に、東京中心主義を避けて、地方の現場を踏んでもらうこと。第三に「女性・環境・平和」というテーマにふさわしいポイントを選ぶこと。その結果、一行は、二週間で広島、沖縄、滋賀をまわることになった。

広島では、原爆資料館をたずね、被爆者と直接に会っていただいた。現地の女性団体とも交流してもらった。沖縄では、第二次世界大戦の戦跡をたずね、基地買春や「従軍慰安婦」の問題を討議してもらった。日程の制約で、水俣をたずねる余裕がなかったのは残念だが、環境問題のもうひとつの焦点、滋賀県の琵琶湖汚染をめぐる、官民ぐるみのとりくみをつぶさに見ていただいた。

日程の最後に、三日間にわたる東京での講演とシンポジウムが組まれた。

四月七日には、お茶の水女子大学女性文化研究センターの協力を得て、マリア・ミース(ドイツ)とメアリー・メラー(イギリス)のエコフェミニズムをめぐる講演とディスカッションがおこなわれ、司会に青木やよひ、コメンテーターに大越愛子があたった。同じ日に国際文化会館の協力を得て、「ピースボート」との共催でメンバーの中からクロアチアからの参加者、ビリアーナ・カシチに「戦争と女性」の講演を依頼し、日本で「従軍慰安婦」問題に取り組んでいる福島瑞穂と交流をしてもらった。司会と運営は、ピースボートの辻元清美があたった。

翌八日には、マリアローザ・ダラ・コスタ(イタリア)、マリア・ミース、クラウディア・フォン・ヴェールホフ(オーストリア)の三人をパネルに迎え、「女性の不払い労働と世界システム」というテーマでシンポジウムをおこなった。日本側から迎えたのは、報告者に大沢真理、伊藤るり、久場嬉子、コメンテーターに花崎皋平《こうへい》、伊田久美子、柴山恵美子の各氏、司会を務めたのは上野である。

さらに最終日、四月九日には参加者全員を招いて、午前と午後にわたる終日シンポ「女性・環境・平和」を、上智大学社会正義研究所の協力、「チェルノブイリ女性ネットワーク」との共催で開催した。午前は「リプロダクティブ・ヘルスと環境」のテーマで綿貫礼子、マリア・グミンスカ(ポーランド)、マルガリータ・ミハイレンコ(ロシア)が主としてチェルノブイリ被災の実状とその後を語った。コメンテーターはジフカ・ダミアノーヴァ(ブルガリア)、日本からは長沖暁子、司会を担当したのは上野である。午後は基調講演にヴェールホフと中西準子、コメンテーターに落合誓子、イリーナ・イワセンコ(ポーランド)、司会を綿貫礼子が担当した。衆議院議長の土井たか子さんも挨拶にかけつけてくださった。最終のセッションは、「女からの提案――人間と環境の関係をこうつくりたい」と題して、全員総出演で言いたいことを言おうという企画になり、司会役の鶴見和子さんがあざやかにさばいてくださった。

「環境」

なぜ、いま「女性・環境・平和」か? この三題噺のなかには、どんなものでも入るように見える。各地でおこなわれた講演、シンポジウムのたぐいも、被爆から湖水汚染まで、レイプ・キャンプから「従軍慰安婦」まで、さらに不払い労働から「持続可能な社会」まで、ばらばらで思いつき的に見えるかもしれない。

だが、この過程を通じて、参加者と企画者の双方に見えてきたのは、この三つのテーマをめぐる、驚くべき構造的な同一性と一貫性だった。

「女性と環境」ということばで、わたしたちが意味したのは、女性を含めて人間もまた環境の一部である、という視点だった。環境には「体外環境」と「体内環境」のふたつがある。わたしたちはしばしば人間の外にある「体外環境」を、「自然」ととりちがえるけれども、「体内環境」もまた、ひとつの「自然」、それも「自然保護」の名のもとでは、しばしば無視されがちな「自然」である。

最終日の基調講演でヴェールホフが語った「環境としての女性」は、そういう含意を含んでいた。綿貫礼子の「水俣からチェルノブイリまで」という歩みも、公害による「体内環境」の修復不可能なまでの破壊、そしてそのツケが世代を超えて次の世代の無垢な生命に受け継がれることの脅威を語るものであった。「リプロダクティブ・ライツ（生殖の権利）」から「リプロダクティブ・ヘルス」への展開は、再生産環境としての人間を維持しようという問題の拡大と深化にもとづいている。

女性が「環境」を語るのは、なにも女性が「産む性」だからではない。女性が男性にくらべて「自然」に近い、からでもない。男を「文化」に、女を「自然」に割り当てて、「文化」のしりぬぐいを「自然」に押しつける従来型の発想は、もはやだれにも許されない。ミースもまた講演のなかで、「わたしたちは男女ともに、自然の一部であることを学ばなければならない」と指摘する。とりわけ、「男たちはとくにその教訓を学ばなければならない」と、強調する。ミースもメラーもエコロジーを語るのに「母性」という言葉をつかわない。エコロジーを語るために、女性だけが特権性を持っているわけでもない。男もまた「産む性」であり（「産ませる性」という男性支配的で無責任な言い方を、わたしは採用しない）、自分自身と他の生命に頓着しないことで、かれは生命が持続する環境そのものを危機にさらしているのだ。そして、この「自然」に対する「暴力」こそ、メラーが言うように、「成長と開発の神話」がもたらしたものである。

「平和」

第二に、戦争は女性に対する直接的な暴力の行使である。女性に対してだけではない。戦争は組織された男性の暴力であり、その行使が国家によって正当化された暴力である。国家は暴力を組織し、その行使に正当性を与えることによって「男性性」を定義する。そしてそれから女性を組織的に排除する。なにも女も戦闘に参加させよ、と要求しているのではない。戦争は、暴力による「男性性」の定義がおこなわれる「聖域」、そのことによって男と女が、そして「英雄」と「臆病者」とが区別される究極の「男らしさ」の牙城である。そしてその攻撃的な「男性性」の証明のために、女性はたんに非戦闘員として殺されるだけでなく、性的な侵略の対象となる。彦坂諦《たい》は『男性神話』（径書房、一九九一年）のなかで、「従軍慰安婦」を犯した旧日本軍兵士たちは、性欲からでなく、抑圧の移譲と攻撃性の連帯のために犠牲者を必要とした、と証言する。それは多くの強姦者たちが、性欲からそうするのではないことと符合した事実である。

女性に対する戦争暴力の行使が、決して過去のものでないことを、旧ユーゴスラヴィアの内戦は、レイプ・キャンプというおぞましい姿であきらかにした。一九九四年の今日、ヨーロッパを語るさいに、「ヨーロッパの火種」、旧ユーゴの問題を避けてとおることはできない。とりわけ、旧ユーゴの解体が、冷戦構造の崩壊の直接の結果であり、EU統合に見る利益共同体としての「ひとつのヨーロッパ」にのりおくれまいとする動きであってみれば、「ひとつのヨーロッパ」がかかえた難問として、この問題を扱わないわけにはいかない。

カシチは、クロアチアの首都ザグレブで、難民救援センターを支援する女性グループのひとりである。戦争が始まって以来、彼女は年来の友人たちが「わたしはまず第一にセルビア人だ。そしてその次にフェミニストだ」と言うのをしばしば耳にした。男たちの家父長的な対立が女を分断するなかで、彼女たちの支援する難民センターは、収容者の国籍を問わない数少ない施設のひとつである。救援グループさえも、国籍と民族に分断されているなかで、彼女たちは「わたしたちはクロアチア人やセルビア人である前に、まずフェミニストだ」として、男たちが引いた国境とナショナリズムに対して、絶望的な闘いを挑んできた。

この問題を「従軍慰安婦」問題や基地買春の問題とつなげたいと思ったのは、次のような理由からである。第一に、戦争遂行にともなう性犯罪、性暴力は決して過去のものになっていないこと。とくに「従軍慰安婦」の問題は被害者に何の公式謝罪も個人補償もなされていない点で、戦後五〇年を迎えようとする今日なお、現在進行形の問題である、という認識からである。第二に、強制によろうが金銭による誘導によろうが、「買春」が性犯罪であることに変わりはなく、女性の人権侵害の事実に違いはない。この立場をあきらかにすることによって、外国人「従軍慰安婦」と、潜在しているであろう日本人「従軍慰安婦」とのあいだの分断を超えたいと考えたからである。勇気を持ってみずから名のりをあげた韓国やフィリピンの被害者たちに対し、もと日本人「従軍慰安婦」たちの沈黙は、それ自体が日本のかかえた巨大な家父長制の暗部である。そしてその問題をさらに今日もアジア各地でつづく基地買春の問題につなげることで、女性に与えられた戦争暴力の被害を、国と国の家父長制相互の争いの道具にされることから救いたいと考えた。その背後には、フェミニズムをナショナリズムによる回収からどう擁護するか、という巨大な問題がよこたわっている。

「労働」

いささか唐突にみえた「女性の不払い労働と世界システム」というテーマも、この文脈に置くと、問題の構造的な一貫性がはっきり見えてくる。ウォーラーステインをはじめとする世界システム論者は資本による世界システムの「中心」と「周辺」への分割を論じるが、「女性の視点」を欠いているために、世界システムの「コア(中心)」のどまんなかに、「主婦」という名の女性の不払い労働という「周辺」が組み込まれていることに気づかない。ダラ・コスタ、ヴェールホフ、ミースらは、この女性の不払い労働を資本の利潤形成との関係で論じてきた先駆的な研究者である。そしてこの構造は第三世界に輸出され、女性を「生存経済」から引き離すことをつうじて、インフォーマル部門における不払い労働者と化していくという「労働の主婦化」が起きる。この「不払い労働」こそが労働の「コア」部門を支えているという彼女たちの分析は、フォーマル・エコノミーばかりを分析対象にするおおかたの「男性的な」経済学に破産を宣告する。

ミースによれば、フルタイムの賃労働者という労働の「コア」部門は、資本制の世界的な規模への拡大にもかかわらず、けっして拡大しなかった。それどころか起きているのは、「雇用の風化」、「空洞化」である。「コア」部門の雇用は、ますます稀少な資源と化し、その分配をめぐって、先進国の労働者のあいだでも深刻な失業の危機が起きている。資本制の進展にともなう、男性および女性のますます進行する「賃労働者化」は、エンゲルスが予想したようには、すすまなかった。それどころか、ヴェールホフは、「労働の主婦化」はまず女に、そしていずれは男をも巻き込んで進行すると、不吉な予言をする。九〇年代に先進諸国を例外なくおそった不況は、この「雇用の危機」が「コア」のただなかで進行していることを立証する。

そして、あいかわらず、この「雇用の危機」のあおりをまっさきに食らうのは女性である。九〇年代の不況は、多くのパートタイマーの女性をレイオフにし、事務部門の女性雇用者を雇用調整の対象にし、労働市場への新規参入者である学卒女性たちを未曽有の就職難に追い込んだ。労働組合がこの際、なんの助けにもならないこともはっきりした。日本だけでなく、先進諸国をつうじて、労働組合はすでに職を得ている正規の男性労働者の既得権を守ることにしか関心がなく、そのかぎりで現状維持をはかろうとするもっとも保守的な経営者と利害が一致する。

この女性の労働市場からの組織的な排除が、女性に対する緩慢な暴力でなくて、なんであろうか？　それは目に見える直接的な暴力ではないが、緩慢だが致命的な暴力である。「女が食えない」という現実こそが、平時にある家父長制の構造的な暴力である。失業は女性から生存の基盤を奪い、アイデンティティとプライドの根拠を喪失させる。それは女性を男性に経済的に依存させ、そのことをつうじて家庭内の夫の暴力に耐えさせる。そしてまた、女性を「失業か売春か」という選択に追いつめる。東欧の経済危機の過程で生み出された大量の女性の失業の結果、わたしたちが見たのは、離婚率の急激な減少、出生率の激減、そして家庭内暴力の増加だった。東欧女性の出稼ぎ売春や、日本にもある基地買春の背後にあるのも、それ以外では「女が食えない」という単純な事実である。

女だというだけで職がない、という社会的な不公正は、女に加えられた暴力である。「職がない」ということは「働かなくてよい」ということを意味しない。それどころか、賃労働よりもっとわりの悪い、不払い労働を割り当てられるということを意味する。ミースらの議論は、性別イデオロギーの背後にある赤裸々な女性の抑圧を完膚なくあきらかにした。

家父長制の暴力

今回の交流事業をつうじて、わたしたちが学んだのは、女性に対する暴力と環境に対する暴力とはふかくつながっている、という事実であった。戦争と強姦という肉体に対する直接的な暴力、自然破壊という「体外環境」「体内環境」双方の汚染をつうじての生命への暴力、そして女性の「生存経済」からのひきはなしと労働市場からの排除という構造的な暴力……。

それらは「進歩と開発」の名において現在も進行中である。シンポジウムの最後に、「持続可能な発展」と「持続可能な社会」とのちがいについて、緊迫した議論のやりとりがあった。社会の「持続可能性」と「発展」とはあいいれない、「持続可能な発展」とは論理矛盾にほかならない、という指摘に、誰もが直面している問題の大きさに目のくらむ思いをした。

パネリストのひとり、石川県珠洲《すず》市から参加した、珠洲市議会議員で反原発活動家の落合誓子さんは、地域政治のすみずみにまで浸透した金権政治の実態をつぶさに報告しながら、「これはカネとの闘いなのです」と言明した。目先の利益に群がる地元の有力者たちと、自然と生命に心を寄せる女たちとそして男たち。闘いに勝ちめはないように見える。だが彼女たちの闘いは、この世の中には「カネでは買えないものがある」ということを学ぶための、息の長い価値観の闘争なのである。

今回の交流事業は「女性」をキーワードに、参加者も女性中心に組み立てられた。

だがここで提起された問題は、女性も男性もともに含むグローバルな問題である。「女性の視点」は、女性向けの問題群をあつかうにとどまらない。「女性と環境」のテーマのもとで、女性たちが「女向け」の領域について内輪でおしゃべりしていると思う男たちは、そこで男性につきつけられた問題の深刻さにたじろぐだろう。「女性の視点」とは、女性が問いを立てた、世界についての問題、そこからは「男性視点」のゆがみこそが問われなければならない新しい世界についてのパラダイムなのだ。

新しいネットワークへむけて

最後に、ヨーロッパからの参加者の日本滞在についての感想をいくらか記しておこう。二週間で四カ所を回るというハードスケジュール、しかも休日が一日もないという「日本的な」強行軍にあきれながら、彼女たちは各地の交流事業を精力的にこなした。その彼女たちが異口同音に言うのは、「日本の女性はなんと活発で積極的か」ということだった。各地の参加者たちは熱心に討議に参加し、質問のレベルも高かった。彼女たちはまた草の根の活動の厚みにも驚嘆し、「わたしたちは日本の女からたくさん学んだ」と、掛け値なしに言って日本を去った。

そこにあるのは先進国のおごりでもなければ、社交辞令でもない。彼女たちがあまたの来日するＶＩＰとちがって、自身、草の根につながっている活動家としての人間的な謙虚さを持っていたというだけでもない。わたし自身、多くの外国からの来訪者を迎えて、日本の女性についてのこれほど肯定的な評価を、はじめて耳にした。わたしは多くの「日本通」と称する外国人たちから、「日本の女はどこにいるのか」「日本にはフェミニズムはあるのか」と言われ続けていささかうんざりしていた。あなたがたはそこにあるものを見ないだけだ、もしくはしかるべき人びとに会える場所に身を運ぶ努力をしないだけだ、と言いたいのだが、現に日本の企業や官庁のトップクラスの人びとに接するかぎりでは、日本の女は「見えない存在」だろう。

国際交流基金にとってもこれは新しい経験だったに違いない。かれらもまたＮＧＯを含む新しい分野の人びととのつながりをつくり出そうとしていた。日本の草の根のＮＧＯの活動は、広く、厚い。そしてそれを支えているのは、多くは女性である。わたしはそれを知っている。ただそこに足を運びさえすれば、その人びとにあなたも会える。ヨーロッパから来た彼女たちが会ったのは、そういう「しかるべき人びと」だった。そしてその女性たちは、日本の女についてのステレオタイプを、みずから覆したのだ。

もうひとつの副産物は、この二週間の「団体旅行」をつうじて、これまで会ったこともないヨーロッパ各地の女性たちが、これ以上ない緊密な結びつきをつくりだしたことである。彼女たちは、この機会がなければ、一生出会うこともなかった人びとである。皮肉なことにジャパンマネーが可能にしたこの出会いをつうじて、彼女たちはチェルノブイリと環境、戦争と強姦をめぐるヨーロッパの女たちのネットワークを、もうひとつ付け加えた。西側の女性はロシアおよび東欧圏の女性と行をともにしながら、「東欧については、ほんとに何も知らないってことがわかった」と述懐した。彼女たちの出会いとその興奮については、次のことばが代表的に語るだろう。

「日本で出会うまで、わたしたちはお互いのことを全く知りませんでした。でも、口を開いたとたん、わたしたちがおんなじことを考えていることがすぐにわかったのです」

彼女たちが出会った日本の女たちも同じ思いだろう。わたしはこれを「予期せぬ副産物」とは呼ばないつもりである。

「祭」のあとで

七月のドイツで、わたしは彼女たちに再会した。七月一八日から二三日にかけて、ビーレフェルト大学で開かれた国際社会学会に、ダラ・コスタとミースは、それぞれのセッションを組織して参加していた。ヴェールホフとメラーも加わって、学会はときならぬ「同窓会」のノリになった。ダラ・コスタは、女性の人権問題について報告を用意し、環境問題にもますます接近していた。彼女はウィーンの国際人権会議にも出席し、日本の「慰安婦」問題につよい関心をしめした。

ディナーの席で、メラーは、自分の近著のドイツ語訳のタイトルを説明しながら言った。

「『今でなければいつ？』というのよ。副題がね、『フェミニスト・グリーン社会主義へむけて』というの。この問題についてフェミニストを説得する必要はない。緑の連中も、説得を必要としない。説得しなければならないのは、社会主義者たちね」

「今でなければいつ？」システムが修復不可能な危機に達するまえに、男たちを説得する余裕はあるだろうか？

北京女性会議リポート
——1995

悪条件にめげぬNGOの健闘

北京入りしたわたしたちを「熱烈歓迎」したのは、厳しい警備体制、首からぶらさげる身分証明書なしでは一歩も出歩けない監視、大会会場に入るたびに受ける「安全検査」と称する手荷物チェック……であった。

北京からNGO(非政府組織)フォーラムの会場のある懐柔《かいじゅう》県まで五〇キロ、バスで一時間。端から端まで歩けばゆうに三〇分はかかる広大な会場には、巡回バスの便もなく、手荷物預かり所もない。それぞれ自分たちの主張を訴えるためにたくさんの資料や機材を持ち込んだNGOの活動家たちは、大きな荷物を抱えて広い会場内をうろうろする。大会プログラムについている地図は不正確で、もっと詳しい地図は数が足りない。高齢の女性や障害を持った女性たちが参加しているのに、この距離をどうやって移動しろというのだろう。

そのうえ会場の建物にはエレベーターがなく、障害者の人たちはほとんどの会議の参加をあきらめなければならない。障害女性が持ったワークショップにあてがわれた部屋はアクセスに四段の段差があり、かれらはその部屋の使用を拒否して大会事務局に抗議した。

事務局はまったく非効率でどこで何がおこなわれているか、会議のキャンセルや追加があるのか、問い合わせても十分に答えられない。大会の印象は、一言で言って「混乱」である。

だが、それも国際会議慣れしていない途上国にはよくあること。当事者の熱意が伝わってくれれば、参加者と主催者がお互いに不足を補い合って協力しようという、あのNGO独特の雰囲気が生まれてくる。

ところが、ここでもわたしたちが出合った「歓迎」は、中国側の監視と妨害である。大会三日目にチベット女性がおこなったワークショップでは、監視に入っていた中国人参加者が進行を妨害したことはすでに報道されている。それだけではない。ビデオを途中で止められたり、「紛失」したケースもある。大会会場のそこここで自然発生的におこなわれるデモには、公安の厳しい規制が入る。とくに人権や核実験反対のデモには神経をとがらせている様子だ。

国連側のNGOフォーラム委員会は、九月二日、中国側組織委員会あてに、二四時間以内にいやがらせをやめなければボイコットを含む具体的な行動をとる、とついに警告を出した。そのせいか、九月四日からは急激に警備が緩和され、ホテルのドアマンにさえ微笑が浮かんだ。

だが、同日付けの『ヘラルド・トリビューン』は、それを「フォーラム・リーダー、中国との対決姿勢を崩す」と報じた。警告は国連側のたんなる身振りなのか？

こんな事態は、中国側が今年の三月、変更にはすでに手遅れの時期に会場を不便な懐柔に移すと一方的に通告してきた時から予想できたことだ。地名は懐柔なのに、実態は強硬だ。

おりからの悪天候である。降ればぬかるみになる会場内には、雨に対する備えもない。臨時に設置したテントは雨風が吹き込んで使いものにならない。冷たい雨に濡れ、大きな荷物を抱えて会場内を移動しながら、怒りをだれにぶつけようもない。こんなに「歓迎」したくないのなら、なぜ国連女性会議をわざわざ北京に引っ張ってきたのだろう、という声はそこここに聞かれた。

だが、そんな悪条件にもめげず各国NGOはよく健闘した。七五年のメキシコ会議からのNGOの活動の経験の蓄積が、ここでも実を結んだ。NGOの力は本当に無視できないものになったと思う。自然に人の和が生まれ、だれがどこに飛び込んでも受け入れられ、どこでも驚くほど同じ「女の問題」を発見し、経験と感情を共有し、将来のネットワークを約して別れる、という女性のNGOの力は至るところで発揮された。

日本政府代表団の野坂浩賢団長(ちなみに約一九〇カ国の代表団のうち、日本は男性が団長を務める四カ国の一つである)が、代表演説で「女性のエンパワーメント」という聞き慣れない外来語を強調したが、この言葉はもともと「女が力をつける、もらう」というNGOの用語である。政府も少しはNGOの影響を受けたのだろうか。

旧日本軍慰安婦問題が焦点の一つに

面積三〇万平米に広がる会議場は二〇の建物に七三会場、仮設テントが八六、そこで常にワークショップやシンポジウムが一〇〇以上同時進行している。ほかに大会議場では全体会が開催されている。野外では自発的な集まりや、パフォーマンス、それにデモや抗議行動がおこなわれている。全一〇日の会期中に五〇〇〇以上の催しがおこなわれたこの会議の全貌をつかむのは難しい。

北京でおこなわれている今回の会議の焦点は中国に関連した人権の抑圧と核抑止。

この二つのテーマを中国側は必要以上に警戒していたようだ。ちょうどフランスの核実験が強行されようとしていた折でもあり、フランス政府に対する抗議のデモが連日のようにおこなわれ、反核活動家たちは会場を飛び回っていた。

女性の人権の抑圧のなかでも今回の焦点になったのは、女性に対する暴力である。セクハラや家庭内暴力のほかに、とくに戦時下の性暴力をめぐって旧ユーゴスラビアの女性やイスラムの女性たちが精力的にワークショップを開いた。

アジアにかかわる「軍隊慰安婦」の問題も、日本にとって避けて通れないこの会議の重要な焦点の一つであった。わたし自身が関係したこの問題について詳しくリポートしよう。

旧日本軍「慰安婦」について日本人関係者が主催したワークショップは八、韓国、フィリピン、在米などの女性が主催した会議は八。いずれも複数の国籍の人びとがかかわる国際的な会議だった。

大会後半に開催したアジア女性会議ネットワークによるわたしたちのワークショップには、定員七〇人の会場に二〇〇人以上が詰めかける熱気で、大会を通じて積みあげてきた国際的なNGOの関心の高まりが成果を示した思いだった。北京会議に来て初めてこの問題を知ったという外国からの参加者も多く、日本人参加者の関心も強かった。

アジア女性会議ネットワークでは、北京会議に向けて政府に対して正式謝罪と個人補償を要求し、「民間基金」に反対する署名を会場の内外で集め、計二二五二人の署名を政府代表に手渡した。

どの会議場でも非難のターゲットになったのは、被害者に対して正式謝罪と個人補償をしようとしない日本政府である。会場にいた日本人参加者たちは、肩身の狭い思いをしたに違いない。

被害者たちの証言も含めて、日本政府が「女性のためのアジア平和国民基金」の名でおこなっている通称「民間基金」が、政府の責任逃れの、どんな欺瞞《ぎまん》的な基金かが批判の対象になった。

外国の参加者からはこの基金は「村山基金」の名で呼ばれていた。「民間」といいながら、実は政府の音頭取りでおこなわれ、政府が「民間」を隠《かく》れ蓑《みの》にしていることは明らかだからである。政府が基金発足を急いだのは、北京会議で焦点になることがわかっているこの問題に、「手土産」なしではやってこれない、という気持ちがあったからだろう。

九月四日に全日、一〇〇〇人の会場を埋めておこなわれた「武力紛争下における女性に対する暴力についての国際シンポ」の会場に来ていた政府関係者の一人は、記者団に対して「同じ考えの人ばかりの集まり」と評したが、どうしてもわからないのは、「民間」の名でおこなわれている基金の呼びかけ人をはじめとした関係者の声が、ただの一つもNGOの場で聞かれなかったことである。

NGOとは市民の集まりである。そのなかには賛否両論あっていい。会場には「不倫反対、同性愛反対」のスローガンを掲げたイスラム女性たちのデモさえあったくらいだ。

日本軍「慰安婦」の問題についても「民間基金」こそ日本人の良心だ、政府と協力してわれわれはこんなにやっている、という声があって当然ではないか？　ワークショップの参加登録が間にあわなかったのなら、一参加者として出席して発言するなり、ビラをまくなり、NGOで自己主張をする手段はいくらもある。「民間基金」を支持する「市民」の声が、その当事者たちを含めてまったく聞かれなかったことこそ、「民間」がその実「民間」でないことを、何より証明している。

今会議での日本のNGOの健闘ぶりは、外国からの参加者から好評だった。参加登録三万人のうち日本人六〇〇〇人。いつも数の多さに比べてその存在が希薄な日本の参加者が、その自発性やパフォーマンスで国際舞台で目につく活動をしたのは、初めてではないだろうか。

七五年以来、積み重ねてきた日本のＮＧＯの経験がやっと生きてきた。なかには一週間の滞在予定のうち、会議参加を二日で切りあげて後は観光に出かける団体や、スケジュールに縛られて、日本人だけの団体行動に終始するケースもあったが。

閉会式の前日、日本政府は対各国ＮＧＯブリーフィングを会場で開催し、その場で小和田(恆)国連大使は「ＧＯとＮＧＯ(政府と民間)の対話」を強調した。

だが、こんなにずれたＮＧＯ会議とＧＯ会議の日程、恐ろしく離れた両会場の距離、ＮＧＯの会場には現れない政府団関係者、政府間会議に厳しくアクセスを制限されるＮＧＯのオブザーバー参加者……「対話」を妨害しているとしか思えない悪条件のなかで、いったいどんな「対話」が可能だというのだろう。

会場では日比混血児に対する日本男性の無責任さや、人権抑圧国への日本のＯＤＡ援助のほか、「慰安婦」に対する日本政府の無責任さに非難が集まったが、小和田大使は政府答弁を繰り返すだけに終わった。会場を埋めつくした各国ＮＧＯの視線は、日本政府の言動を厳しく注目している。

女性会議と北京市民

ところで北京市民は、この大会をどう受け止めているのだろうか？

わたしたちの滞在するホテルには「大会組織委員会の要求によって客室で来客と会うことを厳禁する」とある。ホテルは外国人参加者だけで占められ、客室への出入りには警備員が参加証をそのつど確認する。面会の折には、目付きの悪い人物がそれとなく会話を監視している。中国側は徹底して大会参加者と一般中国市民を隔離する意図らしい。

会議場には主催者側を除いて、驚くほど中国人一般参加者が少ない。こういう国際会議の場合には地の利を生かして、どこでも地元の参加者が半分近くを占めるものだが。こういう国際大会の目的の一つは、開催国の市民と外国人参加者との交流を深めることではなかったか。わたしたちは中国語訳の資料集を用意していったが、数が余った。ホスト国の主催団体は中国婦女連合会という全国団体だが、これは国策団体。中国にはNGOはないといわれている。

会期中、厳重な交通規制が敷かれ、奇数日は奇数番号の、偶数日は偶数番号のナンバープレートの車両しか走れないようになっている。警備は厳しく、大半の北京市民にとっては自分たちに関係のない会議のために生活に不便を強いられているというのが、率直な印象のようだ。

大会のために北京市内の清掃がおこなわれて、街がきれいになったのはもうけもの。市民にとってはアジア大会と同じような大規模な国際会議で、誘致に失敗したオリンピックの代わりと受け止められているが、テレビ中継などで参加を味わえるスポーツ大会と違って、何がおこなわれているか外からはよくわからない。

『人民日報』や『婦女之声』などの公式情報やテレビでは、整然とした開会式の模様や会議の成功ばかりが伝えられ、参加者と中国側とのいざこざは報道されていない。北京市民の最も日常的な情報源である『北京晩報』には「自転車がよく売れた」とか「食堂の小姐《シャオジェ》が、その日お誕生日の外国人参加者に長寿麺《めん》をプレゼントした」とかいう、大会賛美のほほ笑ましいエピソードが紹介されている。

北京市民には公式情報源のほかに、うわさという口コミ情報源がある。会場に参加者を運ぶタクシーの運転手が発信源と伝えられるうわさによれば、少なからぬ北京市民の間で、まことしやかにささやかれているのは、この会議は「売春婦とレズビアンの集まり」というものだ。

どちらも中国にとって歓迎したくない「危険分子」だが、好奇心をそそる存在というニュアンスらしい。

「女らしさ」から逸脱した女たちをおとしめるレッテル張りは、どこでも同じ決まり文句だ。

もう少し教育のある女性たちは、もっと正確な情報を知っている。だが、驚くほど会場に一般参加の中国女性が少ないのは、手続きを取れば参加できるのはわかっているが、後で目をつけられるのが怖いから出しゃばったことはしない、という判断だ。外の世界に触れる絶好のチャンスだということはわかっている。自分の語学力も試したい。だが、一九八九年の「あの日」、天安門事件を北京の学生たちはまだ引きずっている。「あの日」までは、まだ学生の間の自主的な活動は比較的自由だった。今は当局ににらまれたら、就職や留学が不利になると彼女たちは思っている。

女性が「天の半分を支える」中国では、なるほど男女平等は進んでいるかもしれないが、市民の権利は必ずしも保障されているとはいえない。改革開放の波の中で、効率重視の経済から女性は次第に排除され、男女格差は拡大してきている。

今回の北京会議はＮＧＯのパワーを無視できないことを世界に示した。ホスト国の中国で「市民領域」が育つきっかけになるだろうか。

キャンパス性差別事情 ――1997

セクハラことセクシュアル・ハラスメントが流行語大賞を獲得したのは一九八九年。今またことあたらしくアカハラことアカデミック・ハラスメントを問題化しようというのはほかでもない。理性と良識の府であるはずの大学でも、性差別は例外ではないからだ。アカハラをここでは研究職に固有の性差別、と定義しておこう。

この三月、京都大学女性教官懇話会代表(当時)の小野和子さんを被告とした元京大教授セクハラ疑惑をめぐる名誉毀損訴訟は、小野さん側の全面勝訴の結果となったが(敗訴した原告側は上告中)、その判決文のなかで、セクシュアル・ハラスメントは次のように定義されている。

「相手方の意に反して、性的な性質の言動を行い、それに対する対応によって仕事をする上で一定の不利益を与えたり、またはそれを繰り返すことによって就業環境を著しく悪化させること」(1997・3・6)

セクハラは一種の労働災害として認定され、その対策には雇用主側に責任があることがあきらかにされた。事実この事件以来、京都大学では相談窓口を設けるなどの対策を講じてきている。

セクハラはアカハラの一部だが、全部ではない。アカハラことアカデミック・ハラスメントとは研究職の女性が経験する性差別のことをいう。

京都大学女性教官懇話会の活動に刺激を受けて、遅ればせながら東大でも、東京大学女性教官懇話会(のちに女性研究者懇話会と改称)が九四年に結成。「東京大学女性教官が受けた性差別」の調査を実施した。調査報告を兼ねたシンポジウムでは、参加者のひとりから、「公明正大であるべき大学でこんな性差別があるなんてショックを受けました」という声が寄せられた。『キャンパス性差別事情』(三省堂、一九九七年)は、ここ数年にわたる各地の女性研究者のこの問題に対する取り組みのなかから生まれたものである。

アカハラことキャンパスの性差別には、次のようなものがある。

そのひとつは、働く女性に共通の悩み、家庭との両立や通称使用の問題がある。女性研究者の場合は自分の名前で研究を発表してきているから、たとえば学術情報データベースで検索するときにも、結婚後に姓が変わると大変やりにくい。別姓選択は女性研究者にとっては切実な要求である。

ふたつめは研究者に固有の性差別、指導や研究上の差別や研究プロジェクトからの排除、研究費配分の不利などがある。アイディアの盗用や研究成果の独占もある。筑波大学の女性研究者が、男性研究者との共著論文の刊行にあたってファーストネームを入れ替えられた事件は、典型的な例である。この種の不利益は助手や技官など研究上の地位の低い立場の人には男女を問わず起こりやすいが、女性が下位のポストに集中していることは容易にみてとれる。「うちの研究室には女性は来ないでほしい」と公言している教授もいるが、多くは密室の大学の採用人事で、実際に女性差別があるかどうかを証明することは難しい。だが、学部学生、大学院生、助手、講師、助教授、教授とポストが上がっていくにつれて女性比率が目に見えて減少するところから、性差別の存在を「疫学的」に証明することもできる。非常勤講師にも女性が多い。

三つ目には、もちろんセクハラがある。そして研究上の差別とセクハラはしばしば密接に結びついている。

それだけではない。大学にはアカハラを問題化しにくい機構的な障害がある。

第一は、学部自治、学科自治の名の下での相互不干渉であり、監督責任の不在である。

第二は研究職の専門分化と「学界」の狭さである。いったんアカデミック・リタリエーション(研究上の報復)を受けると、被害者はたんに職を失うだけでなく、研究者としての将来をすべて失う恐れがある。

そして第三に、何よりも「公正」であるべき研究の場で、「あってはならないこと」とされている性差別を問題化すること、そのこと自体が抑制されている。

その結果、民間企業でならありえないような、無防備で無警戒な差別的言動が横行することもある。

研究者にも女性が増えたせいで、大学もどこにでもある女の職場のひとつになった。彼女たちは何が価値ある研究か、という判断基準をも変えつつある。アカハラを問題にすることは、知の再生産の制度そのもののジェンダー・バイアスを問題にすることにほかならない。

キャンパス・セクシュアル・ハラスメント ――2000

はじめに――最高学府とセクシュアル・ハラスメント

最高学府とセクシュアル・ハラスメント――こんなにおさまりの悪い結びつきもあるまい。そう考えられてきた、ごく最近までは。それがどうしたことだろう、近年になって大学でセクシュアル・ハラスメントが横行していることはもはや否定できないばかりか、大学ならではのセクハラ体質さえ指摘されるようになった。これは歓迎すべき変化なのだろうか？　とはいえ、「くさいものにフタ」をする現実否認よりは、認めたくない現実でもそれに直面するほうが解決への第一歩であろう。本稿では、キャンパスにおけるセクシュアル・ハラスメントの実態と背景を明らかにするとともに、その解決を阻んでいる大学の構造的な要因を論じる。

「経験の再定義」

セクシュアル・ハラスメントこと「セクハラ」という四文字言葉が日本語のなかに定着したのは一九八九年のこと。『現代用語の基礎知識』の一九八九年度「流行語大賞」を受賞したことによる。セクシュアル・ハラスメントは、八〇年代にはいってかららフェミニストの一部で「性的いやがらせ」と訳されながら流通し始めたが、皮肉なことにこの言葉の流通と定着に貢献したのは、「セクハラ」の問題化をからかいの対象とする反フェミニスト的なオヤジ・メディアであった。当時、男性週刊誌などの見出しには「ならどこまで許される？　セクハラ狂想曲」とか「きれいだね、も禁句？　ぎすぎすする職場」のような揶揄《やゆ》に満ちた表現が最大級の活字で踊っており、その種の雑誌を実際に手にとって読む読者でなくても、新聞の雑誌広告や電車のなかの吊り広告などで「セクハラ」という言葉に親しんだはずである。

「からかい」が、相手のメッセージを無効化しようとする悪意に満ちた権力の行使であることは江原由美子さんの「からかいの政治学」(『女性解放という思想』勁草書房、一九八五年所収)にも明らかだが、セクハラをめぐるメディアのストラテジーは、結果として「セクハラ」という用語をそれを知らなかった人びと、とりわけ女性に伝え、彼女たちが「経験の再定義」をおこなう力を与えるという逆説的な効果を持った。「リブ」や「フェミニズム」がメディアの揶揄によって汚染され、ダーティ・ワードとなったことと比べると、セクハラはそれを意図したオヤジ・メディアにとって逆効果を生んだ。

「経験の再定義」とは、新たなカテゴリーによって自分自身の経験がべつの意味を与えられることを言う。「経験の再定義」は過去に遡及しておこなわれることもある。セクハラということばを手に入れることによって、多くの女性はこれまで名づけることのできなかった不快な経験に対して「あれってセクハラだったのね」と名前を与えることができるようになった。そしてカテゴリー化こそが操作の第一歩だとすれば、積極的にせよ消極的にせよ、その経験と立ち向かう「対策」が始まったのである。その効果は日本におけるセクハラ訴訟の件数が、一九八九年を境に目に見えるのびを示していることからも明らかである。もちろん訴訟はセクハラ「対策」のごく限られた一部にすぎないが、訴訟件数の背後に訴訟に至らないぼうだいな告発が増大していることを考えれば、九〇年代に入ってからセクハラの問題化が進行したことは疑いを容れない。

「セクハラは小事か?」——矢野事件の経緯

大学におけるセクハラの問題化もご多分に漏れず、訴訟から始まった。もっとも有名なのが京都大学矢野事件であろう。この事件の経緯は、後に述べる東北大学事件との対応においてさまざまな意味で大学という場所の特異性をあぶりだしており、ある種の典型といえる。参考までに事件の経緯とその教訓とを、いささか詳しく論じておきたい。

一九九二年に京都弁護士会に甲野乙子さん(匿名)から人権侵害救済申立書が提出され、矢野暢京都大学東南アジア研究センター教授(当時)による長期にわたるセクハラがメディアにとりあげられるに至った。その後、事件は思いがけない展開をたどる。甲野乙子さんはその後も自身で訴訟をおこしていないから、矢野氏は一度も裁判の被告席に立ったことがないが、代わって矢野氏自身が原告となって名誉毀損など関連する三つの訴訟をおこした。メディアの報道によって事件がもみ消せなくなった事態を受けて、矢野氏は同僚の示唆により辞職。甲野乙子さんの訴えを受けて地元の『京都新聞』に矢野氏の実名をあげてその責任を追及した京都大学女性教官懇話会代表の小野和子さんを、名誉毀損で訴えた。さらに意志に反した辞職願を書かされたと辞職願の無効を訴え、文部大臣に対して「京大教授の地位確認」を求める行政訴訟をおこした。さらに矢野氏の妻を原告として甲野乙子さんを相手に名誉毀損の損害賠償請求をおこなった。矢野裁判ならぬ小野裁判の過程で、小野さんが文章に書いたことがらの真偽が争われ、甲野乙子さんが証言に立つことを通じて矢野氏のセクハラが「事実」と認定される結果になった。もし小野さんの書いたことが事実無根なら名誉毀損は成り立つが、事実ならばそうはならない。矢野氏はみずからがおこした裁判で自分の非を裁判の過程で明らかにされるという番狂わせを招いた。辞職願無効の訴えは却下、矢野氏の妻の名でおこなわれた訴訟もその後棄却された。

一九九九年一二月、矢野氏がウィーンの病院で死亡したことが報道されたが、各紙の扱いは矢野氏の業績や地位とともに、セクハラ事件で職を辞したことを報じている。この「汚点」がなければ矢野氏の経歴は東南アジア研究の泰斗として、またノーベル賞の選考にかかわるスウェーデン王立協会のただひとりの日本人会員、そしてクラシック音楽の愛好家として名誉ある紹介をされたことだろう。

事実京大関係者のなかには「セクハラごとき小事で、貴重な人材を失うのは惜しい」という弁護の声も聞かれた。小野さんがもっともはげしく抵抗したのも、この「セクハラは小事か?」という問いかけであった。「セクハラは小事か?」は、そのまま小野さんが訴えられるきっかけになった新聞の原稿のタイトルだった。セクハラが権力の濫用に伴う人権侵害であることが正確に理解されていれば、このような重大な人権侵害が業績によって免罪されるべくもないことは明らかであろう。

ちなみに今日に至るまで、矢野氏の職場であった東南アジア研究センターおよび京都大学では、矢野氏の辞職届を受理したほかは、矢野氏に対していっさいの処分も懲罰もおこなっていない。教授会という意志決定機関は、この問題については意志決定を回避したままだ。矢野氏は依願退職し、正規の退職金を受け取っただけでなく、法的には経歴に何の汚点も残していない。それどころか、甲野乙子さんの人権侵害救済申立は、東南アジア研究センターの対応に対する不満から出ている。九二年春の段階で研究室秘書がたてつづけに辞めるという事態から発覚した矢野氏の継続的なセクハラに対する責任は、矢野氏が当時つとめていたセンター所長の地位を自発的に降りることで教授会メンバーはよしと見なした。さらに事態が拡大し、無視できない状態になってから教授会で調査委員会を組織し、当事者に聞き取りをした上で、「限りなくクロに近い」心証を得た同僚が、本人に辞職を勧告するという「温情措置」をとった。問題は個人レベルで処理され、組織としての意志決定は回避されたままなのである。

矢野事件は、多くの大学関係者にとって苦い教訓になったことだろう。セクハラが発覚すれば研究上のキャリアも社会的な地位も台無しになる。「たかがセクハラという小事」では、すまなくなったのである。

キャンパス・セクハラ問題化の背景

日本におけるセクハラ訴訟がいっきょに有名になったのは、その完全勝訴で知られる一九九二年の福岡裁判である。これでセクハラは「当事者が望まない性的働きかけや言動であり労働環境を脅かすもの」という定義をかくとくした。福岡裁判は次の二つの点で意義があった。第一は、直接の身体的な接触や侵害がなくても、言語的な侮辱だけで「環境型セクハラ」になること。福岡裁判の場合は、原告が被告に性的な風評を立てられた。第二に「就労の継続をいちじるしく困難にする」という点で、セクハラが一種の「労働災害」であるという合意が形成されたことである。これはのちに、セクハラがたんに個人間の問題としてではなく、労働環境を維持する使用者責任が問われるに至る布石となる。

「労働災害」であるセクハラが、大学という教育の場において問題化されるに至った背景には、複数の条件がからんでいる。

第一は、先述したとおり、矢野事件をはじめとする事件・訴訟とその報道である。鳴門教育大事件、琉球大事件、秋田県立農業短大事件、それに最近では東北大事件など、枚挙にいとまがない。セクハラ訴訟のリストに大学名が列挙されるに及んで、「最高学府」「理性の府」にはそんな不祥事はありえない、と言うことはもはや誰にもできなくなった。

第二は、大学だけでなく、高校、中学などを含む教育の場の脱・聖域化である。大学におけるセクハラの問題化に困難が伴うのは、それがあってはならないもの、というタテマエが存在することである。教師は聖職であり、セクハラはあってはならない、あるはずがない、したがってない、という非合理かつ非論理的な三段論法がまかりとおる。東京大学女性研究者懇話会が東京大学職員組合婦人部との共催で九五年六月に「キャンパスの性差別を考える」というシンポジウムを開催したところ、参加者から次のような感想が寄せられた。

「大学はもっと公明正大なところかと思っていました。幻想が崩されました」

教育の場における聖域幻想が崩されて初めて、スクール・セクハラが問題化されることが可能になった。JASE(日本性教育協会)が定期的におこなっている「青少年の性行動調査」の九三年第四回調査に初めてスクール・セクハラについての調査項目が入ったが、それによれば女子生徒・学生のセクハラ経験率は中学で四一パーセント、高校で六二パーセント、大学で六九パーセントにのぼる(加藤秀一「中・高の女子生徒とセクハラの実態」『現代性教育研究月報』第一四四号、一九九五年)。このなかにはクラスメートやバイト先でのセクハラだけでなく、教師によるものも含まれている。「先生も人間だから」という言い方があるが、実態は教師という専制的な地位・権力を濫用して、抵抗できない子どもにアプローチした性的人権侵害なのである。

第三は、大学の脱・男性化というべき変化である。大学に女性教員が急速に増えたせいで、最高学府もまた、あまたある女性の職場のひとつになった。それとともにあらゆる職場と同じく、女性労働者の雇用にともなう、募集・採用、配置・昇進などをめぐる性差別が問題化されるようになった。大学の女性教員も、男職場で働く女性労働者と変わるところがない。結婚改姓後の通称使用や育児と研究の両立は、かねてから問題にされてきた。ここで確認しておきたいことは、セクハラは広義の性差別を基盤として発生する、狭義の「性的」な人権侵害だという点である。したがって「性的」な要素を含まない性差別一般から、セクハラだけをとりたてて区別し問題化することは、現実的でもないし適切でもない。そして性差別はしばしば以上に「性的」な差別と結びついてもいる。

第四に、以上の経緯からあきらかになったのは、他の職場にはない研究職に固有の性差別、アカハラことアカデミック・ハラスメントの存在である。具体的には筑波大学ファーストネーム入れ替え事件、長崎シーボルト大学の助手の強制退職勧奨事件などがある。理科系では、共著論文で誰の名前がファーストネームになるかはどうでもよいことではない。論文の内容は、ファーストネームの著者の業績としてカウントされる。筑波大事件では学会誌に投稿した共著論文が著者の知らないうちにファーストネームとセカンドネームとが入れ替わっており、しかもその業績をもとに人事がおこなわれたことが判明した。一種の論文盗用事件である。被害を受けた大久保由紀子さんは訴訟に訴え、事実関係の判定のもとに勝訴の判決をかくとくしたが、今日にいたるまで筑波大側では何の対応もとられていないばかりか当の人事の取り消しもおこなわれていない。助手の強制退職勧奨など、アカハラは身分の低い研究職には以前から存在しており、性別を問わない。だが実際には、女性が低い身分の研究職にとどまりやすいこと、そのうえ男性の場合ならありうる転職の機会が女性には閉ざされていることから、女性が長期にわたって低い身分に固定されやすい傾向がある。理論的には性別を問わないアカハラも、現実的にはジェンダー・バイアスがある。

最後に、一九九七年改正、九九年四月施行の改正均等法の影響が大きいことをあげておこう。改正均等法は、はじめてセクハラの防止および対策についての「事業主責任」を明記した。これによってセクハラはもはや「職場の個人同士のプライベートな関係」ではすまされなくなった。言い換えれば、セクハラの被害者は、加害者だけでなく事業主を、労働環境の悪化を防ぎそれに対する対策を取らなかった責任で訴えることができるようになった。このところ企業のセクハラ対策やセクハラ研修が活発になったのも、直接には改正均等法の効果である。大学もまた例外ではない。大学は女性教員と雇用契約を結んでいる。大学もまた女性労働者を含む職場の一つである以上、「事業主」としての責任を免れることはできなくなった。

キャンパス・セクハラの実態

前節で述べた認識から、大学におけるセクハラの実態調査が実施され、急速にデータが蓄積されるようになった。

そのうちもっとも規模の大きいものは京都大学女性教官懇話会による調査、「女性教員・女子卒業生からみた京都大学――教育・研究環境調査から」(一九九六年三月)であろう。女性研究者のライフコース調査や女子学生に対する性差別経験の調査はこれまでもなかったわけではないが、それに「性的被害」を加えたのは、セクハラの問題化以降のことである。女性教員一八〇人、女子卒業生二〇〇〇人を対象にし、それぞれ八九人と五八九人が回答に応じたこの調査では、女性教員のうち四六パーセントが「性的被害」を含む就職などの性差別を経験したことがあり、さらにそのうち二五パーセントが「性的被害」を経験していること、女子卒業生のうちでは四七パーセントがレイプを含む「性的被害」を在学中に経験していることが明らかになった。この調査の特徴は卒業生をも対象に含めていることである。その結果、「研究・勉学を断念した」「自殺まで考えた」というような深刻な影響がその後の経歴に及んでいることがわかった。もちろんこの調査は、矢野事件がきっかけで実現されたものであり、教育研究学内特別経費から一二〇万円を受けて京都大学女性教官懇話会が調査にあたったという、後で述べる理由で理想的なかたちを採っている。

東北大学でもセクハラ事件をきっかけに、学生調査が実施されている。「東北大学におけるセクシュアル・ハラスメントの実態―第二回学生生活実態調査のデータから」(一九九七年)によれば、女子学生・院生のセクハラ経験率はそれぞれ学生二〇・五パーセント(回答者一八五人中三八人)、院生三二・三パーセント(回答者六二人中二〇人)にのぼる。東北大調査の特徴は男女学生・院生をともに対象としていること。男子の方は、それぞれ学生二・六パーセント(回答者五〇七人中一三人)、院生四・四パーセント(回答者二七二人中一二人)という結果が出ている。

東京都立大学[現在首都大学東京]では、九八年に教員及び大学院生の男女双方を対象に、全数調査をおこなっている(朝倉むつ子他「大学におけるセクシャルハラスメントと性差別の実態調査」一九九八年)。それによれば女性のセクハラ経験率は四六パーセント。

男女間の認識ギャップも明らかになった。

渡辺和子・女性学教育ネットワークが一九九五年に独自におこなった調査では、「性的嫌がらせ」の経験率は学部学生で一三・五パーセント（回答者一一〇八人中一五〇人）、院生では三四・二パーセント（回答者七九人中二七人）にのぼる（『キャンパス・セクシュアル・ハラスメント』三省堂、一九九七年）。

参考までに九八年三月の人事院による国家公務員セクシュアル・ハラスメント調査の結果をつけくわえておこう。この調査も改正均等法施行にあたって、急遽実施されたものである。これには国立大学の教官職は含まれていないが、それによると女性公務員のセクハラ経験率は一七パーセント。労働省研究会による民間企業調査によるデータでは、セクハラ経験率は一一パーセント。驚くべきことに、男女均等待遇で女性が働き続けやすいと思われている公務員職の方が、セクハラ経験率が高い。これはいったい何を意味するのだろうか。むしろ労働省の民間企業調査の数字の方が、信頼度が低い、と言えるかもしれない。実態より低めに申告されているかもしれないからである。いずれにせよ、これらの数字があきらかにするのは、セクハラは、いつでもどこでも、どんな職場でもおこりうるということであり、またセクハラの被害者は決して例外とは言えないほど周囲に存在しているという事実である。

実態調査の結果から見ると、キャンパスにおけるセクハラ経験率は公務職や民間企業にくらべても高い。キャンパスは聖域どころか、むしろ性的侵害には無防備と言ってよいほど特殊な環境なのだろうか？　それを裏づける分析については「大学の構造的なセクハラ体質」の節で論じよう。

東京大学の実態調査から

東京大学でもわたし自身が関係する東京大学女性研究者懇話会で、会員を対象に「東京大学女性教官が経験した性差別」という自由記述式の調査をおこなった。懇話会の会員数は四〇名、そのうち回答に応じたのが一四名、まことに実数は少ないが、そのなかからもいくつもの実態が明らかになった。その結果は分析を含めて、報告書にまとめられている（『キャンパスの性差別を考える報告書』）。

その報告書の刊行を記念して東京大学女性研究者懇話会が東京大学職員組合婦人部と共催しておこなったのが一九九五年六月のシンポジウム「キャンパスにおける性差別を考える」[1995]である。このときの報告をもとに上野千鶴子編『キャンパス性差別事情――ストップ・ザ・アカハラ』（三省堂、一九九七年）が刊行された。

その調査結果をかいつまんで紹介しよう。

第一に、研究職に固有の性差別、すなわちアカデミック・ハラスメントが浮上したことである。それには研究チームに入れないとか学会出張の機会を与えないとか、業績にくらべて昇進差別があるということが含まれる。

第二に、女子院生、助手、技官など、地位の低い研究者に問題が集中する傾向がある。スタート時に東京大学女性教官懇話会は、京都大学女性教官懇話会にエールを送るために、それにならって名称を採用したが、この調査によって「教官職」に属さない技官やさらに研究者予備軍とでもいうべき大学院生の深刻な状況が明らかになったため、教官職以外の人々にも呼びかけるべく、東京大学女性教官懇話会を急遽「東京大学女性研究者懇話会」と改称することを決定した。

第三に、文化系にくらべて理科系の女性研究者に対する差別がより深刻であることが判明した。その理由は、理科系が圧倒的に男職場であること、実験をともなうために深夜に及ぶ長時間労働を強いられていること、規模の大きい調査研究のために研究チームに所属しなければ業績をあげにくいこと等があげられる。理科系にくらべれば文化系の女性研究者の方が、個人プレーが可能なだけにサバイバルしやすい環境にあると言ってよい。

第四に研究・教育上の差別とセクハラがしばしば以上に結びついていることである。

ものが何をすればセクハラをしたことになるのかについての「状況の定義」を、当事者に伝える効果を持つ。しかも加害の申告は被害の申告よりも低くなることが予想される。加害が無自覚におこなわれることもまた、セクハラの特質のひとつである。東京都のDV調査『「女性に対する暴力」調査報告書』(一九九七年)は男女双方を調査対象に含んだものだが、意識・行動の両側面にわたって調査項目を立てていながら、男性票からは行動面の項目を意図的にはずした。すなわち、女性に対しては「夫や恋人から次のような精神的・言語的・肉体的暴力を受けたことがありますか」と問ういっぽうで、男性に対してはそれに対応する質問、「次のような暴力を行使した経験がありますか」とたずねていない。予想される回答は、男性の加害申告が女性の被害申告をはるかに下回ることだが、結果の数字が文脈を離れてひとり歩きする可能性を考えると、「そら見たことか、女が騒ぎ立てるほど、男は暴力を行使していない」という論拠に使われかねない。セクハラの定義の被害者基準(ある行為がセクハラであるかどうかは、被害当事者が判断するという基準)から言えば、加害と被害の申告におけるこのジェンダーギャップこそ、解きあかされなければならない問題と言えよう。

大学の構造的なセクハラ体質

「キャンパス・セクシュアルハラスメントや〈アカハラ〉といった問題においては、日本における一般企業におけるセクハラとはやや違った特質がある」と江原由美子さんは指摘する。わたし自身が編者となった『キャンパス性差別事情』に江原さんは「〈アカハラ〉を解決困難にする大学社会の構造体質」という一章を寄せているが、大学の構造的なセクハラ体質について、この文章以上に目配りがききかつ経験に裏打ちされた説得力のある議論をわたしは知らない。彼女の議論を参照しながら、わたし自身の見解を加えていくつかの論点を提示してみよう。

第一は、一般企業とちがって大学では、直接の上司にあたる指導教官や講座の教授が、人事権を含む個人的な裁量権を持つことである。このことは江原さんの言い方を借りれば、「小天皇」や「独裁者」を生みやすい結果となる。

第二は、研究室と学会が直結する大学社会の「二重性」である。小さな研究室で致命的な打撃を受けることは、それ以降も生涯にわたって帰属することになる学会という共同体でも、リスクを背負い続けることになる。しかも専門性の分化によるタコツボ性と閉鎖性の結果、この研究者集団の規模は比較的小さい傾向がある。江原さんはこの「研究者集団」を「ムラ社会」と呼ぶ。

第三に、「大学自治」の名における相互不干渉と無関心である。大学自治の内実は、学部自治、学科自治、研究室自治の単位に細分化されており、互いに干渉しあわないことを不文律としている。しかも「大学自治」のもとでは、教授会メンバーが雇用者であると同時に雇用の意思決定権を持つという一般企業では考えられない未分化な構造がある。それが仲間うちの擁護と組織防衛に走りやすいことは後述する東北大事件でも明らかであろう。

第四に、上記と関連して、監督の不在と組織の透明性の欠如があげられる。人事は密室的であり、一般企業ならありうる異動も少ない。大学組織の問題性とは、江原さんによれば「良識」を持たない成員に対して「管理能力を欠いている」ことである。

第五に、被害者が支払うコストの大きさがあげられる。リスクを避けたいと思えば、専攻を変更したり、研究職への道そのものを断念しなければならない。ところが一般企業なら可能な異動や転職が、大学社会の「二重構造」のもとではたいへんむずかしい。多くの場合、研究職志望者はそれに至るまでに時間やエネルギーなどの大きなコストを支払い、また他の選択肢を断念してきている。そればかりでなく、学生や院生の時期にセクハラのせいで進路の変更を余儀なくされることは、その後の人生においても大きな影響をおよぼす。キャンパス・セクハラが深刻になる「最大の理由」として、この「とりかえしのつかなさ」がつきまとっていることを牟田和恵さんはあげている(「キャンパスセクハラはなぜ深刻か」『書斎の窓』第四八五号、一九九九年)。

第六に、「大学幻想」「学者幻想」というべきものがある。「良識の府で……」とか「まさかあの人が……」という「聖域」幻想が、大学におけるセクハラの問題化を阻んできた。だがこれまで述べてきたように、さまざまな事件や訴訟の報道で、この幻想がほぼ潰滅したことを、大学人のひとりとして喜んでいいのだろうか悲しむべきだろうか。実態調査があきらかにするのは、一般社会以上にもっと根深い「セクハラ体質」を、大学が持っていることである。「被害者が声を上げにくい構造体質、声をあげた被害者が支援者を得にくい構造体質を、大学社会は持っている」と江原さんは書く。具体的な事例の中で浮かび上がる加害者の無防備さや不用意さを見るにつけ、大学が「良識」どころか「常識」の通用しない特殊な社会であると感じざるをえない。

キャンパス・セクハラ対策の問題点

実態調査を踏まえ、直接には一九九九年四月から施行された改正均等法の圧力を受けて、全国の国公私立大学ではいっせいにセクハラ対策への動きが始まった。労働省は「事業主の配慮義務」として「方針の明確化及び周知・啓発、相談・苦情への対応、事後の迅速かつ適切な対応」を求めている。これに対して各地の大学の対応は、(1)学内の指針等(ガイドライン)の策定、(2)問題がおきたときの相談窓口の設置、(3)調査委員会の設置、(4)パンフレット等の配布である。各地の大学では、委員会やワーキンググループのメンバーに女性教員が指名されるなど、全国規模でいわばフェミニスト教員総動員体制とでもいうべき状況がおきている。参加してよりよい対策をつくるか、場合によっては組織防衛の防波堤に使われる結果になるか、それとも参加せずに批判のフリーハンドを維持するか……多くのフェミニスト教員はハムレットのような悩みを悩んだことだろう。

キャンパス・セクシュアル・ハラスメント全国ネットワークが九九年九月の段階で把握しているガイドライン策定大学は、全国で八六校、そのうち国立大学は九九校のうち京都大学、東北大学、千葉大学など三五校、公立大学は大阪市立大学、大阪府立大学、愛媛県立医療技術短期大学など六校、私立大学は早稲田大学、東京経済大学、国際基督教大学など四五校である。これらの大学は、セクハラ対策先進校と言えるだろうか？　たしかに他に先駆けてガイドラインをつくったのは事実だが、裏返していえばほとんどの大学が学内に問題をかかえた「すねにキズ持つ身」だと言ってよい。もみ消すことのできないレベルで過去にセクハラが問題化したからこそ、対応を迫られたと言える。訴訟にまで至らないケースでも、当事者の依願退職や示談で問題を解決し、学外への報道を免れている例もある。この「先進」八六校のうち、学内に問題が発生する前にガイドライン策定へ動いたのは、例外的なケースである。

ところでガイドラインをつくり、相談窓口を設置しさえすればそれでよしと言えるのだろうか。セクハラに対する対応策がまったく採られていない大学も問題だが、対応策を採った大学にも、その対応の内容にさまざまな問題があることが指摘されている。キャンパス・セクシュアル・ハラスメント全国ネットワークは、のぞましいガイドラインのチェック項目を提示し、さらにそれにもとづいて各大学のガイドラインを「採点」している。その内容はブックレット『ガイドラインの手引き』のなかに、「ガイドラインに含まれるべき内容」として(1)目的と定義、(2)相談、(3)紛争処理・救済、(4)予防、(5)全体に関わることと詳細にわたって紹介されているから参照してほしいが、ここではセクハラ一般に関わることは他の論考に委ねて、とりわけ大学という場所でのセクハラ対策の問題点をいくつか論じてみよう。というのも、ガイドラインや窓口はうまく機能しなければかえって問題をこじらせる結果になり、最悪の場合には被害者の利益よりも大学の組織防衛のために機能することもありうるからである。セクハラ対策はどんなものでも「ないよりまし」なのか、それとも困ったものなら「ないほうがまし」なのか？　対策があることでおきうる二次被害の可能性を防止するためにも、実際の対策のなかみは詳細に検討されなければならない。

第一は、セクハラとは「地位と権力の濫用」にもとづく「人権侵害」であることが了解されているかどうか、である。となれば相談窓口は「性的」な人権侵害だけでなく「性的」でない人権侵害をも扱うことが要請される。何度もくりかえすように、セクハラは広義の性差別の文脈のなかでおきる「性的」な侵害なのだから、セクハラだけを性差別一般のなかからとりだすことはむずかしい。

第二は、セクハラ対策の対象に、当事者が被害者であるか加害者であるかを問わず、大学構成員のすべてを含むことである。そのなかには留学生や非常勤講師、研究室の私設秘書のような人びとも含まれる。また学生のバイト先での被害も含まれる。ある部局の担当者が「うちには女性がいませんから、セクハラは関係ありませんよ」と発言するのを聞いて唖然《あぜん》としたことがあるが、セクハラ当事者とは誰よりも加害者であることを前提にすれば、男性集団に「セクハラが関係ない」とは考えられない。むしろ男性オンリーの組織に構造的な女性排除が働いていないか、疑ってみる必要がある。

第三は、紛争処理の過程で、(1)相談業務、(2)紛争処理と調停機能、(3)調査機能が相対的に独立していることである。これはそれぞれの過程での独立性や中立性、公正性を確保するために重要な条件である。(1)相談業務にあたる担当窓口には、「委員会方式」と言われるものと「専門家方式」と呼ばれるものがあるが、以下に述べる理由で「委員会方式」は支持できない。

「委員会方式」とは任命もしくは互選にもとづいて学内委員すなわち教員や職員が相談窓口業務にあたる方式である。もともとしろうとにすぎないこれらの担当者が研修を受ける必要があるのはもちろんだが、対応の過程で二次被害を防ぐ配慮がじゅうぶんとは言えない。さらに委員会方式は委員の交替制をとっているから、当初は配慮のある担当者が就いても、何期めかにわたるうちに、必ずしも適切ではない人材がそのポストに就く可能性も高まる。そうでない場合には、一部の教員に負担が集中する傾向がある。

ちなみに東京大学のある部局では、総長からの要請を受けてさっそく苦情相談窓口を設置したが、それは各研究室の長がそのまま相談窓口の担当者になる、というものであった。対応がおざなりだと言うだけでなく、これほどセクハラについての認識不足をあらわしているものもない。かれら組織の長こそがもっともセクハラ加害者になる蓋然性《がいぜん》が高い人びとであるというだけでなく、直接の利害関係のある上司に、セクハラ被害者が相談を持ちこむとはほぼ考えられないからである。その意味では、相談業務や調停の機関は当該部局を超えることが必要である。

他方「専門家方式」と呼ばれるものは相談の初期面接段階に、カウンセラー等の専門家を配置するやり方である。そのうえで担当者が調停委員会や調査委員会に報告をおこなう。場合によっては窓口担当者が調査委員会のメンバーを兼ねてもよい。この方式を導入して成功しているのは東京経済大学である。わたしが耳にする反対意見は次の二つである。ひとつは、専門家を雇うゆとりがないというもの。だが事態の深刻さを考えれば、この任務に予算とポストをつけるのは「事業主責任」の範囲内というものであろう。もうひとつは、そういう専門性を持った人材がいない(探せない)というもの。これには各地の女性センターが相談窓口を設置し、それに採用しているフェミニスト・カウンセラーの例が参考になるだろう。フェミニスト・カウンセリングには各種の団体が成立しているだけでなく、団体とのあいだに業務委託契約を採用しているケースもある。

第四に、相談・調査・調停過程の公正性が確保されるためには、外部の視点が入ることである。とりわけ調査・勧告・調停の権限を持つ調停委員会の構成は、次の三者を含むことがのぞましい。第一は大学当局(事業主側)、第二は被害者サイドの利益を代表しうる集団のメンバー(女性教職員、女子院生・学生代表など)、第三は外部の専門委員(カウンセラー、弁護士など)である。第三の外部委員は、大学という密室性の高い組織に対して監視機能を果たすだけでなく、紛争処理の公正性や情報公開を確保するためにも必要である。すでに国立大学の外部評価の委員会に外部委員が任命されている前例から考えると、この提案はけっしてとっぴなアイディアではない。外部委員を入れることは、上位機関の監督や介入を排除しながら、大学自らが自浄能力を持つためのしくみでもある。

最後に、どんな対策も実施後の見直しが必要であることを強調しておきたい。セクハラ対策はつくればそれでよい、というものではない。仮に窓口を設置して実際に相談事例が持ちこまれたら持ちこまれたで、その運用の実際がきびしく問われることになるし、かといって相談事例が一例もなければないで、胸をなでおろしているわけにはいかない。相談事例がないことはその大学に「セクハラがない」ことの証明ではなく、たんに「セクハラ相談がない」ということを意味するにすぎない。これまでの実態調査からセクハラは「いつでもどこでも起きうる」という現実を見ると、セクハラ相談が窓口に持ちこまれないことは、大学側の対応に信頼が持たれていないことの証明ともなりうるからである。窓口設置後一年を経過して相談件数が一例もないとなれば、胸を張るよりもむしろ対策のどこに問題があったかを自己点検する必要に迫られよう。

まだいくつも思いつくことはあるが、詳細は『ガイドラインの手引き』を参照してもらいたい。

大学に自浄能力はあるか？

ところで以上のようなセクハラ対策の動きは、大学の自治能力・自浄能力に関わっている。「最高学府」の構成員は、セクハラという事態にどう対応する能力があるのか？　その点について悲観的にならざるをえない深刻な事例を最後に紹介したい。最近の新聞報道で有名になった東北大学国際文化研究科事件である。事件の経緯をかいつまんで追ってみよう。

一九九五年から九七年にかけて当時国際文化研究科博士課程に在籍していた女子院生が指導教官から性的関係を継続的に強要される。九七年四月にこの女性が国際文化研究科の助手として採用された後、彼女は長期にわたるセクハラの被害をまず自分が属する東北大学職員組合北川内支部へ訴えた。支部はこの訴えを取りあげ、研究科科長に申しいれ、教授会のもとに調査委員会が設置された。調査委員会は双方の当事者からの事情聴取にもとづいて、加害者・被害者双方の言い分のうち、一致したものだけを事実と認定するというおどろくべき報告をおこなった。したがって被害者が申告するような事実はない、としたうえで加害者と目される教官には処分なし、さらに教授会を教官会議という非公式の場に変えたうえで当該の教官に始末書を書かせるという「穏便な」処置をとった。始末書の内容も事件に直接ふれず「お騒がせしました」というあいまいなものだった。

すでにこの過程でいくつもの問題を指摘することができる。第一は労働組合の対応である。被害者の女性は労組に訴えたが、この訴えをとりあげたのは当事者が属する北川内支部だけであり、全学規模の組合は対応していない。これまでも多くの労組のセクハラへの対応は、組合は「個人間のトラブル」には関与しない、というものであった。第二は調査過程における二次被害である。調査委員会は第一回の事情聴取には組合の関係者の立ち会いを認めたが、二回目以降からは認めず、事情聴取は強圧的な雰囲気の中でおこなわれ、被害者にことを荒立てないよう警告すらおこなわれたという。第三は、調査結果の事実認定の問題である。加害・被害両当事者の言い分のうち、両者の一致した部分だけを事実と認定するという態度は、一見中立的に見えてそうではない。セクハラのような権力関係を背景にした被害については、「中立的」であることはただちに「強者の立場に立つ」ことを意味する。第四は教授会の対応であるが、当該研究科はあげて加害者の擁護と組織防衛に走ったと言える。その点では、教授会構成員もまた対応のプロセスにおいて共犯者であった。

この結果を不服とした被害者の女性は、九八年三月、仙台地裁へ訴訟に踏み切った。多くの訴訟の事例には、それに至るまでのプロセスで被害者がとうてい承服できない不適切な対応がとられており、裁判はさまざまなコストを覚悟しても踏み切る最後の手段となっている。裏返して言えば、処理の過程で関係者が事態をこじらせ二次被害、三次被害を生んでいることが推測される。訴訟と同時に「東北大学セクシュアル・ハラスメント裁判原告を支援する会」が組織され、さらに東北大学「女性の人権」懇話会が支援の体制をとった。

九九年五月、判決が出て原告側全面勝訴。賠償請求額一〇〇〇万円に対して慰謝料七五〇万円の支払い命令という過去最高額の判決となった。この判決には以下のようないくつもの意義がある。

第一は訴訟開始から判決まで約一年という裁判の迅速化である。このところ裁判のスピードアップがはかられているが、セクハラ裁判のように裁判の長期化によって被害者が苦しむ期間が延びるという二次被害を考えると、この裁判の迅速化は歓迎してよい。

第二は新聞報道でも注目されたが、賠償額の大きさである。セクハラ加害が実際に経済的なコストにつながることが明らかになったことは一定の効果を持った。アメリカでも事業主が真剣にセクハラ対応を考え始めたのは、裁判によって「セクハラは高くつく」という常識が成立してからのことである。

第三に、言葉や態度の上での直接的な強制や抵抗とがなくても、判決が「指導教官と学生」との関係を、断れない立場の相手に対する地位を利用した「性関係の強要」と認めたことである。これまでは加害者の側に何らかの「強制」、被害者の側に何らかの「抵抗」の証明が求められたのに対して、セクハラが権力関係を背景にした人権侵害であることをあきらかにした。

判決に対して被告側は控訴。東北大学学長と国際文化研究科科長名による声明がそれぞれ出されたが、どちらも「現在係争中」のことがらとして言明を避ける曖昧なものであった。これを不服として「東北大学セクシュアル・ハラスメント裁判原告を支援する会」は、学長、国際文化研究科科長および国際文化研究科教授会全構成員に対して「公開質問状」を送り、その結果を集約したレポートがある。

国際文化研究科教授会は当該部局の最高意志決定機関として、今回の事態に責任がある。とりわけ被害者の訴えに応じていったんは調査委員会を設置しておきながら、調査委員会の調査報告と裁判の事実認定が一八〇度異なる結果を招いたことについては、調査能力のふじゅうぶんさを反省し、判決を受けてどう対応するかの態度決定を迫られている。学科自治の名において教授会民主主義が機能しているのなら、教授会構成メンバーのひとりひとりに責任がかかってくることは自明であろう。この「公開質問状」に対して回答を寄せたのは、教授会構成員四九名のうちわずか六名であった。うち一人は新任、さらに二人は当時在外研修中で教授会決定に加わっていない。教授会決定に関与したメンバーのうち、少数派と目される三人だけが回答を寄せ、あとは沈黙したままである。その回答から一部を紹介しよう。質問の内容は次のようなものである。

「現在、キャンパス・セクシュアル・ハラスメントに関連して、「大学の自浄能力」が問われております。貴研究科は、「国際文化研究科」の名に恥じない「自浄能力」をそなえていると貴殿はお考えでしょうか」

それに対する回答が次のものである。

「現在の国際文化研究科は、自浄能力のないまったく腐りきった組織です」
「セクハラ問題に関して、当研究科教授会に「自浄能力」を期待することは出来ないと考えざるを得なくなりました」
「この点については、わたしは残念ながら悲観的です」

「研究科の過去の判断と仙台地裁の判決とが正反対になった原因を究明するため」に「再調査」を目的とする調査委員会の設置提案さえ通らないという教授会の現実を、「回答」は伝える。「大多数の教官が見事なまでに沈黙を保っている」この教授会に対して、そこに身をおくメンバーが自ら下した判断が以上のようなものである。

大学自治は構成員の自治能力に依存している。能力がなければ自治など返上すべきであろう。かといってわたしは、大学への上位や外部からの監督や管理が強化されることを歓迎しているわけではない。だとするならば、大学自らが外部へ情報公開し、また外部の関係者を招き入れることによって、自己管理・自己評価するシステムを積極的に構築するべきではないだろうか。

女はもはやそれをがまんしない——再びセクハラの問題化について

最後に、セクハラをめぐる男性たちの困惑について一言しておこう。男性のあいだには何をしたらセクハラになるのか、思い当たることがないのに女性に一方的に騒ぎ立てられるのではないかと、疑心暗鬼が育っているように思われる。加害者にほとんど自覚がないのがセクハラの特徴とも言えるが、いっぽうで彼らの不安と不信は根拠のないものではない。

経験の教えるところでは、多くのセクハラ加害者はリピーターであることがわかっている。つまり以前から他の女性に対しても、同様の行為に及んできた人びとである。矢野氏もそうだった。セクハラ加害者の誤算は、かつてと同じことをしたときに、女性の反応が変化したことに気づかなかったことである。かつてなら問題のなかった行動がなぜ今になって告発の対象になるのか？——その疑惑を感じるのは無理もない。男は変わらない、変わったのは女性のほうなのだ。もっと正確に言えば「経験の再定義」の効果によって、女性の側の受忍限度が低下したのである。「かつてなら問題のなかった行動」は、「問題がなかった」わけではない。誰も「問題にする人々がいなかった」だけである。セクハラの増加とは何よりもセクハラの問題化の増加である。女はもはやそれをがまんしない——セクハラ問題の背後にあるのは、何よりも大きいこの女性の変化である。

コトバを変えれば世界が変わる　——1997

このところ「表現の自由」対「コトバ狩り」の対立がかまびすしいようです。コトバに禁じ手をつくっても、困った現実はなくなるわけじゃありません。「女中」を「お手伝いさん」と言い換えても、現実は何も変わりません。それどころか、ハゲの人を——これって「放送禁止用語」じゃなかったっけ——「髪の毛の不自由な人」と呼んだり、背の低い人を「垂直方向にチャレンジされた人」と言い換えればいいのか、とからかわれたりもします。あるものをなかったことにするPC(政治的に正しい)的な「言い換え語」ではなく、「もうひとつの表現」を提示することで、事態の見え方がガラリと変わる、そんなコトバがあります。

コトバの闘いはコトバで。口げんかに負けたからといって手が出る、なんていう男はサイテーです。闘いには正面突破ばかりでなく、ゲリラ戦やらパロディ、おちょくりなど、いろいろなやり方があります。強大で勝ち目のなさそうな相手に対しては、玉砕や自爆覚悟の闘いより、できるだけコスト・パフォーマンスのいいやり方を考えたほうがいいでしょう。ユーモアも大きな武器のひとつです。

フェミニズムはいくつもの新しい表現をつくってきましたが、それはたんに差別を隠蔽する「言い換え語」ではありませんでした。そういう目からウロコが落ちるような「世界の見え方が変わる」コトバのいくつかを、ご紹介しましょう。

「セクハラ」

そういうコトバのひとつに一九八九年流行語大賞をとった「セクハラ」こと「セクシュアル・ハラスメント」があります。「キミ、色っぽいね」と言うだけで「セクハラ！」と言われかねないと、男性たちは戦々恐々としました。「ならどこまで許されるのか、セクハラ狂想曲」などという週刊誌の見出しが地下鉄の吊り広告にあふれ、オヤジ・メディアがこのコトバの普及に一役買う、という皮肉な事態がおきました。いまではすっかり定着したこの四文字コトバのおかげで、「あ、そう言えばあれってセクハラだったのね」といまさらのように怒りを新たにした女性は数多いことでしょう。困ったオヤジの言動に、なんだかもやもやと「ムカツクー」と思っていた女性が、その事態に「セクハラ」という名前を与えることができるようになったのです。このコトバができてから、何年も前のあの出来事が、「そうか、セクハラだったのか」と思いあたった、という女性に、わたしは何人も会いました。

「セクハラ」はこの三月、元京大某教授のセクハラ疑惑事件の法廷で、次のような定義を与えられました。この裁判というのも、疑惑の当事者であった某教授が、それを地元の新聞に書いた自分の同僚を「名誉毀損」で訴える、というとんでもない裁判だったのですけれど。

「相手方の意に反して、性的な性質の行動を行い、それに対する対応によって仕事をする上で一定の不利益を与えたり、またはそれを繰り返すことによって就業環境を著しく悪化させること」

セクハラは、「労働災害」の一種です。ですから、その対策には使用者サイドに責任があることになります。これまで職場に露骨なヌードピンナップのカレンダーを貼っていた男性の同僚に対して、「気分悪いからはがしてください」なんて言おうものなら、「そぉ、キミには気分悪くても、ボクにはキモチいいんだけど」とか、果ては「ウブなのねぇ。そんな野暮なこと言って」とか開き直ってきた相手に、「これってセクハラよ」とはっきり言うことができるようになったのです。「セクハラ」というコトバは、職場の女性の「受忍限度」を確実に下げました。というより、女が本腰を入れて職場にいすわるようになったからこそ、職場の「居住条件」を気にするようになった、と言っていいかもしれません。
もちろん、「そのせいで職場がギスギスして」なんていう相手には、これまで職場が丸くおさまっていたように見えたのは、男の都合に女がじっと我慢してあわせてきたからだ、ということを知ってもらわなければなりません。「セクハラ」は女の問題ではなく、もちろん、男の問題です。と言うより「問題男」の、と言いましょうか。だから「セクハラ研修」を受ける必要があるのは、男性社員のほうです。「こういう時にはこう切り返そう」と、女子社員に「セクハラ研修」を受けさせる、というのは本末転倒というものです。

「買春」

ばいしゅん、とワープロで打てば、「売春」は出てくるが「買春」は出てきません。もちろん『広辞苑』には載っていないコトバです。こう書けば、「買春」が女の問題ではなく、買う側の男の問題だということがよくわかるでしょう。新聞報道にはこんな実例があります。
「PKOで少女売春——伊軍将兵らを相手に」(『読売新聞』一九九四年一月三〇日)

これではまるで少女たちが自発的に売春しているように聞こえます。性産業については ニワトリが先か、卵が先か、のような議論がくりかえされてきましたが、もちろん需要があるから供給が発生するに決まっています。これを次のように言い換えるだけで、見え方はガラリと変わります。

「PKO将兵が未成年者を買春」

だれが「犯罪者」なのか、これならよくわかるのではないでしょうか。

オヤジ・メディアの最近のヒット作は「援助交際」でしょう。あ、感心してる場合じゃないか。社会学ギョーカイの若手スター、宮台真司クンによれば、「援助交際」はオヤジの婉曲語。当の女の子たちは「売りやってる子」と単刀直入に呼んでいるといいます。少女相手の「買春」――「淫行」とも言うそうですが――を「援助交際」と言い換えると、オヤジの罪悪感は、少しは減る、のでしょうかね。コギャルやブルセラ少女よりは、自分の行為を「援助交際」と粉飾するセクハラ体質のオヤジの方がよっぽどビョーキだと思うのですが。宮台クンも、研究するならそっちの方を研究するべきでしょう。

「不払い労働」

フェミニズムが「発明」したさまざまなコトバのうちで、最大のヒットのひとつが「不払い労働」です。家事も労働だ、しかも不当に支払われない労働だということがわかれば、夫婦ゲンカで妻を黙らせる夫の必殺アッパーカット、「誰のおかげで食わせてもらってると思ってるんだ」というセリフにも、言い返すことができます。

「あなたこそ。誰のおかげで、毎日安心して会社へ行けると思ってるのよ。わたしだって毎日クタクタになるほど働いてるのよ」

夫はなおも言いつのるでしょう。

「おまえのやってることはカネにならないから、仕事とはいわない」

こういうときには、次のように言い返しましょう。

「あなたの仕事がカネになってるのは、男が上げ底になってるからだけで、何もあなたが有能だからじゃないわよ」

ああ言えば、こう言う。フェミニズムは女を理論武装しましたから、こういう妻を持った夫はやりにくいことでしょう。フェミニズムを勉強すれば夫婦仲は確実に悪くなります(笑)。妻の「受忍限度」が低下するからです。というよりも、これまで夫婦仲というものは「わたしさえ我慢すれば」という妻の側のあきらめと我慢とで、「波風も立たず」もってきたのです。

ちなみに「不払い労働」という概念が登場したとき、それにもっとも抵抗したのは当時のマルクス主義経済学の専門家たちでした。かれらは「おまえのやっていることはカネにならないから、仕事といわない」と、わからずやの夫とまったく同じせりふを吐き、「なぜなら、マルクスがそう言っているから」と答えたのです。

「不払い労働」という概念は、たとえカネにならなくても女がやっていることには価値がある、という認識を女性に与えました。自分の老親の介護を妻にまかせっぱなしの夫は、内心忸怩《じくじ》たるものがあるでしょう。

このところ「働く女性」というと、「わたしたちも「働く女性」じゃないの」と、主婦が声をあげはじめました。「ワーキング・マザー(働く母親)」も然り。すべての母親は「働く母親」です。「なら、外で働いた上に家に帰っても家事・育児で働いているわたしはどうなるの?」という有職の母親には、べつな用語が待っています。あなたのやっていることを「二重負担」と言うのです。

「性的虐待」

子どもの虐待のうち、性的虐待はこれまでまちがって「近親相姦」と呼ばれてきました。「相姦」と言えば、当事者のあいだに合意があったように聞こえます。が、八歳やそこらの子ども(九〇%以上が女児)と、大人(これも九〇%以上が父親――義父を含む)とのあいだに、どんな「性的合意」が成り立つというのでしょう? これは要するに親による子どもの性的虐待、場合によっては逃げられない状況のもとでの継続的な強姦なのだ、ということは、内田春菊の『ファザーファッカー』などの作品で赤裸々になりました。しかも被害を受けた子どもに、自我の分裂や自尊感の低下などの深刻なトラウマを、長期間にわたって残すこともわかってきました。

ちなみに某大新聞社の『記者ハンドブック』では、「強姦」は「差別語、不快語」にあたり、「暴行」「乱暴」と言い換えるように指示しています。なら「殺人」も「不快語」じゃないのか、と言いたくもなります。「暴行」「乱暴」では正確に伝わりません。それどころか、ことの重大さが軽く聞こえます。「いたずら」にいたっては、論外です。

「慰安婦」というコトバも、そういう男にとって都合のいいコトバのひとつです。いやぁ、男性にとっては「慰安」でも、「慰安」を提供させられた方はたまりません。よくも名づけたものだ、と思いますが、ここはやはり「強制労働」とか「性的奴隷制」とかいうコトバをもってくるべきでしょう。こんなコトバをつきつけられたら、そりゃ男性だって、こいつはたまらん、と思うでしょうね。しかたありません。これがひと昔前のオヤジのやったことなんですから。現実には直面してもらいましょう。

「たかがコトバ」というなかれ。

カネも力もないビンボー人や弱者の武器は、「ああ言えばこう言う」のあの手この手を編み出して、知恵をはたらかせることなのです。

団塊ジュニアの娘たちへ ――1995

女には働いてもらいたい。でも分を超えてまで働いてもらいたくない。必要以上にながく働いてもらうのも困る。無能な女は困るが、口うるさい女はもっと困る。……というのが企業の本音だろう。そうして就職難に悩む女子学生にむかってこういうのだ。おじょうさん、わたしたちもできれば若くてぴちぴちした(そのうえ安上がりで使える)あなたのような女性を雇いたいのだけれど、あいにくうちのお局《つぼね》さまがたが辞めてくれないのでね。採用計画がくるってしまったんだよ。

いま、女性にとって働くのはあたりまえ。晩婚化のせいで二〇代はシングルで過ごすのがふつうになった。そのあいだ、「家事手伝い」もしていられない。就職は若い女性にとって死活問題になった。男性の賃金も伸び悩み。結婚退職なんてしていられない。リッチな男なんてそうそういない。それに離婚法の破綻主義への移行で、結婚も「永久就職」じゃなくなった。何より、この不況。いったん職を手放したが最後、子持ちのおばさんにわりのいい職場なんてあるわけがない。というわけで、このところ働く女性の平均勤続年数はじりじりと延びてきている。こんな性差別の世の中に、女性が自衛のために出した回答だ。

それに対して企業の反撃がある。働きたい女に男なみの過重労働を強いる総合職コース。居座る女に仕事と給与のあたま打ちをしようというのが、一般職コース。辞めない女の予防策に、短期契約社員制。回転の速い低賃金の女を確保するために、派遣やパート。二〇年前とは問題の背景がちがうぶんだけ、企業もあの手この手で、対応してくる。

均等法ができるずっと前に、先輩の女のひとたちの長いながい裁判闘争のおかげで、若年退職制や差別定年制はなくなっていたはずだった。均等法は、女性のかちとった成果を明文化したものだと、みんなが信じてた。ところが、ところが。均等法九年めの調停案第一号、住友金属工業の件では、均等法以前に入社した女性社員が均等法後の「一般職」と同じと見なされて、晴れて堂々たる差別が認められた。南海放送では均等法以後の女性社員採用はなし。短期契約の女性のみ。契約どおりだから法律違反ではないというりくつが通る。

均等法っていったい何だったの？　女子学生の就職難になんの実効もない均等法を

見て、均等法って、結局「バブル」だった、と思っていたけれど、それどころか企業のつよーい味方だったんだ。

　ほんとはね、使用者側に譲歩に次ぐ譲歩をしいられた均等法の成立過程から、そうじゃないかなあって予感してたんだけど。均等法は、こころある女のひとたちにとっては、勝利の結果じゃなくて、敗北のしるしだった。その均等法成立の立役者、赤松良子さんは第一回プリムラ賞(大阪府のドーンセンターが男女平等に貢献した女性に贈る賞)を受賞した。うーん。どうも釈然としない。

　ごめんね、娘の世代のあなたたち。わたしたちが非力なばっかりに。でも、どんな自由も権利も、与えられるものじゃなくって、そのつど闘いとっていくしかないものなんだ。そうやって、あなたたちにも、先輩の女たちの踏み跡がずんずん見えてくるだろう。

逆風のなかで ——1998

一九九五年に横浜女性フォーラムから『女性施設ジャーナル』(年刊、学陽書房)を創刊したとき、女性センター建設ブームにはすでに逆風が吹いていた。政府公認の「男女共同参画社会」という標語や行動計画、それに右にならえをした各地の行動計画策定ラッシュのなかで、「なぜ女性ばかりが手厚い行政サービスを受けるのか」とか、「女性はもうじゅうぶんに力をつけた」といった言い分が一人歩きを始めていた。代わって「女性を囲い込む女性センターより、老若男女乗り入れの複合施設を」とか、「独立採算制の財団方式の運営を」というかけ声が、時代にあった方針であるかのように耳目をひいた。その実、ハコもの行政を追求してきた自治体にとって、女性センターの建設やメンテナンスの負担が、持ち重りしてきた、という事情が背後にのぞく。

わたしも編集委員のひとりである『女性施設ジャーナル』では、創刊号の巻頭に「まだ必要か、女性センター」というQ&Aを置いた。答えはもちろん、「まだまだ必要である」というもの。二号には「女性施設の情報機能とは」、三号には「市民活動支援と女性施設」を特集。現在編集中の四号では「女性施設の相談事業」を扱っている。

不況になれば女の問題はあとまわし、流行の移り変わりのはげしいマスメディアは、女の問題というと食傷気味の反応をするが、現実のきびしさは女なら肌で知っている。女性センターはそういう女たちの問題を受けとめ、情報を発信し、お互いのネットワークづくりをするための拠点として、なくてはならないものだ。

現実の女性センターが必ずしもそういう趣旨にそって活動しているとはかぎらない。一部の女性団体が既得権を牛耳っているところもあれば、行政主導で市民の使い勝手が悪いと不評のところもある。それでも、ないよりまし、なのが女性センターである。施設と設備、人材と予算さえあれば、あとは使い方を市民が考えてくれる。女性センターはお仕着せの施設ではない。女性センターを見守り、育てていくのが女性市民の役割であろう。

男女共同参画法の意義　――1999

この国会会期中、六月一五日に男女共同参画社会基本法が成立した。日米ガイドラインの策定、盗聴法、日の丸・君が代法案など、次々に論議をよびおこす他の法案の山に埋もれて、たいしたニュースにもならず、大きな議論や反対もひきおこさず、ひっそりと衆院を通過した。

行革の落とし子

「こんな法律、いつだれが言い出したの?」「何の効果があるの?」というのが、各地の女性の集まりで耳にする疑問だ。わたしなど、なぜ「男女平等基本法」と呼べないのだろう、最初からこんなに腰がひけていいのか、と思うが、とはいえ、この法律の女性政策のうえでのパラダイム転換はあきらかだ。が、政策決定者がことの重大さを十分にわかっていないか、それともしょせん実効性がないだろうとたかをくくって成立させた感がある。

男女共同参画法は、一九九六年自民・社民・さきがけ連立の橋本政権の行政改革の落とし子だが、政策担当者や審議会の委員は、この機会をとらえて女性政策の主流化を果たそうとした。

その内容は一言でいって、女性政策をローカル(局所的)からユニバーサル(普遍的)へ、という転換である。七五年「国連婦人の十年」のスタート以来、女性政策は日本政府公認の政策課題となったが、その歴史の中でも特筆に値する。順を追って見ていこう。

七七年、第一次国内行動計画が策定。この時には担当部署は総理府にあって「婦人問題企画推進本部」と呼ばれていた。この時の「基本的考え方」には「婦人の地位の向上」や「参加の促進」がならぶ。そのためには「教育・訓練の充実」が重点目標とされた。ここにあるのは女性の地位を高めるためには女性自身がバージョンアップしましょう、という努力目標である。

制度改革の必要

これを女性政策の第一期とすれば、第二期は八七年の「西暦二〇〇〇年に向けての新国内行動計画」、いわゆる第二次行動計画にあたる。この中で、「基本的考え方」と「施策の基本的方向とその展開」の重点課題に、初めて「男女の共同参画」と「男女平等をめぐる意識改革」という言葉が登場する。男女平等が進まないのは、男のアタマの中が古いのだから啓発・啓蒙して変えましょう、という提案である。

そして今回の基本法で第三期を迎えた。第二次行動計画にはまだあった「男女平等」の文字が「男女共同参画」に置き換わった。名称も「男女共同参画推進本部」と変わっている。代わりに登場したのが「性別による偏りのない社会システムの構築」という文言である。「意識改革」は後景に退き、代わりに「制度・慣行の変更」が求められるようになった。

第一期から第二期、第三期の変化をかんたんに言えば、「女のがんばり」から「男の意識改革」へ、さらに「社会システムのリストラ(再構築)」へ、とまとめられよう。男女平等が達成されないのは、女の努力が足りないせいでも、オヤジのアタマの中が変わらないせいでもない。

換言すれば、女ががんばるだけでも、男が意識改革するだけでも十分ではなく、どちらかの性別にとって有利もしくは不利にできている社会システムをつくりかえる必要がある、と基本法は宣言していることになる。

ちなみに「性別による偏りのない」は「ジェンダーフリー」の苦心の日本語訳。「ジェンダー」概念が導入されたのも画期的なことである。「ジェンダーフリー」をめざすとは、最終的に性別が関与しない社会をめざすことを意味する。もはや「違っていても対等」にはごまかされない。

年齢差別も撤廃

このパラダイム変換が女性政策にもたらす意味は大きい。第一期、第二期なら女性政策は社会教育や生涯学習の一環として位置づけられただろうが、そして今でも女性政策担当部局が教育委員会や生涯学習課に置かれている自治体は少なくないが、これが根本的に変わる。政府の行革案では内閣府に男女共同参画局が置かれ、他の省庁の施策に横断的に関与できることになる。

例えば、年金改革における「第三号被保険者問題」(専業主婦が保険料の払い込みをせずに年金を受け取る資格を持つこと)の先送りは、「性別による偏りのない」「選択に中立的な」政策という見地から見れば、ひとつの政権内ではあきらかに矛盾する。基本法の立場からは、こうした矛盾をつくことが可能になる。

さらに間接差別を問題にすることもできる。労働市場の年齢制限は、あきらかに

「性別によって偏りのある」効果をもたらす。育児や介護で退職した女性が仕事に復帰するのを阻むのは年齢の壁である。性差別禁止法の次には年齢差別禁止法の制定が必要だ。まず隗《かい》より始めよ。すべての行政機関がただちに実行できることがある。それは公務員採用試験の年齢の上限を撤廃することだ。

ところで、だれが担い手になるのか？　基本法は具体的な法律・政策に実現されない限り、しょせんは「絵に描いたもち」である。政策担当部門を設定し、それに予算と権限を与えるばかりでなく、男女平等監視機構や苦情処理機関が必要だ。そうやって制度が徐々に整っていけば、男女共同参画社会基本法が成立した一九九九年に女性政策がどんな転換期を迎えたか、だれの目にもはっきりしていくことだろう。

農村の男女共同参画

——2008

「男女共同参画」がいちばん遅れているのは農村だ。もっと正確にいえば、女の力がなくてはかなわないのに、その貢献の度合いに比べて、女性の地位がいちじるしく低いのが、農村の特徴である。家庭のなかでも、地域社会のなかでも、女性が意思決定権を握る場が少ない。たとえば農業従事者に女性が多いのに、農業委員や農協の役員に女性はふつりあいに少ない。

九〇年代に農村を歩いたころ、「このへんでは、女性の参画も進んできました」と聞いたことがある。それまで男性ばかりだった農業委員に、女性が増えてきたという。聞けば当時五〇代、六〇代の女性たち。三〇年ばかり前、敗戦後の農村で生活改善運動が盛んだった頃、その担い手だった若嫁たちである。

それを聞いて、ふーん、と感心したものだ。二〇代に活発に地域参加したひとたちが、その後、消極的になるとは考えにくい。若い頃、地域の積極的な担い手だったひとたちは、その後の人生でも意欲的に活動をつづけてきたことだろう。三〇代にも四〇代にもそのひとらしい生き方を続け、地域の信頼を得て、やがて農業委員にも選ばれたのだろう。彼女たちはけっして黙ってこなかったのだ。

新潟県に、「うちの実家」という地域福祉事業を展開している河田珪子《けいこ》さんという方がいる。介護保険事業外の事業として、孤独なお年寄りやひきこもりの若者、家から出られない自殺未遂者などに、「うちの実家へいらっしゃいませんか」と居場所を提供する事業である。そのネーミングを聞いたとき、胸を衝かれた。

わたしは北陸育ちである。女の働きなしでは持たないのに、女の地位が低い。とりわけ、嫁にとっては、婚家は姑の監視つきの二四時間勤務の職場。そういうところでは、盆暮れに数日帰る「うちの実家」だけが、嫁にとって息抜きできる場所だった。そういう地域事情を知っている人には、このことばの意味するところはよく伝わるはずだ。

五〇年代の若嫁は、九〇年代の農業委員になった。それから約二〇年。二〇〇〇年代に八〇代になるはずの彼女たちはどんな人生を送っているのだろう。

深刻化する女性の就職
——1999

以前、労働の柔軟化は歓迎したい、ただし身分差別がなければ、と論じたが、現実を見れば楽観的すぎると思われたかもしれない。

一九九一年にバブルがはじけて以来八年。女性の就職は悪化の一途をたどっている。新卒採用市場でも初め「どしゃぶり」といわれたものが、やがて「氷河期」そしてほどなく「超氷河期」と呼ばれるようになった。雪解けはまだ訪れない。

法律より景気

一九八六年に成立した男女雇用機会均等法は、女性の雇用を守ってくれなかった。均等法効果は結局バブルにすぎなかったことは、専門家の間では共通の了解である。というのも、バブル期にふえた女子雇用は、不況とともにふっとび、結局、法律の効果よりは景気の影響にすぎなかったことが判明したからである。

募集採用の際の性差別についても、罰則なしの努力義務のみの規定では、採用の男女枠やセクハラ面接などが公然と横行したことはよく知られている。今年四月から施行された改正均等法では、違反企業は企業名の公表などのペナルティを受けることになっているが、これまで一度も公表されたことがない。

それどころか違反事例の調停持ち込みは、交渉のテーブルに双方がつくことに合意しなければ成立しないという法律の不備のせいで、大半が不成立に終わった。わずかに調停が開始された住友金属などの数例は、すべて企業側の言い分を支持し、労働者側の訴えを退ける結果に終わった。

同じ時期におこされた差別訴訟は、提訴した女性労働者側の勝訴をいくつももたらしたが、弁護側が依拠した法理は憲法と労働基準法、民法などで、均等法ではなかった。法廷闘争でも均等法が使いものにならなかった無念を、法律家たちはかみしめている。

芝信用金庫訴訟でもあきらかになったとおり、同期入社組の男性のすべてが昇進したのちに女性がヒラでとり残されたことには何の合理的根拠もなく、裁判所は「年齢以外に査定の根拠がない」という日本の企業人事の実態を天下に暴露した。

未曽有の異変

不況期に入ってから、これまで経験したことのない異変が女性の就労のうえにおきている。その一は、中高年パート労働者の解雇やレイオフである。七三年オイルショック以来の長引く構造不況期にも、むしろ女性の周辺的な雇用は成長産業部門で拡大したのだから、この事態は戦後始まって以来の、本格的で全面的な不況となった。

その二は、新卒採用市場の男女格差が拡大していることである。その三は、新卒採用市場で従来の常識を裏切って、四大卒女子が短大卒の就職者数を上回っていることである。高卒はさらに苦戦している。その四は、これも驚くべきことに総合職の採用の縮小が、一般職の採用減にくらべて相対的には落ち込みが少ないことである。

もともと女性総合職の採用枠は小さかったが、それでも一般職の採用ゼロ企業があいつぐなかで、営業や専門職で女性総合職を採用することに意欲的な企業は少なくない。ということは、戦力になる女性なら企業は活用するつもりでいることを意味する。逆にいえば、お茶くみ・コピーとりでいつでも代替のきく、男性の補助職の女性をフルタイムで雇用するだけのゆとりを、企業は失ったのである。

現場ではもっと深刻な事態が進行している。かつてと同じような仕事をしているのに、企業のOLは派遣、契約、臨時、パート労働者に置き換えられている。賃金は正社員の二分の一から三分の一。雇用保障もない。かつての女性のライフコースは、結婚まで会社員、育児期中断後、中年になってからパートのような低賃金で職場復帰したものだが、今日では学卒後、最初から女性は周辺労働市場に投げ込まれることになった。

公務員採用の半ば公然の秘密

民間の雇用縮小を受けて、公務員への応募が増えている。男女共同参画社会の推進をいうならまず官公庁から率先垂範してもらいたいが、各省庁の国家公務員採用に男女枠があることは半ば公然の秘密である。地方公務員の採用を見ても、公務員採用試験の受験者の男女比と合格者の男女比とをくらべてみると、一貫して女性の合格率のほうが低いことから、性差別が疑われる。

男性にくらべて選択肢の少ない女性が、公務員募集に集中していることを考えると、ほんとうなら女性の合格率のほうが男性の合格率よりも高くてもおかしくはない。事実、全国の自治体でも市のレベルでは過去三年男女の合格率が逆転しており、予測をうらづける。県と町村レベルではそれが逆転するのだから、後者では男性に有利ななんらかの配慮が働いたと推測できる。

面接を含む個々の採用人事では差別を証明することはできなくても、統計的なゆがみがあるとき、そこに差別があると判定することができる。これを疫学的証明という。これでは女性差別というより男性優遇というべきだろう。同じことは国公立の高校・大学の入学者についても検証されなければならないだろう。納税者はもっと自治体人事を監視したほうがよい。

女性を締め出す職場に未来があるかどうかは、歴史が判定するだろう。

ジェンダー平等のゴールって？　――1999

フェミニストというと、「男みたいになりたい女のことでしょ」としばしば誤解を受ける。若い女の場合には「ばっかみたい」が、それにつづく。男性からも、「そうか、そうか、男なみに扱ってほしいってか。そんなら女を捨ててやってこい。男なみにがんばるなら男なみに扱ってやろうじゃないか」という声が聞かれる。男女雇用機会均等法はそういうものだった。

誤解を避けるためにあわてて付け加えておくと、今あるような均等法は、女が要求したもんじゃない。むしろ女性団体の反対を押しきって、使用者側につごうのいいように成立したものだ。現実には男なみにがんばっても男なみには報われないことはだれでもよく知っている。それなら、もっともっとフェアな競争を、ってフェミニストは要求していることになるのだろうか？　まっぴらごめんだ。その結果は「男もすなるカローシというものを女もしてみんとするなり」だった。家庭崩壊と私生活無視の男なみの生活なんて、だれがしたいもんか。日本の男の暮らしぶりなんて、まねをしたいようなもんじゃない。

にもかかわらず、ジェンダー平等のゴールが「女が男のようになること」と誤解されたのはどうしてだろう？　たぶんオヤジは自分をモデルにジェンダー平等を理解することしかできないくらい、想像力がよほど貧困だったんだろう。そして若い女は、オヤジ・メディアを通じて、フェミニストってそういうもんだと思いこまされているのだろう。もしフェミニズムがほんとにそういうものだとしたら、このわたしだって「ばっかみたい」と思うだろう。

女には「男に似る」必要もなければ、「女を捨てる」必要もない。だからといって「女らしさ」に縛られたり、それを売り物にする必要もない。フェミニズムってなあに？　という問いに対して、「わたしが女であることは、わたし自身が決める」「わたしがどんな女であるかは、わたし以外のだれにも決めさせない」……フェミニズムってそういう社会的少数者の自己定義権の主張だった。

女はことあるごとに「それじゃ女らしくない」「そんなことをするとお嫁にいけないよ」と脅かされてきたが、わたしがブスだろうがそうでなかろうが、わたしが男に選ばれようが選ばれまいが、わたしにおっぱいや子宮があろうがなかろうが、「わたしは女(わたし)だ」、わたしがわたしであることは自分で決める、他のだれからも侵させない、と主張したのがフェミニズムだった。

今年成立した男女共同参画社会基本法は、「性別に偏りのない社会システムの構築」をうたっている。この法律の画期的なところは、「違っていても対等」の男女特性論を否定したことである。「えーっ、男と女の違いがなくなるの。そんなの味けなーい」と思っているあなた。誤解です。男と女というたったふたつの違いでなくて、もっとさまざまな違いがあっていい。問題は、その違いがどちらかに有利もしくは不利に働かない社会制度をつくる、ということである。違っているのはあたりまえ。違いはふたいろではなくいろいろ。そう考えればジェンダー平等のゴールは、多様性の共存にこそある。

3 バックラッシュに抗して
―― 2000年代

ネオリベの下で広がる女女格差
――2005

二〇〇五年9・11の総選挙で、国会の女性議員数は、敗戦直後の三九人というそれ以後いちども更新されたことのない記録を抜いて、四三人に達した。女性公認候補を指名し、比例区の名簿上位にならべた小泉自民党の「アファーマティブ・アクション(積極的差別是正措置)」のせいである。わたしたちはこれをもって、自民党が「女にやさしい」政党に変身した、と解釈していいのだろうか?

女「刺客」たちは、「郵政民営化」という小泉(純一郎)=竹中(平蔵)ネオリベラリズム改革路線の一兵卒として送りこまれた。議場では、数をたのむ与党の陣笠代議士として党議拘束に従い、次期の公認をあてにして党に絶対服従を誓う。女が増えたからといって、それで政治が変わるわけではない。「民でできることは民へ」というスローガンの小泉構造改革は、二〇年遅れて登場したサッチャー=レーガン改革だと言われている。「鉄の女」を宰相に持ったイギリスでは、女がトップに立っても「女にやさしい政治」などもたらさないことを、経験からだれでも知っている。女性大統領候補に熱狂するのは、ナイーブなアメリカ人くらいだ。だが、かれらとて、ブッシュ政権の高官、好戦的なライス国務長官を目の前にして、鼻白む思いを味わっているのではないか。

女ならだれでもいいのか？　今度の選挙ほど、この古くからある陳腐な問いが、新たな意味を持ったことはない。

ネオリベことネオリベラリズムは、「自己決定・自己責任」を原則とする。小泉チルドレンの女たちは、恵まれた出自に高い学歴、能力も実績もある。「才能と努力で」地位をかくとくした「勝ち組」の女たちだ。それなら、フリーター、ニート、パート、派遣労働の「負け組」の女たちは？　それをもネオリベは「自己責任」というのだろうか。

フリーター問題もパート・派遣労働も、「本人の選択」ではなく労働市場の構造的な要因によることはすでに証明されている。労働市場の柔軟化というグローバルな趨《すう》勢《せい》のもとでの労働条件の切り下げに、男性正規雇用者の既得権防衛にのみ汲々《きゅうきゅう》としてきた連合でも異変が起きた。最近の会長選挙で、高木剛・新会長に対して、全国コミュニティ・ユニオン連合会会長の鴨桃代さんが対立候補に立ったが、彼女に集まった批判票の多さに衝撃を受けたのも当然だろう。

ネオリベのもとで拡大する格差に、女もまた巻きこまれている。男女格差だけでなく、女女格差が拡大し、「勝ち組」のなかに参入する女性が増えるいっぽうで、「負け組」の女は「自己責任」とされる。ネオリベのもとでの「男女共同参画」のいちばんわかりやすい指標は、「あらゆる分野における女性の代表性」、すなわち人口比に見合った女性比率の達成である。国会議員の半数を女性に、官僚の半数を女性に、管理職に女性の登用を、ベンチャー企業の経営者にも女性を、右翼にも女性の参画を、そして自衛隊にも国連PKOにも女性を、それに加えてリストラ自殺者の半数を女性に……？

こんな悪夢がフェミニズムの目標だったのだろうか。他方で、育児休業取得者の半数を父親に、介護労働者の半数を男性に……はいっこうにすすまない。

こういう「目標」は、現在の社会のしくみをそのまま現状肯定した上で、そのなかに「男女共同参画」しようという「目標」である。だが、社会のしくみそのものが、男に有利にできているところでは、多くの女はなるべくして「負け組」になり、男のようにふるまった少数の女だけが「名誉男性」として男から分け前を与えられる。フェミニズムは「こんな社会はいらない」、つまり社会のしくみを変えよと要求したはずだった。

だが、「男女平等」を掲げることに及び腰だった「男女共同参画社会基本法」すらその廃案を自民党の一部が言いだし、「ジェンダー」の用語を禁句としようという提言が公然とまかりとおるようになった今日、ネオリベ政権による「男女共同参画」さえ、逆風から守らなければならないかもしれない立場にわたしたちは立たされている。

「こんな社会」に対する女たちの答えはすでに出ている。非婚化と少子化である。こんなところで産めない、育てられない、と女たちの集団無意識は、歴史的な答えを出している。ジェンダー・バッシングは、家族の危機に対する守旧勢力の反動だろう。だが、声高に「家族を守れ」と叫ぶほど、ネオリベの圧《お》しつける「自己責任」の重さは、家族を崩壊させる結果になることに、かれらは気づかない。

フェミニズムはネオリベから袂《たもと》を分かつことになるだろう。そうなれば、女のなかでだれが味方で、だれが敵かがはっきりしてくるだろう。処方箋《しょほうせん》はすでに練られ、考えつくされ、提案されている。

いつでもだれでも何歳からでもやりなおせる社会を。働き方を選べて、そのことで差別的処遇を受けない社会を。育児や介護が強制労働や孤独な労働にならず、その選択が不利にならない社会を。女が男の暴力やセクハラにさらされない社会を。女が家族の外でも、ひとりで安心して子どもを産み育てることができる社会を。

それらがひとつとして実現されないからこそ、フェミニズムの歴史的役割はまだまだ終わらないのだ。

フェミニズムは収穫期

――2001

今年(二〇〇一年)も力のこもったジェンダー研究書がつぎつぎに出た。フェミニズムは終わったとかいう人もいるらしいが、むしろ研究の面では収穫期といっていい。

『中絶論争とアメリカ社会――身体をめぐる戦争』(荻野美穂、岩波書店)

『ジェンダー秩序』(江原由美子、勁草書房)

『母性愛という制度――子殺しと中絶のポリティクス』(田間泰子、勁草書房)

三冊は過去一〇年以上にわたる著者の研究成果の集大成であり、いずれも力作である。昨日今日、時流にのってお手軽に出せるようなものではない。

荻野美穂の著書はお茶の水女子大学に提出した博士論文を単行本にしたもの。著者の積年のこころざしである身体史をみごとに実践した。副題に「身体をめぐる戦争」とあるが、女の身体がミクロの政治の場であることが、スリリングに実証されている。

江原由美子の本は書名からしてまっこうから構えた正攻法。表象の政治と物質的な制度とを一貫した論理で説明しようとする知のフラクタル理論。九〇年代フェミニズム論争の残した宿題に一〇年かけて答えた。書き手の生涯のうちでも、そう何冊も書けるような性質の本ではない。

田間泰子も、荻野とおなじく中絶をテーマに追ってきた。中絶や子殺しが社会科学的な研究の主題になりうると、女性学以前にはだれが考えただろうか。中絶は女の身体をめぐる家父長的政治のヘゲモニーを求める争いであり、だからこそリブの時代から争点となってきた。田間は一〇年以上前から新聞報道を対象に、中絶の記述をめぐって社会史的なしごとを積み重ねてきたが、ようやく一書にまとまった本書は、期待をはるかに超えるものだった。社会構築主義のレトリック分析を武器として、中絶言説がみずから矛盾と破綻をきたす細部から、「制度としての母性愛」を鮮明にあぶりだしていく手際はあざやかである。その裏面に日本における「父の不在」が見えてくるのも不気味な効果がある。日本というフィールドを対象にオリジナルな達成をなしとげた貴重な労作である。

元気な韓国フェミニズム

――2005

ソウルで六月一九日から二四日にわたって開催された、第九回国際学際女性会議へ参加した。ソウルは真夏だったが、会議もそれに劣らぬ熱気で、興奮さめやらぬままに会議リポートをお届けしたい。

この会議は、一九八一年にイスラエルのハイファで開かれて以来、ダブリンやニューヨーク等三年に一回の頻度で開催され、今年で九回を迎える。世界中から三〇〇〇人を超すフェミニストが集まり、日本からも二〇〇人を数える参加者があった。四日間にわたって朝八時半から夕方六時半まで、毎日のように開かれる全体集会に加えて四つの時間枠に数十のセッションが同時進行し、そのうえ夜は、連夜のレセプションやパーティ。どのセッションに行こうか迷うほどの盛況だった。

この会議には、韓国政府と女性省、およびソウル市が全面的に財政支援をし、多数の企業の協賛を得た。韓国コカ・コーラの協賛で、会場で冷たい飲み物が飲み放題というサービスがあったのは、広い会場を汗をかいて歩き回る参加者に好評だった。

日本からの参加者のため息を誘ったのは、この規模の国際女性会議が、いまの日本で開けるだろうか、という問い。不況で自治体も企業もおカネがない、というだけではない。ネオリベラリズムの小泉政権と、セクシズムの石原都政が、女性の運動に財政支援をしてくれるとはとうてい思えない。韓国では大統領は直接選挙。いわば住民投票である。自治体の首長の選挙も同じ。韓国大統領もソウル市長も、女性票の支持がなければ選挙に勝てないことを知りぬいているのだろう。

それより、いまの日本をおおっているのは、ジェンダーフリー・バッシングなどのフェミニズムへのバックラッシュ(揺り戻し)である。一部の国会議員のなかには、ジェンダーという用語を使うな、とか、大学でジェンダー関連の講義をするなという、無知蒙昧《むちもうまい》なトンデモ発言すら見られる。すでに国際標準となった「ジェンダー」を使用禁止にすれば、日本は世界の情報過疎地帯になるだけではない。言葉狩りと「学問の自由」への重大な侵害となる。

今回の会議で印象に残ったのは、韓国の若い女性が積極的にボランティアなどで参加していたこと。「ヤング・フェミニスト」というフォーラムを設けて、外国からの若い参加者と交流を図っていた。ここでは若者が「フェミニスト」とためらいもなく名のり、先輩のジェンダー研究者と場を共有している。頬《ほお》を染めて、外国の大物研究者とやりとりする彼女たちの経験は、きっとその後の人生に大きな影響を残すだろう。

日本からもヤング・フェミニストの団体が参加していたのは心強かった。わたしは自分の学外の活動になるべく学生を巻きこまないようにしてきたが、このときほどその方針を後悔したことはない。沖縄旅行をする費用で行ける隣国だもの、呼びかけて学生を連れてくればよかった。

日本で「フェミニズム」という言葉が否定的なイメージで使われ、若い女性がそう呼ばれたくない、と感じるようになったのは、いつごろからだったろうか。まったく日本は国際標準からはずれている。出会ったことで自分にとって力になる、そしてひとりだけで考えてきたわけじゃない、先輩の女たちから手渡される知恵が、フェミニズムというものだったはずなのに。韓国をうらやましがってばかりはいられない。

ジェンダーフリーをめぐって　——2006

東京都知事石原慎太郎とケンカをした。

正確にいうと、売られたケンカを買っただけで、こちらから売ったわけではない。『毎日新聞』二〇〇六年一月一〇日付夕刊社会面に「「ジェンダーフリー」使うかも……／都「女性学の権威」と拒否／国分寺市委託　上野千鶴子さんの講演／「見解合わない」理由に」の見出しの記事が掲載されたので、知っている人もいるかもしれない。

主催側の市民団体から、都の委託事業で国分寺市が主催する人権講座に、「当事者主権」のテーマで講演してほしいという依頼を受け、それが都の介入によって取り消しになった経過説明を受けていた。だが、都の説明文書があるわけではなく、もっぱら伝聞情報ばかりなので、反論のしようがない。『毎日新聞』の記者が、東京都教育庁生涯学習スポーツ部社会教育課長に取材して、発言を記事にしてくれた。それでようやく言質がとれた。

それによれば「上野さんは女性学の権威。講演で「ジェンダーフリー」の言葉や概念に触れる可能性があり、都の委託事業に認められない」とある。わたしは女性学の「権威」と呼ばれることは歓迎しないが、女性学の研究者ではある。都の見解では、「女性学研究者」すなわちジェンダーフリー（社会的・文化的な性差別の解消）の使用者、という解釈が成り立つ。わたしに依頼のあった講座は人権講座で、タイトルにも内容にもジェンダーフリーは使われていないのに、「可能性がある」だけで判断するのだから、おそれいる。世の中には、「ジェンダー研究」を名のる研究者も多く、それらの人びとはジェンダーフリーを使う可能性が高い。そうなると、女性学・ジェンダー研究の関係者は、すべて東京都の社会教育事業から排除されることになる。

わたしは石原都政以前には都の社会教育事業に協力してきた実績があるし、現在でも他の自治体からは教育委員会や男女共同参画事業の講演者に招聘《しょうへい》されているのだから、都にとってだけ、特別の「危険人物」ということなのだろうか？

看過するわけにいかないので、公開質問状を、東京都知事、東京都教育委員会、国分寺市、国分寺市教育委員会等に一月一三日付の内容証明郵便で送った。意思決定のプロセスを明らかにし、責任が誰にあるのかを問うことと、上野が講師として不適切であるとの判断の根拠を示すように求めたものである。回答の締め切りは一月末日。

返事はくるだろうか。

こういうやりとり、おそらく石原知事は「余は関知せず」というだろう。都庁の役人が、都知事の意向を忖度《そんたく》してやったことと思うが、この時期に都の生涯学習スポーツ部社会教育課長という職にたまたま就いていた人物は、自分がどんな地雷を踏んだかに気がついていないだろう。この役人も、おそらく石原都政前には別な判断をしていただろうし、石原政権が交代すればまたまた変身するかもしれない。すまじきものは宮仕え。ご苦労さんとは思うが、ことは上野個人の処遇に関わらない。ゆきすぎたジェンダーフリー・バッシングには徹底的に対抗しなくてはならない。

公開質問状は主要メディアにも同時に送付した。現在までのところ、毎日とNHKは報道、朝日と時事通信からは取材、日本外国特派員協会からもコンタクトがあった。今後の帰趨《きすう》を見守ってもらいたい。

「渦中の人」から ――2006

はじめに――社会面の女？

喜んでいる場合ではないのだが、初めて新聞の社会面に登場した。ほかでもない、例の国分寺市事件の「渦中の人」としてである。このところずっとフェミニズム勢力は、バックラッシュ派にやられっぱなしだった。バックラッシュ派に対抗する動きは、国分寺市事件をきっかけにようやく反撃の糸口をつかむことができた。『「ジェンダー」の危機を超える！――徹底討論！バックラッシュ』(青弓社、二〇〇六年)が成立するきっかけとなった二〇〇六年三月二五日の「「ジェンダー」概念を話し合うシンポジウム」は、その動きのひとつである。ここでは、わたし自身が関わった国分寺市事件について、その経過、評価、背景、見通しの順番に論じていこう(本当ならこの事件は東京都の介入が引き起こした事件だから、「東京都事件」と呼びたいところだが、慣例に従って、以降、「国分寺市事件」と呼ぶ)。

1 経過——いくつものアクターが関与して日の目を見た事件

国分寺市が都との共催事業ですすめていた人権講座が都の介入でキャンセルになったという事実を、国分寺市民の方から耳にしたのは二〇〇五年秋のことである。講師として候補にあがっていた上野を都が拒否したからだという。人権講座を市民参加方式ですすめていた「準備する会」の人たちは、「どうなってるの？　東京都の人権意識」と題して、東京都に抗議する集まりを準備中で、それに協力してほしいという依頼を受けた。この時点でのわたしの立場は、微妙なものだった。

第一に、「講師キャンセル事件」と呼ばれてはいるものの、わたしはその時点までに一度も講師の依頼を受けたことがなく、したがって日程を組んだわけでもなければ、損害が発生したわけでもない。講師の候補にノミネートされた段階でプランが消えているから、正確に言うと「キャンセル」にもあたらない。

第二に、国分寺市民の方から受けた情報提供は、すべて伝聞情報で、文書や記録があるわけではない。わたしが直接都の職員とやりとりをした現場にいて言質をとっているならともかく、ああ言った、こう言ったという口頭のやりとりが水掛け論で終わるのは、経験済みである。

何か決定的な契機があれば、とじりじりしているところに、二〇〇六年一月一〇日付の『毎日新聞』の記事が出た。これだ、と機を逃さずに、ただちに行動を開始した。一三日に内容証明付きの公開質問状を東京都知事以下、東京都と国分寺市の関係者八人に送り、同文の手紙を主要メディアにも同時に送付した。同日に、国分寺市の市民の方とともに『朝日新聞』の取材を受け、さらにＮＨＫニュースにも報道された。それからあとの展開は、みなさんがご存じのとおりである。

こういうアクションが可能になった理由には、以下の重要な要因があることを指摘しておきたい。

まず第一に、国分寺市の人権講座を「準備する会」の市民の方たちが筋を通したことである。都からの介入があった場合、いくつかの対処が考えられる。いちばん簡単なのは講師の首をすげ替えること。次は、主催団体から都をはずして、独自事業とすることである。事実、国分寺市はシリーズのうち冒頭の上野の講演会だけでも都の共催事業からはずして、市の独自事業とする妥協案を「準備する会」に提案した。だが、市民の方たちは、そのいずれをもよしとしなかった。そして上野の講演を含む人権講座のシリーズ全体を事業として実施しない決断をすることで、東京都の不当な介入を表沙汰にする道を選んだ。これは英断だと思う。

通常、自治体が予算を組んだ事業を実施しないことには、予算の消化ができなくなるから抵抗が大きい。たかが講師の人選である。首をすげ替えればいくらでも事業は実施できたはずなのに、国分寺市民は、介入への妥協より、筋を通すことのほうを選んだ。あとになって考えてみれば、似たようなことが、そこここに起きていることに気がつく。わたし自身の経験でも、ある自治体の主催事業に講師として予定されていたところ横やりが入って、民間団体主催の事業に急遽変更したいと担当者から懇願され、応じたことがある。同じような経験を、ほかのジェンダー研究者からも聞いた。それ以前に、担当者の自主規制から、上野の名前をそもそもノミネートしないこともあるだろうし、名前があがっても途中で消えることはいくらでも考えられる。

もっと露骨な介入の例では、千代田区主催の事業に故松井やよりさんの講演が予定されていたところ、区長の横やりで直前にキャンセルになった例もある。これなどははっきり表沙汰になった例だが、それ以上に多くのケースが、舞台裏で葬り去られていることだろう。民間の団体のなかには、「行政に頼んでも呼んでもらえそうもないので、わたしたちが自主企画をしました」と言ってわたしを講師に選んでくれるところもあれば、「政治参加」がらみのテーマだと女性センターが会場を貸してくれないので、「ほかの会場を借りました。これなら誰にも遠慮がいりません」と言う団体もあった。このところ、各地の女性センターが議員や上層部の介入にぴりぴりしていることは現場の担い手から耳にしていたから、自主規制があってもふしぎではなかった。だから、こういう問題が公然化することのほうが、めずらしいと言っていい。

第二は、国分寺市の対応がオープンだったことである。国分寺市は市民の民度が高いだけでなく、行政への市民参加のしくみをつくりあげてきている点で実績を持っている。こういう社会教育事業を、市民参加の「準備する会」で実施すること自体がそのあらわれである。今回の事件の責任は当然都と市の両方にあるから、わたしはその両方に抗議したが、都からは木で鼻をくくったような官僚調の作文が回答としてきただけだったが、国分寺市からの回答は遺憾の意を示した誠意あるものだった。市のほうは妥協案を示しただけでなく、市民に対して協力的で、都との仲介に動いた。都と市との話し合いの場に市民の立ち会いを認めるなどの情報公開にも積極的で、事業取り下げの文書を市側から出したことの非をも認めた。これも行政の対応としては稀有《けう》なものだろう。

通常は、行政は秘密主義のもとで事態を運び、都と同調して動くか、市民に経過を逐一知らせたりしないことが多い。わたしは都との共催事業が今年度も実施されることを期待し、もういちど同じプロセスが再現されたら、その際はすべての経過を情報公開できるだろうと考えたが、残念ながら問題の人権講座は三年次にわたる事業の最終年度を二〇〇五年度に迎えたところで、今年度はもうその計画がないという。そのかわり、市民の方たちの後押しで、二〇〇六年一〇月二一日に国分寺市主催の人権講座の講師として講演することを引き受けた。都が関与しないのは残念だが、市民がのぞんだ講演会が、国分寺市の事業として実現されることになった。

第三は、メディアの動きである。どんなメディアも一人一人の記者によって担われる。昨年末から数社が国分寺市民の動きを追っていることを聞いていたが、それがいつ、どのようなかたちで記事になるかは、予想がつかなかった。そのなかで『毎日新聞』の五味香織さんという女性の記者が記事にしてくれたから、事態は急展開した。何がニュースになるか、何を重要だと考えるかは、記者によって違う。せっかく記者が書いた原稿も、デスクと整理部という上司の判断を経なければ人目にふれることはない。

このニュースを記事にした最初の媒体が『毎日新聞』であることには、象徴的な意味があると思う。『朝日新聞』『毎日新聞』『読売新聞』と並び称される全国三大紙のうち、『毎日新聞』の凋落《ちょうらく》ぶりは激しく、そのせいでかえって、大胆な社内改革をすすめてきた。外紙なみに記事を署名記事にするという改革もそのひとつである。公平中立の社会の公器という神話をやぶって、記者の個性をオモテに出した。経営危機による人員配置の削減などから、他社に比べて記者の仕事に余裕のないことや、給与水準も決して有利とはいえないことなどが知られていたが、逆説的に社内には闊達《かったつ》な雰囲気があると聞く。上野ゼミの卒業生の一人が、事情をよく見比べたうえで毎日新聞社を選んで入社した。大メディアのうちで最も統制が少なく、自由に仕事ができる会社、という彼女の判断は間違っていなかったと思う。

署名記事で勝負するなら、経験も年齢も関係ない。新人記者の彼女の顔写真と署名の入った記事が、入社初年度に掲載された。同じことは他社では起きにくいだろう。五味さんもそういう署名記事を書く記者のひとりである。『毎日新聞』の出稿のあと、ただちに追っかけて『朝日新聞』立川支局の記者からも反応があったが、ずっとこの件を追跡していた『朝日』の記者は、『毎日』に先を越されたと悔しそうだった。ちなみに、国分寺市事件を記事にしていないのは、『朝日』『毎日』『読売』のうち『読売新聞』だけである。いまや全国最大の部数を誇るこの大新聞は、改憲を社是とする保守系メディアと化した。

五味さんは独自に都庁に取材し、東京都教育庁生涯学習スポーツ部社会教育課長、船倉正実氏の談話を引き出した。「上野さんは女性学の権威。講演で「ジェンダーフリー」の言葉や概念に触れるかも」という談話が、公刊の媒体に載ったことの意味は大きい。これでようやくわたしは動かぬ証拠を手に入れ、引用と反論が可能になった。それ以降も『毎日』に対して本人から訂正や抗議の申し入れがないところを見ると、この談話が事実であることを、船倉氏も認めているのだろう。

こういう一連のアクターの動きがなければ、今回の件がオモテに出ることはなく、わたしのアクションも起こしようがなかった。そのことは明記しておきたい。行政もメディアも、それを担う人がつくる。今回の件で、それを痛感した。とりわけ、東京都の役人の対応には考えさせられた。某誌に依頼されて書き、わけあって不採用となった「役人のいる場所」(本書次節に収録)にも書いたが、わたしは組織の責任あるポストに就いている個人の責任を明らかにしたいと思ってあえて個人名をオモテに出した。権力はそのポストについている個人が行使する。国分寺市の社会教育事業に対する都の小役人の判断のいちいちに、石原慎太郎都知事が直接関与することはないだろうが、都の役人の女性行政に対する態度が、ここ数年のうちに、もっとはっきり言えば石原都政以後に、大きく変わったことは誰もが気づいている。

石原都政以前にこういうことはなかったし、それは何より、わたし自身が東京都のウィメンズプラザの常連講師であったことからもわかる。石原都政以後に、わたしは都にとっては「危険人物」となったようである。都庁の役人は、石原都政以前から役人をやっている人びとのはずだが、これらの人びとが石原都政下で首長の意を忖度《そんたく》して翼賛体制をとっているのだろう。こういう追随者たちは、ときに当の権力者以上に、過剰に権力的にふるまいがちなものだ。わたしはこの人びとに、自分がやったことが何かを自覚してもらいたいと思った。この人たちは、おそらく石原退陣ののちも役人を続けることだろうが、今度は、誰のどんな翼賛体制に迎合するのだろうか。

2　評価——バックラッシュがもたらした逆説的貢献

わたしが東京都と国分寺市への公開質問状を出したのが二〇〇六年一月一三日。それからの動きは急展開だった。若桑みどりさんが抗議文の起草を買って出てくださり、それに賛同者がぞくぞく集まって、署名運動が始まった。インターネットの強みを生かして署名を集約する事務作業を、全国各地で五人の方が夜を徹して引き受けてくださった。約三日間で一八〇八筆という抗議の署名が、事務局もお金もないところで、またたくうちに実現した。若桑さんら呼びかけ人の方々とそれに賛同した二〇〇〇人近くの人びとの合意が短期間のうちに形成されたことの意義は、いくら強調してもしたりない。

一月二七日の東京都庁での抗議行動のあと、都庁記者クラブでの記者会見の場で「なぜこんなことをしたのか」という記者の質問に答えて、若桑さんが「上野さんを孤立させないため」と答えたというエピソードを聞いてわたしは感動した。わたしは毀誉褒貶《きよほうへん》の激しい人物で、フェミニズム勢力のなかでも支持と批判の両方を受けていることをよく承知している。フェミニズムには、たった一つの正解はなく、それどころか、互いに論争を恐れないことでつねに活性化してきた、日本では稀有な思想である。日本のフェミニズムには全国規模の組織もなければ主流派もなく、明確な指導部というものが存在しない。「フェミニスト」という呼称は完全に自己申告概念だから、誰がどう名のっても正統異端争いにはならず、したがって除名・懲罰・粛清のない、まかふしぎな思想集団なのだ。こういう思想を叩くことは、バックラッシュ派にはやりにくいだろう。そうした性格を、わたしは日本のフェミニズムの弱点とは思っていない。だが、そのために組織的な行動を起こしにくいという傾向があったことは確かだ。

それが、「東京都に抗議する」という一点でまとまったのだ。これをシングル・イッシューによる連携の政治、と呼ぶ。ほかの点ではいろいろ違いはあっても、ただこの一点だけで合意できればつながることができる、という連帯のあり方のことだ。現に何人かの人たちから「上野さんの考えには必ずしも賛成できないけれど、この点では東京都にちゃんと抗議しなくちゃね」という声があることを聞いた。健全だと思う。イデオロギーも情勢分析も、戦略・戦術も、すべてにおいて合意できなければ、アクションひとつ共にできない、という硬直した教条主義のおかげで、これまで対抗勢力の運動はどれだけ力を削がれてきたことだろうか。

もう一つの成果は、やはり本書のもとになった三月二五日の集会の成功だろう。短期間の準備で三〇〇人近い参加者が全国各地から集まり、熱気にあふれた討論が成り立ったことは、こういう場をたくさんの人たちが待ちのぞんでいたことの証明だろう。それだけでなく、同じフェミニズム陣営の内部でも、これまであまりお互いに接触のなかった研究者、アクティビスト、教育関係者、行政関係者などが、分野を超えて一堂に会したことの意味は大きい。そのあいだでは、ジェンダー概念に対する理解も違えば、ジェンダーフリー・バッシングに対抗する温度差もあることが明らかになったが、そういう違いをお互いに理解することが連帯へのステップである。その点では、今回のバックラッシュ派の動きは、これまで互いに接点があるとは言いがたかったフェミニズム諸勢力を一つにまとめることに貢献した、と皮肉な観察をする人もいるくらいだ。

これまでも、フェミニズム勢力内の多くの人びとは、ジェンダーフリー・バッシングに不愉快な感情を抱いてきた。わたしのように「ジェンダーフリー」という用語を採用しないと明言している者でも、「ジェンダーフリー」の積極的な擁護はしないが、バックラッシュ派には有効に対抗したいと考えてきたのだ。今回の一連の出来事は、ようやく反撃のきっかけをつくりだすことに貢献した。その流れを受けて、このような書物が刊行されたり、ほかの出版社からも『バックラッシュ!』(双風舎編集部編、双風舎、二〇〇六年)、『Q&A男女共同参画／ジェンダーフリー・バッシング――バックラッシュへの徹底反論』(日本女性学会ジェンダー研究会編、明石書店、二〇〇六年)、『ジェンダー・フリー・トラブル――バッシング現象を検証する』(木村涼子編、白澤社、二〇〇五年)のような、バックラッシュ派を「嗤《わら》う」本が次々に出るのは、バックラッシュ派のような資金力や組織力を持たないフェミニズム勢力にとっては、なかなかの健闘だといえるだろう。福井県の女性センターのジェンダー図書排除事件が問題になっているが、以上にあげた書物はフェミニズムの現在を示す貴重な歴史的資料として、ぜひ各地の女性センターには購入・配架してもらいたいものだ。

3　背景――根が深い反動派の動き

バックラッシュ派の攻撃のターゲットは、「ジェンダーフリー」や「過激な性教育」にばかり向けられているわけではない。三月二五日の集会で報告した若桑さんは配布資料に一九九〇年代以降のバックラッシュ派の年表をつけたが、短期間の間に驚くほど多くのできごとがからまりあって起きていることを教えてくれた。バックラッシュの根は深い。新しい歴史教科書、「慰安婦」問題、君が代・日の丸、憲法九条改正、天皇制、拉致問題と北朝鮮バッシング……どれもつながっている。そう思えば、一九九九年に男女共同参画社会基本法が全会派満場一致で通過したその同じ国会で、君が代・日の丸法案が通ったことの謎も解ける。そしてその時点までは、バックラッシュ派は、フェミニズムの力量にタカをくくっていたことも推測できる。

その背景には、ポスト冷戦、バブルの崩壊と長びく不況、グローバリゼーションのもとでの社会不安の増大と日本社会の自信の喪失、雇用の不安定化と格差社会、少子高齢化の急速な進行などの社会変動がある。それが変化についていけない人びとを、保守というよりは、反動へと追いこんでいるのだろう。これらの背景事情についてはさまざまな論者が論じているだけでなく、わたし自身、別のところで論じているので参照してもらえばありがたい(双風舎編集部編『バックラッシュ!』双風舎、二〇〇六年)。

重要なことは、バックラッシュ派が、その主張においては国家と家族を守るモラル・マジョリティであるにもかかわらず、自己認識においては危機に追いつめられた社会的マイノリティだと感じていることである。保守派と反動派とはこの一点で区別される。保守派は既得権を守るためには、「何もしない」だけでいいが、反動派は既得権の危機に際して、なりふりかまわぬ反撃に転じる。しかも自分たちの優位が脅かされることに対して、いわれのない憤激の感情を持っている。アメリカでは、そういうプロ・ライフ派のファンダメンタリストが、中絶クリニックを銃撃して犠牲者を出す事件さえ起きた。日本でも攻撃が暴力性を帯びない保証はない。すでに言論空間では、反動派の言説は十分に暴力的である。そして暴力こそは、「問答無用」の強制力、気に入らない相手を無理やりに沈黙させる力であることを、ドメスティック・バイオレンス(DV)を通じてフェミニズムは学んできたのではなかったか。だからこそ、わたしたちは黙るわけにはいかないのである。

4 見通し――絶望しているひまなんかない

見通し、と書いたが、予言者ではないわたしには、これといった見通しはない。事態はいまより悪くなるかもしれないし、反撃でバックラッシュ派を食い止めることができるかもしれない。予言ははずれる運命にあり、はずれたときには恥をかくから、それくらいなら予言などしないほうがよい。

はっきりしていることは、歴史には一歩前進二歩後退もありうる、ということだ。既得権が安泰ではないように、フェミニズムが獲得したものも盤石《ばんじゃく》ではない。いったん手に入れたものも、細心の注意を払って維持しなければ継続が難しいことは、歴史の教訓を見ればわかる。そのうえ、状況をめぐる文脈はめまぐるしく変わる。運動の推進のためには、いまやインターネットというコミュニケーション媒体を考慮に入れないわけにはいかないし、そのもとでの新しいコミュニケーション様式に、運動のスタイルも左右される。グローバル化の影響は保守派にも避けられないが、対抗勢力にとってももはや国内だけでアクションは完結しない。これまで以上に、これまでなかったさまざまな要因やアクターを考慮に入れながら、間違うかもしれない判断や意思決定を、誰もがそのときそのときにおこなわなければならないのだ。そのためにフェミニストはこれまで以上に注意深く、智恵をはたらかせて行動する必要がある。

バックラッシュ派が市民運動の言語や手法を学んでいることは知られている。請願、ロビー活動、署名、市民参加……変革の理論的な武器であった構築主義さえ、バックラッシュ派は取りこんでしまった。とはいえ、そのような方法や理論自体が間違っているわけではない。変革の道具は、反動の道具にも使われる、というだけのことである。だとすれば、わたしたちにやるべきことは次の二つしかない。

第一に、つねに方法においても言語においても、反動派の一歩先を制することである。対抗勢力はいずれは保守派に追いつかれ、陳腐化する。ここまでくれば安心、という状態は存在しない。わたしたちはいつでも変化にさらされていることを自覚すべきだろう。

第二に、たとえもぐらたたきのような徒労に思えようが、バックラッシュ派のいちいちの動きに、ひとつひとつ、その時・その場で対抗手段を講じていくことである。そうでなければ獲得した成果の足元は掘り崩され、換骨奪胎《かんこつだったい》されていくことを食い止められないばかりか、バックラッシュ派に知らないうちに侵食されてしまうことになるだろう。バックラッシュ派の勢力はそれほど大きくないにもかかわらず、メディアでも政治でも行政でも、声高な主張のおかげで大きな勢力に見えている。そして失点をおそれる官僚と「不作為」を決めこむ中間派とは、声の大きい方向にひきずられる傾向がある。多数派を巻きこんで潮目が一気に変わってしまえば、それに対抗するのは難しい。そうなる前に、いちいちの反動攻勢に対して「待った」をかけ、横車は許さない、というアクションを示すことが必要だ。

今回の国分寺市事件だけでなく、昨年の鹿児島県議会での吉野正二郎議員(自民党)

の問題発言への抗議、福井県女性センターでのジェンダー関連図書一五三冊の開架図書からの撤去事件とその原状回復、千葉県議会での女性センター設置条例案否決への抗議、東京都男女平等参画審議会委員への高橋史朗（元「新しい教科書をつくる会」副会長）の就任に対する憂慮表明など、ここ短期間のうちにもいくつものアクションがとられ、そのうちの一部は着実に成果を上げてきた。フェミニズムはこれまでもノイズを発信してきたし、これからもノイズを発信しつづけることだろう。わたしたちは論争を怖れないが、互いに敵対したり排除しあったりしている余裕はないのだ。

こういう問題に直面するといつも思い出すアジアのあるフェミニストの言葉がある。

——わたしたちは、絶望しているひまなんか、ないのよ。

役人のいる場所 ――2006

東京都教育庁生涯学習スポーツ部社会教育課長、船倉正実氏。同課人権学習担当係長、森川一郎氏。同部主任社会教育主事(副参事)、江上真一氏。二〇〇五年から二〇〇六年にかけてこの職にあった。

わたしはこの人たちに個人的なうらみはない。だがこの時期にこの職にあったばかりに、この人たちは地雷を踏んだ。自分の踏んだ地雷の大きさに、おそらく気がついていないだろう。

ほかでもない、国分寺市の講師拒否事件のことである。すでに新聞で報道されているが、知らない人のために解説しておこう。二〇〇五年、国分寺市は東京都教育委員会との共催事業に、上野を講師とする人権講座を計画した。テーマは「当事者主権」。講演料について担当者が都に問いあわせたところ、「ジェンダーフリーに抵触するおそれがある」と拒否。事業そのものが実施不可能になった、という事件のことである。

原因をつくったのは、国分寺市ではなく東京都だから、これ以降は、東京都事件と呼ぼう。

わたしはこの事件に、公開質問状を一月一三日付の配達証明で送って抗議。わたしが女性学の研究者だから、という理由で、実際に使ってもいない「ジェンダーフリー」の用語を、「使うかも」という可能性だけで排除するのは、言論統制・思想統制にあたる、許せない、という理由からである。これにただちに全国の女性学・ジェンダー研究者、行政および教育関係者が応じて、短期間に一八〇八筆の署名があつまり、一月二七日、若桑みどりさんをはじめとする呼びかけ人が、都庁を訪れて抗議文を手渡した。

三月二五日には「「ジェンダー」概念を話し合うシンポジウム」がジェンダー関係者を集めて熱気のある盛りあがりを見せた。

この事件にはいくつものアクターが関与している。

まず第一に、筋をとおした「準備する会」の市民たち。この人たちは都の介入に抵抗し、講師の変更を拒否、国分寺市からの妥協案も排した。この件がオモテに出たのは、国分寺市市民のおかげである。この人たちは「東京都の人権意識を考える会」を開催し、都に抗議した。

第二に、国分寺市の職員の人たち。国分寺市は市民との協働を積み重ねてきており、市民の意向を尊重するように動いた。市民との話し合いを何度も持ち、都とのやりとりを情報公開した。

第三に、取材に動いた新聞記者。一月一〇日付の『毎日新聞』に、都庁の役人、船倉氏の発言が出た。これが出たから、わたしは初めて、引用し、反論することが可能になった。こういう発言が新聞という公器に載った意味は大きい。

考えてみれば、これと同じようなことが各地の自治体で起きてはいないか。そしてそれは誰にも知られることなく、闇から闇へと葬られてはいないだろうか？　思いあたることがいくつもある。例えばある地方自治体が主催する社会教育事業に、上野の講演が予定されていた。それを知った保守系議員から横やりが入り、急遽《きゅうきょ》自治体が主催団体から降りることになり、代わって民間団体の主催事業に変えるが予定どおり来てもらえないだろうか、と懇請されたことがある。あいだに立った担当者の苦境を配慮して、わたしは予定どおり出かけたが、会場には行政側の担当者が申し訳なさそうに顔を見せていた。他の同僚から得た情報でも、似たようなことが起きていることを知った。

そう思えば、冒頭であげた三氏は、よりにもよってこんな時期にこの職に就いていたばかりに、不運だった(?)ということになるかもしれない。

ところで、もし、あなたがその時、かれらの立場にいたとしたら？　と考えてみてほしい。この人たちは、石原都政の前から都庁の役人をしており、おそらく石原都政が終わったあとも(石原都知事の現在の年齢では、長期政権は考えにくいから)役人をつづけることだろう。石原都政以前には、都庁の役人の評判は悪くなかった。カリスマ職員と呼ばれる優秀な職員がいて、全国的にも先進的な福祉行政を実践していることは知られていた。無能な知事をいただいても都政が破綻しないのは、これら優秀な官僚たちのおかげであると言われてきた。それが石原都政になってから、行政改革の名のもとに都の女性財団の解散を命じられ、福祉行政は後退を強いられ、都立校の性教育に介入がおこなわれ、君が代・日の丸の通達で卒業式のたびに教師のあいだに処分者が続出する。こんな自治体は全国でも例がない。

石原前／石原後の両方を経験した都の役人たちは、この変化にどう反応しているのだろうか。さらにポスト石原の新政権ができれば、それにまた変わり身速く適応するのだろうか。わたしが実名をあえてあげるのも、薬害エイズ訴訟であきらかになったように、役人は公権力を行使する位置にあり、その立場にいる個人の作為や不作為で実際に加害や被害が起きるからだ。都政は、人間がつくっている。有名人になったこの人たちの「その後」を、ずっとウォッチしたい。

バックラッシュに抗して

――2006

ジェンダーフリー・バッシングがこれほどの政治的影響力を持つに至って、わたしには痛恨の思いがある。それは「ジェンダーフリー」の語を使用しないように、という通達が行政から出た時に、もっと強い危機感を持たなかったことだ。なしくずしの変化は、蟻《あり》の一穴から始まる。たとえわたし自身が「ジェンダーフリー」の用語に必ずしも賛同しないとしても、このような思想統制につながりかねないことば狩りには、きちんと抵抗すべきだった。

石原都政になってから、東京都女性財団が解散を命じられ、「ジェンダーフリー」禁止の通達が都の教育委員会から出され、七生《ななお》養護学校の性教育実践がねらい打ちにされ、君が代・日の丸問題で、毎年卒業式には教員の大量処分が出るようになった。わたし自身の東京都による国分寺市講師拒否事件も含めて、そのどれもが、根っこはつながっている。バックラッシュ派も巻き返しに必死だ。ノウハウも組織も資金力もある。戦略も戦術も、市民運動から学びとっている、しかも相手方は、運動の中でも合意形成しにくいスキを衝いてくる。

人間は見通しを誤る。判断も誤る。歴史は直線的にはすすまない。一歩前進二歩後退、ということだってある。獲得したものが、既得権となって護られるとはかぎらない。だからこそ鋭敏にアンテナをとぎすませながら、知恵をフル回転させなければならないのだ。

「ジェンダー」への介入

――2006

日本各地で男女共同参画行政への揺り戻し（バックラッシュ）が強まっている。

二〇〇六年の一月に東京都が国分寺市の人権講座の講師にノミネートされたわたしに、「ジェンダーフリーという用語を使うかも」というだけの理由で介入した国分寺市事件。この三月に、千葉県議会が県女性センター設置のための条例案を否決して、同県内の三館が事業停止に追いこまれた千葉県議会事件。そして四月に発覚した〝福井発焚書坑儒《ふんしょこうじゅ》事件〟……。

福井県のケースは県生活学習館「ユー・アイふくい」の開架書棚から、ジェンダー関連の図書一五三冊が撤去されたという事件である。そのなかに、わたしの著書が共著も含めて一七冊も入っていた。市議らの抗議によって書籍はもとに戻ったが、その後も書籍リストの情報公開をめぐって福井県の迷走が続いた。

自民党が「過激な性教育・ジェンダーフリー教育実態調査プロジェクトチーム」を

つくったのが二〇〇五年。官房長官に就任する前の安倍晋三氏が座長、現男女共同参画、少子化担当政務官の山谷えり子氏が事務局長を務めた。全国から三五〇〇の実例が集まった、というが、その大半は根拠の薄弱な伝聞情報。それにもとづいて「ジェンダーフリー」を使わないという内閣府の通達を引き出し、はては「ジェンダー」という文言の削除を要請するにいたった。

第二〇期の日本学術会議には、「学術とジェンダー」の課題別委員会があるが、すでに世界的に確立した学術用語である「ジェンダー」に対する政治的な介入に警戒を強めている。山谷氏に至っては、「無償労働」や「家族経営協定」も不適切と主張している。「家族経営協定」とは、農家の嫁の無償労働の経済評価を求めて、戦後各地の農村ですすめられてきた家族の民主化運動の目標ではなかったか。

一部には男女共同参画社会基本法の改廃をめざす動きもある。基本法は一九九九年に国会で全会一致で可決されたもの。前文には「二十一世紀の我が国社会を決定する最重要課題」とあるのに、数年のうちに起きたこの揺り戻しは何だろう。

ポスト小泉の総裁レースは安倍氏独走と言われている。靖国参拝をめぐって安倍氏のタカ派ぶりが争点になっているが、彼の政治姿勢に危惧《きぐ》を持つのは外交についてばかりではない。女性に人気があるといわれるソフトな外見の背後に、保守的な家族観がある。氏のブレーンといわれる中西輝政、八木秀次、西岡力氏らは、保守系論壇誌の常連執筆者で、君が代・日の丸を推進し、「慰安婦」を否認する「新しい歴史教科書」づくりに関係した人たちだ。

この三〇年、女性を取りまく状況は大きく改善した。今の若い女性は、あたりまえのように大学に進学し、企業で働くことを人生の選択肢のうちに入れ、結婚したからといって退職を強制されず、セクハラを受ければ告発する権利を持っているが、どれも先輩の女性たちが苦闘のなかから手に入れたものだ。既得権と思っているものも、闘って守らなければたやすく失われる。女性が元気になることを、喜ぶ人たちばかりではない。

「女は台所にひっこんでいろ」と言われる時代がまた来るかもしれないと思えば、今度の総裁選のもうひとつの争点は「ジェンダー」だということを忘れないでいたい。

バックラッシュ派の攻撃の本丸は「ジェンダー」だ
——2006

図書撤去の第一報は右派メディアだった

福井県図書撤去事件は最初、二〇〇六年四月二八日に、統一教会とつながりがあると言われる『世界日報』に報道されたことで明らかになりました。彼らは手柄だと思って報道したんでしょうが、あの報道がなければ闇に葬られていたかもしれません。それを知った福井県の自治体市議の今大地《こんだいじ》晴美さんが問いあわせた結果、五月二日に本が撤去されている事実がわかったのです。

そこでただちに、今大地さんが仲間と三名で情報公開請求をして、さらに一一日に抗議文と住民監査請求を提出しました。公的な所有物であるにもかかわらず公開の場から撤去されたことに対して、撤去されたという一五三冊分の総額に相当する金額の返還を求めたのです。

すると県は「撤去ではなく移動である」と苦しい言い訳をしました。実際に見た人の話では、段ボール箱に入った状態で事務室に放置してあったということです。苦情を受けて精査中と言うが精査した気配はまったくない。その後、人権侵害等がないか精査するという理由でしばらく留め置いた後、本はすべて開架に戻りました。

それで、今度は今大地さんをはじめ、わたしも名前を連ねて情報公開請求をしました。その結果、七月七日付で「公文書一部公開処分決定通知書」とともに、墨塗りの一五三点の書籍リストが届きました。「(リストを作成した)個人の権利を害し、(著者など)事業者の権利も害する恐れがある」という理由で、書籍名と著者名、出版社名を塗りつぶして公開という決定でした。

行政訴訟の提起と迷走する福井県

著者である私たちの権利が侵害されたから、その権利を守るために情報公開請求をしたのに、非公開にするというのはまったく筋違いです。県の説明によれば、リストを持ち込んだ人物、男女共同参画推進委員に任命された一県民ですが、その男性の思想・信条が特定されプライバシーが侵されるのを守るためだそうです。わけがわからない理屈です。

情報公開条例の解釈・運用の誤りということで、情報非公開処分取消訴訟に踏み切ることにしました。この訴訟は、寺町知正さんという、岐阜県裏金問題を告発する県民のネットワークの代表で、これまで行政訴訟を何十件もやってきて、ほとんど勝っているつわものを中心に進めました。彼が着々と書面を準備してくれ、『世界日報』の記事でわかった撤去図書の著者・編集者の方たちに声をかけて、私を含め合計二〇人で原告団をつくりました。そして八月二六日を期して訴訟することをメディアに公表しました。

そうしたら福井県が意を翻して、八月一一日に一五三冊のリストを公開すると発表しました。決定を変更した理由は、リスト作成者が出してもかまわないと言ったからだそうです。これだって情報公開条例の不適切な運用にあたります。情報公開は、県知事名で公開や非公開が決定されるのに、一私人の意見に左右されたことになるからです。

目的を達したので提訴は取りやめましたが、八月二六日に福井市で抗議集会を開きました。もともとこの日の午前中に福井地裁に提訴して、午後に提訴集会をおこなうつもりだったんですが、所期の目的が達せられたので抗議集会に変えたのです。行政が迷走して違法な情報公開条例の解釈・運用をしたこと、それから撤去そのものをめぐって行政としてあるまじき検閲行為をした、そのことに対する抗議集会です。集会にはリストを作成し撤去を要求した男性本人も来ました。事前に発言させろと言ってきて、当日は彼を含め五人の男が来て、ヤジを飛ばしました。「上野と討論をさせろ」という要求がありましたが、「これはわたしたちが設定した集会だからルールに従ってもらう」ということで、申し出があった人には平等に制限時間内にしゃべってもらうことにしました。会場でわたしが「対話したければまず謝罪を」と言ったんですね。わたしの権利を侵したのはあなたたなんだから、対話はその次だと。そうしたら、男の声で、ヤジがわーっとあがりました。

福井での動きは二〇〇五年一一月にさかのぼる

女性センター（男女共同参画センター）機能を持つ「福井県生活学習館」の図書コーナーからの書籍撤去は、三月下旬におこなわれました。前館長の任期満了直前のことです。政野澄子さんという館長の出張中をねらって、本庁の男女共同参画社会推進課長の宇野真理子さんの指示のもと、現場の職員が撤去を実施したそうです。政野さんは退任して初めてこのことを知り、激怒したと言います。四月からは定池りゆ子さんが新館長に任命されましたが、この方も『世界日報』の報道後に市民から抗議があるまで、撤去の事実を知らなかったと言います。もし抗議行動が起きなければ、段ボール箱に入った本はその後どうなったことでしょうか。

図書リストを作成した当の人物はかなり前からリストを持ってきては現場の職員に「不適切だ」と執拗に要請をしていたそうです。職員はこれまではねつけていたのですが、突然本庁の課長の意思決定によって撤去がおこなわれたわけです。

それに先だって、昨年一一月、福井県議会で保守系議員から「過激な内容の本が置いてある」とわたしと信田さよ子さんの共著『結婚帝国　女の岐れ道』(講談社、二〇〇四年)という本が槍玉《やりだま》にあがりました。背後に、議員からの圧力があったことが推測されます。

福井ではわたしたちが動くのと同時期に「I《アイ》女性会議福井」という女性団体が六月七日にこの件で抗議集会を実施しています。市民オンブズマン福井も、一連のいきさつについて説明責任を果たせという質問状を県知事宛に送りました。

八月二六日の抗議集会後、参加者有志約八〇名の連名で、福井県あてに「福井県男女共同参画推進条例」に基づく「苦情申出書」を出しました。それまでの迷走に対して説明責任を求め、また公務員が法律を遵守して適切な行動を取らなかったことに対する抗議です。それに対抗して反対勢力も、「書架に戻した書籍の内容を再検討すべきだ」と福井県内外の一一四人の署名を集めて「苦情申出書」を送ったと、『世界日報』が報じました。敵もさるもので、市民運動のノウハウを模倣しています(笑)。つまり両方から苦情が出たわけで、福井県は何らかの対応をしなければならない状況にあります。まだ事件は終わっていません。

公開されたリストには八〇〇番台までの番号が付してあって、その中から一五三冊が選択されています。その後、さらに三七冊の追加リストがあることが判明しました。そちらの図書の撤去はおこなわれていませんでしたが、これも情報公開請求したら出てきました。合計一九〇冊になります。どうやら八〇〇番台までの元リストがあるんじゃないかと推定されます。そこから一五三冊のリストをまず出して、福井の行政が腰砕けの対応をしたために、いったんはうまくいったから味をしめて追加リストを出したのでしょう。

このノウハウは、福井でうまくいけばどこの自治体にも応用できるという読みだろうと思います。その意味で、福井での一点突破を食い止めたのは大きな成果でした。『世界日報』がこの事件を鴨野守の署名記事で五回の連載にまとめています。その中で、わたしの発言を引用しているところがあります。

「失点を恐れる官僚と、「不作為」を決め込む中間派とは、声の大きいほうにひきずられる傾向がある」と(上野氏が)書いているが、今回の福井のジェンダー図書撤去と、その後の福井県の対応を見ると、まさにこの言葉がぴったりと当てはまる。

敵に同意してくださるとは、実にお茶目な人ですね(笑)。

男女共同参画社会基本法成立以降の保守派の動き

二〇〇〇年頃からバックラッシュ現象と言われる状況がありましたが、当初わたしの危機感は薄かったと思います。一九九七年に「新しい歴史教科書をつくる会」が発足して、その頃からバックラッシュの動きは始まっていましたが、「従軍慰安婦」とか歴史認識の問題がターゲットで、ジェンダーフリー・バッシングはその当時はまだ起きていませんでした。

奇妙なことに、一九九九年に男女共同参画社会基本法が国会で成立した時には全会派満場一致でした。賛成した議員には安倍晋三もいたはずです。同じ国会で君が代・日の丸法案も成立しています。公立学校の学校行事で国歌斉唱と国旗掲揚を実施せよという東京都教育委員会の通達はこれを根拠にしています。

わたしはジェンダーフリー・バッシングの初期の頃、「ようやくフェミニズムが無視されないだけの力を持ったのだ」と思いました。それまではお目こぼしに預かっていたわけですから。少々騒がれるくらいは結構なことだと思っていました。

ところが、それがどんどん激しくなって、自民党では「過激な性教育・ジェンダーフリー教育に関する実態調査プロジェクトチーム」ができました。座長は安倍晋三、事務局長が山谷えり子です。全国から三五〇〇以上集めたという情報は伝聞情報の重複やガセネタの寄せ集めですが、そうした根拠の薄弱な情報をもとに、「ジェンダーフリー」を「使用しないことが適切と考える」という内閣府の男女共同参画局の事務連絡を引き出したのです。

バックラッシュが全国でいちばん激化しているのは東京都です。九九年の石原都政開始以降、教育委員会に米長邦雄(将棋棋士)などの保守派を送りこんでいます。今年になってからも、男女平等参画審議会委員に高橋史朗(元「新しい歴史教科書をつくる会」副会長)を入れました。また、石原都政第一期で私たちにとって打撃が大きかったのは、東京都女性財団の解散命令です。

保守派は九九年に男女共同参画社会基本法をうかうか通してしまって、後で「しまった」と思ったんでしょうね。九七年に介護保険法が成立しましたが、おそらく保守派は介護保険も「しまった」と思ってるんじゃないでしょうか。介護保険バックラッシュも起きつつあります。ただし介護保険は今さら取り消せないでしょうし、それを攻撃のターゲットにしたら政治生命を失う程度には定着したと思います。

男女共同参画社会基本法に「地方公共団体の責務」という項があります。基本法に準じて自治体も条例等を作る等の努力をしなさいというものです。それで各地で条例策定ブームが起きましたが、そこが今、バックラッシュ派との綱引きの場になっています。

安倍政権のもとで草の根保守が勢いづく

バックラッシュの担い手もいろいろです。ネット・ブログ系の新しい保守と言われている人たちと、旧来の保守のオヤジ層とは必ずしも同じではありません。地方議会で反動的な発言をする人たちは四〇〜五〇代の男性が多いようです。彼らは青年商工会議所出身のような地方の若手リーダーで、いわば草の根保守層です。そんなに年配層ではないのに、女にでしゃばってほしくないと思っている保守的なジェンダー意識の持ち主なのでしょう。女性の力が自分たちが思っていた以上に伸張したんで、これ以上は許せんということだろうと思います。

小泉ネオリベ(ネオリベラリズム)政権と男女共同参画行政が手を携えたという不幸な

マッチングが成立した後、ネオリベにとって「女の労働力化」が目標の一つだったからです。小泉政権のもとでは草の根保守が息をひそめていました。

安倍晋三は就任時に「自分の使命は保守の亀裂の修復と草の根保守の組織化だ」と言いました。安倍内閣は、日本版ネオコン(ネオコンサーバティブ)政権です。つまりブッシュと同じく、国家主義と家族主義がセットになっています。「家族は国家の礎」「家族と国家を守れ」というのがネオコンの標語です。子どもの発達段階にふさわしくない性教育はやるなという、モラル・マジョリティ(社会の伝統的な価値と倫理観を支持する多数派)です。小泉政権六年の間に台風が過ぎ去るのを待っていた草の根保守の旧勢力が、今後息を吹き返すでしょう。

わたしは九〇年代には、地方の青年会議所主催の集まりに呼ばれたりしていました。懇親会でおニイさんたちが「青年会議所も男女共同参画を進めなきゃいけませんねえ」とか調子よく言ってたものです。それをコンパニオンの女性が来ているパーティ会場で言うのも妙ですが(笑)。頭の中はオヤジそのものなんだけど、わたしのような女を呼んで、リップサービスであれ、そんなことを言う時代もあったんです。女性会員の姿が見当たらないので、わたしが「女性はいるんですか?」と訊いたら「いやあ、うちも増やさないと」とか。会員の奥方は出席しているんですけどね。

当初は危機感が足りなかった

一月に男女共同参画局から、都道府県・政令指定都市の男女共同参画担当課に対し、「ジェンダーフリー」という用語の不使用を促す事務連絡が出されました。抵抗したのに残念な結果でしたが、それでも猪口邦子さん(前内閣府少子化・男女共同参画担当大臣)は、よくがんばってくれたと思います。彼女は、橋本政権のもとの行政機構改革で、それまでまったく無力だった総理府を内閣府という上位庁に格上げした功労者です。そこに男女共同参画局を置いたんですが、猪口さんはそれを強く主張した当時の委員でした。それを橋本龍太郎総理(当時)がサポートしました。

安倍政権とその関係者にとって、今の男女共同参画行政は、自社さ政権の残したお荷物なんでしょう。そのお荷物の立役者の一人が大沢真理さんです。大沢さんも今バックラッシュ派の標的になっています。大沢さんが男女共同参画社会基本法をつくった黒幕で、上野がその理論的支柱になったとされていますが、大沢さんに失礼でしょう。わたしは政府の審議会からお呼びがかからないので、まったくの言いがかりです。

もともとわたしは「ジェンダーフリー」という語を使ってきませんでした。この用語を使った人たちは、主に行政と教育関係者でした。外国文献を読んで外国のジェンダー研究者と交流があるような人たちは「ジェンダーフリー」という語は使いません。和製英語で、グローバルスタンダードではないからです。でも「ジェンダーフリー」という語は一部に定着し、一定の功績があったことは確かです。わたしが使わないからといって、他人が使うのを反対する理由はありません。

ジェンダーフリー・バッシングが起きた当初、もともとわたしはその言葉を使っていなかったので、痛くもかゆくもありませんでした。あっそう、それなら反対勢力のいやがる「男女平等」を使ってもらおう、と思っていました。ただ、自分が使わないからといって、用語を統制しようとする動きを見過ごしてはならなかった。これはわたしの反省です。

バックラッシュ派を勢いづかせたのは、二〇〇四年八月の都教育委員会の「ジェンダーフリー」不使用通達と、二〇〇六年一月に内閣府から出た「使用しないことが適切」という事務連絡でした。公権力が運動の中で生まれた用語を使うなと言うのは、思想・言論の統制に当たります。その当初に、もっと強い危機感を持って対抗すべきでした。

ゆくゆくは男女共同参画基本法改廃と憲法二四条の改憲

最近、安倍と山谷は「『ジェンダーフリー』という用語の混乱を生む元凶になったのは『ジェンダー』という用語だ。したがって『ジェンダー』も不使用がのぞましい」などと言い始めました。「ジェンダーフリー」不使用の政治介入については、学会関係者に危機感が深まっています。「ジェンダー」はすでに国際的に確立した学術用語です。これを使うなという政治介入が起きたら、日本は世界の笑い物になるだけでなく、学問の発展は著しく妨げられるでしょう。私は敵を過大評価していました。つまり、「ジェンダーフリー」と「ジェンダー」を混同するほど、そこまでバカではなかろうと思っていました(笑)。本丸は「ジェンダー」だったんです。

バックラッシュ派はゆくゆくは男女共同参画社会基本法を改廃したいとねらっているでしょう。安倍は憲法改正も公約に掲げており、二四条(両性の平等)の改憲案も出ています。安倍は女性に人気があるそうですが、安倍政権の危険性を女性はもっと認識する必要があります。

つくばみらい市講演中止とジェンダー攻撃 ——2008

街宣抗議を受けたその日に中止を決定

事件は二〇〇八年一月一六日の午前中に起きました。

一月二〇日に茨城県つくばみらい市主催で平川和子さん(東京フェミニストセラピィセンター所長)の、DV(ドメスティック・バイオレンス)をテーマにした男女共同参画講演会「自分さえガマンすればいいの？ ——DV被害実態の理解と支援の実際」が予定されていました。それが直前に中止になってしまったのです。

一月四日に「DV防止法犠牲家族支援の会」と称する団体が、つくばみらい市に講演会中止の要望書を提出、抗議行動をよびかけました。それを受け、一一日に「主権回復を目指す会」の代表、西村修平という民族派活動家ら数名がつくばみらい市役所を訪れ、担当者を呼んで講師の平川和子さんについて「思想的に偏った講師だ」などと誹謗中傷《ひぼうちゅうしょう》し、「反対派の発言の機会を保証せよ、それができないなら中止せよ」と迫りました。一六日にも市役所前で街宣活動をおこなったのですが、なんとその日のうちに市は中止を決定、平川さんに報告したのです。後日私たちが市に確認したところによると、この中止決定は市長の判断だということでした。

この情報がネット上に流れ、由々しい事態だという認識が広まりました。

ひとつは、ごく少数の者による威嚇《いかく》で簡単に公的な事業が取りやめになるなら、今後同じようなことが、またいつ起きないとも限りません。この事件そのものもちろん言語道断ですが、他の自治体に波及するおそれもあります。

もうひとつは、講演内容がDV防止をテーマにしたものだったことです。折しも、昨年再改正されたDV防止法が一月一一日に施行になりましたが、改正の骨子は二点あります。第一はこれからのDV被害者支援が市町村を拠点としておこなわれることになる、その方向性を示した点。第二はDV被害者の安全確保のみならず、その家族と支援者の安全確保を盛りこんだ点です。これが施行された矢先の講演会を、そんな簡単に、暴力的威嚇に屈してとりやめたということは、被害者支援の責務がある自治体への信頼を根幹から揺るがすものです。被害者は、そんな自治体に支援を求めようと思うでしょうか？

「暴力に屈した」とつくばみらい市に抗議

DV被害者支援に関しては、全国女性シェルターネットの人たちが、かなり以前から各地で様々な活動を蓄積してきました。その人たちの間で「今後も同じようなことが起きるのではないか」と強い危機感が生まれました。これは看過できないということで、抗議行動をおこすことにしました。

直ちに抗議文を起草し、平川さんとも連携をとりました。平川さんがつくばみらい市宛に出した意見表明では、市が「暴力に屈した」と認識しています。わたしもそれを引用して、「暴力から被害者を守る責務のある自治体が少数の暴力に屈したことは許せない」として抗議文を起草しました。一月二一〜二八日の一週間、ネット上で署名運動をしました。ちょうど二年前にわたし自身が関係した「国分寺市事件」の経験があったので、そのノウハウが生きました。署名は一週間で二六二一筆集まりました。

わたしがこの抗議行動に関わったのには二つの理由があります。国分寺市事件の当事者として、今回同じ立場に立たされた平川さんを支援したいという理由がひとつ。それから、国分寺市事件の支援の中心にいたのが、過日亡くなった若桑みどりさんでしたが、彼女が生きておられたらどうなさっただろうかと考えたからです。若桑さんが東京都に持っていった抗議署名は、三日間で一八〇八筆集まったものでしたが、そのとき彼女は「上野さんを孤立させない」と言ってくださいました。わたしも今回、当事者である平川さんと連携しながら、平川さんを孤立させない、という思いで支援しています。平川さんは公開質問状を、二月一日を回答の期日として、つくばみらい市長宛に出しました。

わたしたちは署名を持って、二月一日につくばみらい市に行きました。市長は出てきませんでしたが、応対した海老原茂総務部長と森勝巳秘書広聴課長に抗議文を渡し、「中止と判断したことは間違いだったことを認め、平川さんの講演を開催してほしい」という要望を伝えました。やりとりのなかで最初は、講演会を今後やるかどうかは「検討中だ」と答えていたのですが、追及すると「まだ検討は始めていない。これからだ」と言をひるがえしました。結局その日明らかになったのは、中止の意思決定をしたのは市長だということと、講演会をやるかどうかはこれから検討するということ、そして結論が出たらわたしたちに知らせること、この三つでした。

この日市役所には、今回の事件を聞いて立ちあがった長田《おさだ》満江さんら地元の女性団体の方たちも団体署名を集めて、同行しました。長田さんたちは「地元住民として恥ずかしい。つくばみらい市の「みらい」の名が泣く」とおっしゃっていました。

波及効果が出るなか長岡市は講演会実施

その後、この中止事件にはおそれたとおり波及効果があらわれました。茨城県立茎《くき》崎《ざき》高校では「デートDV出前講座」が一月二八日に予定されていましたが、直前になって高校側が中止を決めたのです。混乱があると困るという理由です。その理由に「つくばみらい市の判断を重視し」という文言がありました。自治体の決定にはそれだけの影響があります。

それから迷走もありました。市が平川さんに中止を口頭で知らせたときには、「参加者に危険が及ぶ恐れがある」からだと、担当者がはっきり言ったそうです。それは平川さんの意見表明に引用されていますし、わたしたちもそこから再引用しています。メディアでも、産経新聞つくば支局による記事には「市民に危険が及ぶ恐れがある」とあります。ところが、「主権回復を目指す会」の西村はつくばみらい市に、その後ただちに抗議をしたのです。「「市民に危険が及ぶ恐れがあったので中止を決めた」というふうに秘書広聴課はおっしゃってるそうですが、これ具体的にどういうことを指しているんでしょうかねぇ」という市担当者との電話でのやりとりがネットにアップされています。なんとそこで、担当者が「危険」という認識を取り消す対応をしてしまいました。彼らはまた、産経新聞社にも記事の訂正を求めました。「目指す会」の

ＨＰによると、担当記者は「市の言い分をそのまま書いただけだ」と突っぱねたそうですが、後で水戸支局長が謝罪したと伝えています(本稿を掲載した『創』編集部が産経新聞社に確認したところ、支局長は謝罪したわけではなく、「目指す会」に電話し、事実経過を丁寧に説明したところ会側も納得した、とのことだった)。

その後「主権回復を目指す会」のＨＰにこんな文章がのりました。「市の、その場しのぎのデタラメなコメント」によって「主権回復を目指す会とその支援者は「危険を及ぼす」という看過できないレッテルを貼られ、家族共々計り知れない社会的信用の失墜を受けている」というものです。「市の、その場しのぎのデタラメな」対応ということなら、全面的に同意します(苦笑)。市側が「危険」という認識をとり下げたことを根拠に、彼らは「偏った講師による間違った講演会だから中止したということを認めろ」と市に迫りました。

市はその対応に苦慮していましたが、他方でわたしたちは「中止するならばその中止にどういう合理性があるのか説明せよ」と説明責任を要求しました。市は対応に迷走したばかりに、反対派に対しても、わたしたちや平川さんに対しても、より困難な説明責任を負ってしまったわけです。より傷を深くしてしまったことになります。こういう事態を避けたければ、毅然として一貫性のある対応をすればよかったのです。

それに関連してもうひとつ動きがありました。事件直後の一月二七日に、新潟県長岡市主催で平川さんの講演会が予定されていました。新潟県内在住の元参議院議員の黒岩秩子《ちづこ》さんが、つくばみらい市の情報をすぐに長岡市長に届けてくれました。市長から「毅然《きぜん》とした対応をする」という答えを引き出し、市長直々に市の担当者に指示があったそうです。管轄の警察署に連絡をして、万全の態勢で臨みました。入口のチェックを厳しくして事前予約者以外は入れなくしたそうです。それ自体がいいことかどうかはまた別ですが、つつがなく講演を終えました。反対派はネット上で「次は長岡だ、抗議行動を集中しよう」というキャンペーンを張り、長岡市にはFAXやメールで抗議が一〇〇通ほど寄せられたそうです。当日、「DV防止法犠牲家族支援の会」を名のる野牧雅子以下約一〇名が会場に来て不規則発言をしたものの、無事講演を実施したとのことでした。自治体の対応によって、とりわけ首長の姿勢しだいで、これだけの違いが出ることがわかります。

内閣府など主務官庁にも申し入れ

今回の事件は、予定がドタキャンされたことで表に出たものですが、あらかじめそもそもそういう企画を立てない方向に自主規制がはたらくようになってしまうことを、わたしたちはおそれています。そんなふうに自己規制が広がっていくことで、改正DV法の出鼻を挫くことにならないかと危機感を持っています。

そこでわたしたちは二月一二日に「改正DV法の徹底を地方自治体に求める院内集会――DV被害当事者支援をすべての地域で」と題する集会を、参議院議員会館で開催しました。参加者は約一〇〇名、新潟や岐阜、鳥取、北海道など全国各地から参加がありました。議員は一二名(自、公、民、社、共)、秘書による代理出席は四名。DV防止法の四つの主務官庁、内閣府、厚生労働省、警察庁、文部科学省からも担当者が出席しました。

二月一日にも、わたしたちはつくばみらい市に行ったその足で、午後霞が関に行き、四つの主務官庁めぐりをしています。そこでヒアリングしてわかったのは、つくばみらい市には一月一六日以前から中止を求める抗議のメールやFAXが来ていたが、講演会は予定通り進めると、市が内閣府に報告していたとのことです。内閣府の担当者は「予定通り実施してください」と応対しています。その後一六日に中止の決定をしたことについては、つくばみらい市は内閣府に報告をせず、内閣府は事後に知ったということです。

わたしたちは内閣府に、つくばみらい市の件と長岡市の件を報告し、自治体の対応にこれだけ温度差があるのに指導しないのかと尋ねましたが、「政府として自治体への介入はしない」という額面通りの答えが返ってきました。

主務官庁、とりわけ内閣府と法務省に対してわたしたちは、介入ではなく情報提供をしてほしいと伝えました。自治体の担当者はバックラッシュの事例とその対応についての情報を持っていないし、経験もありません。不安を感じてどうすればよいか困惑している職員もいると思います。もちろん情報提供によって、自主規制に走るなどマイナスに出てしまう可能性もあるでしょう。けれどどんな情報でも、ないよりはあったほうがいいと思います。

「DV防止法犠牲家族支援の会」は、ネットで読むととんでもないことを主張しています。「普通の夫婦間に軽度・単純・単発的な暴力は有って当たり前」そして「家族破壊法＝DV防止法」と。家族を破壊しているのはDV防止法ではなくDVという暴力そのものです。壊れた家族から女性が逃げているんです。また、暴力が「軽度」かどうかは、暴力を行使する側が判断することではありません。セクハラもそうですが、立場によって受けとめ方が違う。加害者と被害者の間に大きな認識のギャップがあることは、様々な調査データからも明らかです。

ちなみに、つくばみらい市は講演会に先立って、市民を対象にした男女共同参画基本計画策定に関わる意識調査を実施しています。その中にDV経験率についての項目もありますが、それによると「平手で打たれたことがあるか」「げんこつで殴られた、または足で蹴られたことがあるか」という質問に対して、「一～二回ある」「何度もある」と答えた人が、合わせて一〇％を超えています。そういうデータがあるにもかかわらず、わたしたちの受けた感触では、担当者は事態の深刻さを自覚していないように思われました。

バックラッシュに抗する大きな波を

二月一二日の院内集会では、主催者側を代表して戒能《かいのう》民江さんが最後の挨拶を締めくくりました。そこで「これまで私たちはバックラッシュに対してモグラ叩きをやってきた」が、これを機会にバックラッシュに対抗する波をつくりたいと決意を表明しました。

バックラッシュの標的がとうとうDV法にまで来たかという〝感慨〟を感じます。彼らのターゲットは、男女共同参画社会基本法の廃止です。「美しい日本をつくる会」(伊藤玲子、桜井裕子らが共同代表)はすでに、公然とそれを目標に掲げて運動しています。

以前わたしは『創』二〇〇六年一一月号に「バックラッシュ派の攻撃の本丸はジェンダーだ」というタイトルで福井県の事件について語りました。当時バッシングの対象は「ジェンダーフリー」という用語でしたが、最近では「フリー」が取れてしまって、「ジェンダー」そのものが攻撃にさらされています。ちなみに、わたしのこの記事は『世界日報』のコラムニストもちゃんと読んでいて、引用していました、このタイトルはよくわかっているって(苦笑)。

安倍政権が登場したとき、バックラッシュ派が勢いづいて、わたしたちの危機感は非常に高まりました。ところが安倍がコケたことで今度はバックラッシュ派の危機感が強まっています。福田康夫首相は官房長官だったとき、男女共同参画担当大臣でした。福田はいわゆるフェモクラット(フェミニスト官僚)の庇護者であると思われています。福田政権が発足したとき、林道義のブログでは「安倍政権下で息を潜めていたフェモクラットたちが、福田政権の登場によって息を吹き返すかもしれない、危険だ」という趣旨のことが書かれていました。大変わかりやすい反応ですよね。

この一、二年、ジェンダー攻撃の動きには、どの事件にも同じ顔ぶれが出てきます。実際に抗議行動をしているのはごく少数の人たちです。実際には大きな勢力ではないのですが、そこに付和雷同する人たちがいるから声が大きいように見えてしまうのです。そうした影に怯えて、自治体がＤＶ防止法をめぐる講演会を自主規制するような動きが広がることを、わたしたちは危惧しています。

ちなみに、男女共同参画推進条例を制定した後に、アクションプランで「女性学、ジェンダー学など特定の研究を支援しないように」という限定つきの請願を議会で採決してしまった松山市でも、福井県と同じように、ジェンダー関連の図書撤去があったとの話を聞いています。

安倍政権がこけたからと言って、バックラッシュがなくなったわけではありません。各地で、似たような動きがくりかえし執拗に登場しています。大阪では橋下府知事が誕生して、ドーンセンターが危機に直面していますし、わたしたちの闘いはまったく気が抜けません。

堺市立図書館、ＢＬ本排除騒動の顚末

――２００９

はじめに

二〇〇八年七〜八月、大阪府堺市内のすべての市立図書館から、約五五〇〇冊ものＢＬ(ボーイズラブ)本が排除されそうになるという事件が起きた。

発端はＢＬ本を図書館に置くことに一般市民から抗議があったことらしい。二〇〇八年九月、堺市ＨＰ「市民の声Ｑ＆Ａ」に「ＢＬ図書を購入した趣旨や目的、またこれまでに購入した冊数及び購入費を教えてください」という質問がアップされたことで、公になった。同時に、市議からのはたらきかけもあったこともわかっている。

この質問に対して堺市は、「所蔵冊数五四九九冊、金額三六六万八八八三円」「(ＢＬ本が)出版されました初期には小説の一部として利用者からのリクエストを尊重し購入していた経緯がありました」「(ＢＬ本を)すみやかに書庫入れにいたしました。今後は、収集および保存、青少年への提供を行わないこととといたします」と答えている。

実は、堺市HPにアップされる前の七月末、「フェミナチを監視する掲示板」というバックラッシュ派のサイトに、図書館にクレームをつけた本人による書き込みがなされていた。その頃から動向に注目していた「ジェンダー図書排除」究明原告団(以下、原告団)事務局の寺町みどりさんら一四人は、堺市に対して図書リストと会議記録等の公文書を情報公開請求。そこで明らかになった事実をもとに調査を進め、一一月四日、堺市民二八名と代理人一二名とで、堺市監査委員に「特定図書排除に関する住民監査請求書」を提出した。

原告団代表で、監査請求の代理人代表でもある上野千鶴子さんはここで、次のようなコメントを出している。

「どんな理由があれ、公共の図書館における図書の排除や検閲はゆるされない。情報公開と表現の自由は民主主義の基本だ。たとえ反対意見であってもそれを発表する自由を守るというのが、「表現の自由」だ」

その後も、堺市長や教育長あてに申し入れをするなど、特定図書を排除しようとしたことに対する抗議が相次いだ。そして監査請求から一〇日後、図書館は、

「一八歳未満の者への閲覧及び貸し出しの制限を解除」という方針を表明した。五五〇〇冊もの蔵書が危うく排除されるところだったのだが、原告団が事件の情報を早急にキャッチして行動に移したことで、なんとか撤去は食い止められた。

今回の事件は、二〇〇六年に福井県で、ジェンダー関連本一五三冊が生活学習館から撤去された事件とよく似ている。いわゆるバックラッシュ派の動きとしては、二〇〇八年一月に、茨城県つくばみらい市でDV防止に関する講演会が、右翼の抗議によって直前に中止になるという事件も起きている。上野さんらは、今回の堺市の事件も、その一連の動きとして位置付けているが、今回は、フェミニストの間でも反応が鈍い人もいたという。そもそもBLというジャンルが、あまり認知されていない、あるいは偏った見方をされているという事情もあるのではないだろうか。

今回、特定図書排除の動きにいち早く抗議した、上野千鶴子さんと寺町みどりさんに話を聞いた。

（『創』編集部）

バックラッシュの動きは見逃さない

——右派系新聞『世界日報』には、「匿名の市民」が、堺市の図書館で偶然BL本を手に取った娘から「この本はなあに?」と訊かれて仰天した、というエピソードが書かれている。

上野 「子どものために」という大義名分は、無知と無垢を装う、わかりやすい言い分ですね。ジェンダーフリーへのバックラッシュが性教育バッシングから始まった時も、「子どものため」と「行き過ぎた性表現」という二つのキーワードでした。その点は共通しています。

福井のジェンダー図書撤去事件は「情報公開」を争点に現在も最高裁で係争中です。原告団のメンバーは、これまでの経験から情報やノウハウを共有しており、それが堺の件でも生かされました。

こうした動きについては、わたしたちの側でもバックラッシュ側でもお互いにノウハウやマニュアルが蓄積されてきています。バックラッシュ派も市民派の運動のノウハウに学んで、「一般市民の訴え」という方法を採用していますが、こちら側でもノウハウと受け皿ができていますから、今度の件では対応が非常に早かったのです。今回は事件を早めに見つけることができましたから、行政の混乱を早めに食い止めることができました。堺市も軌道修正が早かったので、福井県のような迷走はありませんでした。こういう(図書排除の)動きがあればどこであっても「見逃さないぞ」ということが、バックラッシュ派の教訓になればよいと思います。

――福井の事件で、上野さんらの情報公開請求に対して福井県が出してきた撤去図書リストは、書名も著者名も出版社も墨塗りにしたものだった。「(リストを作成した)個人の権利を害し、(著者など)事業者の権利も害する恐れがある」というわけのわからない理由だったが、のちに公開に転じた。今回、堺市の事件では、図書館の現場責任者である松井孝参事と話し合いを重ねている。現場の認識はどのようなものだったのだろうか。

上野　現場の職員が、公共図書館の図書収集と公開の原則について、首尾一貫性のある対応をしてくれさえすればよいのですが(「表現の自由」を守るという図書館の原則、つまり検閲はしない、第三者の圧力に屈さないというルールを守る)、初動の段階で混乱したことが尾をひいています。現場の職員たちがＢＬについて無知だったことも理由のひとつかもしれませんが。

寺町　最初に堺の図書館に「ＢＬって何ですか」と訊いたら「説明できない」と言われました。説明できないならどんな基準で五五〇〇冊を動かせたのかと訊くと、しどろもどろでした。

上野　図書リストを入手できたので検証しやすかったですね。住民監査請求で「補充書」として提出した、特定図書リストの分析は、上野ゼミ関係のやおい[「やまなしおちなしいみなしの略語。女性による女性のための男性同性愛を描いたマンガの総称」]系女子院生の教養が総動員されて(笑)、分析力に優れた素晴らしいレポートになりました。このレポートを見れば、排除された五五〇〇冊のBL図書選定にどれほど根拠がないかが、あきらかになります。

BL図書はコミックではなく小説。文章による性描写なら、渡辺淳一の『失楽園』のほうがずっと過激ですよ。

——「補充書」とその提出後に寄せられた意見から、五五〇〇冊のリストの問題点の一部を紹介しよう。

性描写がほとんどないか、まったくない本がリストに指定されている/男性読者向けの本は、男女の性行為の度合いにかかわらず指定されていない/同性愛の描写が直接的だが、いわゆる「文学」として流通しているものが指定外になっている/堺市では、そうした同性愛文学作品のほとんどが書庫などに置かれているのに対し、ヘテロセクシャル(異性愛)男性向けの「官能小説」は、その多くが開架に置かれている/同性愛の性描写が過激だが指定されていないものがある。イラストだけを見ると、片方のキャラクターが女性キャラクターであるように見えて、男女のカップルであるように誤読されたからではないか/等々……(「補充書」では、具体的に書名や著者名があげられているが、紙幅の都合で割愛した)。

また、首都圏の図書館に勤務するある司書によると、「図書館がどの本を購入するかは、一冊ずつ判断して決めている」とのことだ。「今回のように、BLという一つのジャンルを置くなというのは極めて乱暴な要求だ」と話す。

排除の動きを機に腐女子は政治化するか

寺町　図書館側は最初、「(匿名の市民からのクレームが)ジェンダーバッシングだとは思わなかった」と言っていました。福井の事件についても「知っていますが、今回はフェミニストの本ではありませんから」と答え、認識の違いが顕著でした。

上野　そういう意味では今回、一段と次元が拡大した感がありますね。以前にコミックを巡る「表現の自由」論争がありましたが、そこでも「子どもの教育によくない」という理由が錦の御旗として使われていました。それが今回、BLにもとうとう及んだか、という印象です。「表現の自由」論争の時には、ライターや編集者、知識人ら、コミック界の男性たちが、コミック規制に危機感を感じて、コミック擁護のために動きましたね。その彼らが今回、静観を決め込んでいるのは、なぜでしょうね。この事件が、あまり知られていないという事情もあるでしょうけれど。

フェミニストの間でも、「BLとは何か」がよくわかっていない人がほとんどです。「BL」という一言で通じる人は、年長の世代ではあまりいないでしょう。

わたし自身は、院生や学生に、腐女子[BL系のコミックを愛好する女性が自嘲的に呼ぶ自称詞、転じて総称となった」・やおい・BL系がけっこういるおかげで、その辺の基礎的教養がありましたから、どういうものかは知っていました。自分自身ではハマりませんけどね。

腐女子系の学生に「堺市でこういうことがあったんだけど、あなたたち何とかしないの」って訊いたら、「腐女子はカムアウトしないのが作法ですから」なんて言ってましたけど(笑)。

男性のコミック界は、ポルノ表現規制など、「表現の自由」論争で危機感を持って結束したでしょう。あの時、フェミニストが規制派としてフレームアップされました。規制派のフェミニストもたしかにいましたが、反規制派のフェミニストもいました。わたしは後者です。その点では宮台真司さんたちと意見が一致していました。そのあたりの詳しい事情は、永山薫さん、比留間たかしさんの『2007―2008 マンガ論争勃発』(マイクロマガジン社、二〇〇七年)を読んでください。それによると、当時、コミック界とその読者たちに危機感が走ったそうです。オタクのプライベートな嗜好《しこう》に過ぎなかったものがバッシングを受けることによって、彼らは結束し、政治化していきました。同じことが、腐女子界では起きないのでしょうか。腐女子は政治化しないのかしら。わたしは期待しているんですけどね。

寺町　わたしのところには、「隠れて読んでいるだけでは大変なことになる」と思ったBL本の読者や、セクシュアル・マイノリティの人たちからもコミットがありました。その意味では、相手が分断しようとしたけれど、そうはならなかった。

上野　余談ですが、日本の第一波フェミニズムの象徴である『青鞜』は、もともとただの文芸誌でした。創刊の辞には「女性の内なる潜める天才の発現」を謳《うた》っています。平塚らいてうさんは、超越への希求の強い、世俗的な関心が希薄な人でした。それが、当時のオヤジ・メディアから『青鞜』が猛バッシングを受けたことから、らいてうさんは急速に政治化しました。ある意味で、バッシングを受けることによって『青鞜』一派は初めて政治化したと言ってもよいくらいです。あの時のバッシングがなければ、日本の第一波フェミニズムは花開かなかったかもしれない(笑)。バッシング派にも、そういう貢献がありますね。

ジェンダーバッシングと腐女子バッシングの共通点

――今回の事件は、2ちゃんねる「痛いニュース」でスレッドが立った。「腐(女子)はいるだけで害。腐女子は死ね」「抗議もプレイの一環なのか？」「BL仲間のババァ達の顔を晒《さら》せ」「図書館は変態のキモブス女共に迎合しないでさっさと閲覧禁止にしろよ」など罵倒《ばとう》の書き込みが殺到したが、男女共同参画に対するバックラッシュと、腐女子バッシングとは別の流れなのだろうか。

寺町　「痛いニュース」にリンクされたおかげで、わたしのブログも一時炎上しかけました。「死ね」「うざい」とか「お前もBLを読んでるのか」とか、そんな罵倒系のコメントが殺到して。

上野　社会学者の北田暁大《あきひろ》さんが実施した、とても面白いネットヘビーユーザーの研究があるのですが、それによると、ネットヘビーユーザーは「ジェンダー」「ジェンダーフリー」という言葉をほとんど知らないそうです。だから彼らは、ジェンダーフリー・バッシングもしない。にもかかわらず、性差別意識が強い人たちです。

ジェンダーフリー・バッシングの政治的な意図はないけれど、アンチフェミニズム的な女性差別意識やホモフォビア（同性愛または同性愛者に対する不合理な恐怖感・嫌悪感・拒絶・偏見）を持っているようですね。同性愛に対して、「気持ち悪い」っていう反応が出てくるのですから。今回の事件の根幹には、ホモフォビアがあると思います。

寺町　「こんな本、子どもに見せちゃいけない」ということで抑えられちゃったわけでしょう。それが怖いですよね。

上野　もちろん、BLがゲイのリアリティを反映しているかどうか、BLそれ自体がゲイ差別ではないかという論争も以前からあり、ゲイとBL系の間には根深い溝があることは事実です。しかし、BLバッシングの中にある、明らかなホモフォビアを看過するわけにはいきません。ここでは小異を捨てて共通の敵に対して共闘してもらいたいところです。

バックラッシュの攻撃が性的マイノリティにも

――「図書館の自由に関する宣言」(日本図書館協会／一九五四年採択、七九年改訂)には、「検閲が、図書館における資料収集を事前に制約し、さらに、収集した資料の書架からの撤去、廃棄に及ぶことは、内外の苦渋にみちた歴史と経験により明らかである。したがって、図書館はすべての検閲に反対する」という規定がある。また、今回リストアップされた本について図書館側は「大阪府条例の有害図書にあたるものは一切ない」と明言している(二〇〇八年一一月五日付『朝日新聞』)。

寺町　今回は約五五〇〇冊という数に惑わされている部分もあります。たとえ一冊であっても「この本を排除しろ」という圧力に、図書館は「そうですか」と言ってそのまま従ってはいけない。わたしたちは、最終的な獲得目標はそこだと思っています。

上野　もちろん、図書館における表現の自由の規制に対する反対が大前提です。図書の内容がどんなものであっても、同じです。でも、そのバッシングがＢＬに向けられたと知った時、ジェンダーからセクシュアル・マイノリティへ、バックラッシュ派の攻撃が拡大したと認識しました。

原点に戻れば、ジェンダーフリー・バッシングの元はセクマイ(セクシュアル・マイノリティの略称)叩きにありました。例えば教育現場の人たちが、「男女平等」教育よりも「ジェンダーフリー」教育の方が使えると思ってきたのは、やはり、セクマイの位置づけが容易だったからでしょう。ジェンダーフリー・バッシングの中には、セクマイ叩きが初期の頃からずっと根強くあります。

寺町　声をあげにくそうなところを狙ってきている感もあります。彼らは、「ほとんどの親は「ＢＬなんて嫌だ」と思うはずだ」という言い方をしてきています。

上野　自分の子どもがセクマイになったら困るだろう、と。ジェンダーフリー・バッシングのスタートのひとつはそこから来ています。だからこの展開は、決して意外ではないんです。

フェミ(ニズム)系にもホモフォビアを持ってる人もいますから、「ＢＬはやっぱり開架にないほうがいいんじゃない」っていう人もいましたね。

寺町　その意味で、すごくうまいところを突いてきたなと思います。分断しやすいところなのでしょう。

堺市は、男女平等政策の先進自治体ですが、図書館側と話していると、この問題が同性愛やセクシュアル・マイノリティに対する差別だとは思ってないんです。

上野　ポルノでしょ、という受けとめ方ですね。

検証してみないとわからないけれど、性描写だけで言うなら、異性愛モノで過激な性描写は図書館にもいっぱいありますよ。とくに成人向けのものはそうですが、少年少女向けもある。異性愛モノでOKなのが、同性愛モノではダメだという理由はありません。そうした同性愛差別だけでなく、それに加えて、女性がポルノの消費者であることに対する反感もあるかもしれませんね。ポルノは男が消費するもの、それを女が、それも男性同性愛モノを消費するなんて許せん、とね。

「暴力」問われる自治体 ——2008

二〇〇八年一月一一日に改正DV（ドメスティック・バイオレンス）防止法が施行。その矢先に、茨城県つくばみらい市で予定されていたDV防止法に関連した人権講座が、直前中止になるという事件が起きた。

一月二〇日に東京フェミニストセラピィセンター所長の平川和子さんを講師に、「自分さえガマンすればいいの？——DV被害実態の理解と支援の実際」が実施される予定だったが、直前の一月一六日になって、DV防止法に反対する民間団体が、市役所前で拡声器を使って抗議する騒ぎを起こしたため、市の担当者が「混乱を招く」と中止を決定したものである。

おそれていた波及効果はただちに起きた。茨城県内の公立高校が「混乱を避けるため」と称して、デートDVについての出前講座を中止するに至った。

民族派を名のるこの団体の代表（男性）は、「少数が巨大な行政を圧倒・屈服させた」

と発言したと伝えられる。同じ男性は一月二六日には慰安婦問題を展示した「女たちの戦争と平和資料館」前で、同じように大声で妨害行為をした。過去に同様の行為で威力業務妨害罪に問われ、有罪判決を受けた人物である。

講師予定者の平川さんはこれを「講演会主催者と私に対する暴力であり、参加市民に対する暴力」にほかならないと市に対して公開状を出し、それを支援する署名がただちに二七〇〇筆集まった。

このような暴力で講演会が中止に追い込まれるのは、日教組の大会を直前になってキャンセルしたグランドプリンスホテル新高輪の例を思い起こさせる。少数者の暴力で横車が押せるなら、とうてい法治国家とは言えない。暴力の効果にかれらは味をしめるだろう。

それだけでなく、この暴力を見過ごせないのは、ことが暴力から被害者を守るＤＶ防止法の根幹にかかわるからだ。改正ＤＶ防止法は、市町村の責務をうたっている。このような暴力に屈する自治体に、被害者が安心して相談にかけこむことなどできないだろう。法と行政に対する信頼を揺るがすできごとだった。

一月二七日には同じ講師によるＤＶ関連講演会が、新潟県長岡市で予定されていた。つくばみらい市の事件を耳にした長岡市長は、抗議活動があったにもかかわらず、

「毅然として対応する」と危機管理に万全の準備をしたうえで、事業を予定どおり実施した。自治体によって、とりわけ首長の姿勢によって、これだけ対応の差が生まれる。

この団体と行動を共にしたDV防止法犠牲家族支援の会を名のる抗議団体の主張によれば、「夫婦のあいだに軽微な暴力があるのはあたりまえ」で、DV防止法は「家族を破壊する」という。「生命に危険を感じる」と被害者が認識する暴力を「軽微な暴力」と呼ぶのは、暴力を行使する側である。セクハラも強姦も、加害者の側からは、「この程度のこと」と見なされてきたのだ。せっぱつまって緊急避難先を求めて家を飛びだしてくる妻を夫から守ることが「家族の破壊」だとかれらは言うが、それ以前に「家族を破壊」しているのが夫の暴力であることについては、触れないままだ。

バックラッシュ(揺り戻し)はとうとうDV防止法を標的にし始めた……。こんな横暴や非常識からこそ、DV被害者を守る責務が自治体にはある。

ジェンダー論当たり年に
——2006

今年(二〇〇六年)は安倍政権が成立したせいで、「ジェンダーフリー」のみならず「ジェンダー」までが政治的争点となった奇妙な一年だった。

バックラッシュのおかげで、ジェンダー関係者の連帯が強まったのが思いがけない成果。そのなかから収穫と言えるものをいくつか。

若桑みどりさんたち(皆川満寿美・加藤秀一・赤石千衣子編著)の『「ジェンダー」の危機を超える!』(青弓社)は、国分寺市事件をきっかけに研究者、教育・行政関係者、アクティビストが一堂に会した熱気あふれるシンポジウムの記録。

宮台真司さん、上野らの『バックラッシュ!』(双風社)の執筆者は若手のネットユーザー、ブロガー(ブログの書き手)の世代が中心。バックラッシュ派の分析をもとに、弱点を衝《つ》く。

加藤秀一さんの『ジェンダー入門』(朝日新聞社)は「知らないと恥ずかしい」ジェン

ダー論の基本からていねいに説く。批判するなら勉強してから出直してきてもらいたい。そのためにはうってつけの入門書だ。

沼崎一郎さんの『「ジェンダー論」の教え方ガイド』(フェミックス)は、性暴力被害者予備軍こと女子大生への愛にあふれた実践ガイドだ。「避妊なきセックス」は性暴力だ、とか、男性学が生んださまざまな卓見に満ちている。

「ジェンダー」は国際的に確立した学術用語、これを不使用にすれば日本は世界の笑いものになると、日本学術会議でも会員のあいだに危機感が拡がり、学術とジェンダー委員会の対外報告書『提言――ジェンダー視点が拓く学術と社会の未来』(日本学術会議)が出た。コンパクトだが密度の濃い、第一線の研究者による学際的なアプローチの成果。

あとになってふりかえれば、バックラッシュのおかげで二〇〇六年はジェンダー論刊行の当たり年だった、と言えるだろう。予期せぬ効果というべきか。

闘って得たものは闘って守り抜く
——2006

日本のフェミニズムは行政主導型フェミニズムだ、という人がいる。とんでもない。歴史を歪曲してはならない。

一九八五年に国連女性差別撤廃条約の批准を前に、滑り込みで成立した男女雇用機会均等法は、関係者にとっては少しも新しくなかった。結婚退職の禁止も、若年定年制の廃止も、それ以前に女性労働者が法廷で闘ってかちとっていた。大卒女性の採用はそれ以前から始まっていたし、総合職扱いの女性幹部要員も一部の企業ではすでに生まれていた。職場の状況が変わったとしたら、それは法律のせいではない。それ以前に女性が変化していたからだ。法律の内容の多くは、すでに起きていた変化を追認するものだった。均等法はそれに、女性がのぞまなかったものを付け加えた。保護の撤廃だ。保護抜き平等で、働けるだけ働いてもらう……ネオリベと男女共同参画フェミニズムの結託は、この頃からすでに始まっていたが、これでは少子化が進むのも無理はない。

八〇年代には女性センター建設ラッシュと啓発事業ブームが起きたが、それだってすでに民間が先行していた動きに追随したものにほかならない。ハコモノ行政に利用したのは、首長たち。女性は大理石のバブリーな建物をのぞんだわけではなかった。草の根の女性団体が集会場所をつくりたいと、一円募金で建てた大阪市の婦人会館のように、もとはといえばローカルなニーズから始まったものだ。ようやく財団ができ、プロパーの職員が誕生し、女性運動の担い手の中から相談事業の相談員や専門的な職員が次々に生まれていったが、それというのも行政の側にノウハウも情報もなく、民間の力を借りなければならなかったからだ。社会教育事業ももとはといえば、手弁当で集まった民間の学習サークルから始まった。そしてそのなかから、自分の生活実感を理論化しようと女性学の担い手たちが育っていった。こういう水面下の動きが目に入らない人びとは、法と行政の動きだけを見て、日本のフェミニズムを「行政主導型」と呼ぶ。

今どきの若い女たちは、あたりまえのように大学へ進学し、卒業すれば企業に就職することを選択肢のひとつに入れ、セクハラに遭《あ》えば怒る。彼女たちがあたりまえだと思っている権利は、ほんの四半世紀前にはあたりまえではなかった。どれもこれも、年長の女たちが闘って獲得してきたものだ。恩に着せようというわけではない。闘って獲得したものでなく、与えられた権利はたやすく奪われる。闘って獲得した権利ですら、闘って守りつづけなければ、足元を掘り崩される。女の元気を喜ぶひとたちばかりではない。「女は黙っていろ」、「おとなしく台所へひっこんでいろ」、「生意気だ、でしゃばるな」という声は、潜在的にはいたるところにある。グローバリゼーションとネオリベのもたらした危機のもとで、保守派はすでに余裕を失っている。そして規格にはずれた女をターゲットにする反動の戦略は、昔も今もホモソーシャルな「男同士の連帯」をつくりだすには、いちばん安直だが有効な手段だ。バージニア・ウルフはナショナリズムを「強制された同胞愛」と呼んだ。「女ではない」ことだけを男性的主体化の核に置く脆弱なアイデンティティの持ち主たちが、ジェンダーフリー・バッシングというミソジニーを、「よっ、ご同輩」と男同士の「同胞愛 fraternity」のために利用するのはあまりにみえすいた構図だ。

歴史には「一歩前進二歩後退」もあることを、過去の教訓は教えてくれる。未来は明るいばかりではない。というより、「明るい未来」はだまっていてもやってこない。ある朝起きてみたら、こんなはずではなかった……と思わないですむために、今、果たさなければならない責務がある。

原点に戻る ――2009

この数年、ジェンダーは各地でバックラッシュ派の攻撃にさらされつづけてきた。最初は「行き過ぎた性教育」への攻撃、それから「ジェンダーフリー」への根拠のないバッシング、さらには「ジェンダー」に関連する講演や書籍に対する排除。やられっぱなしで、コーナー際に追い詰められた気分だった。

各地で誕生した男女共同参画センターや女性センターも、例外ではなかった。東京都では女性財団の解散命令が出され、千葉県では女性センターへの予算つきの条例案が県議会で否決され、業務にストップがかかった。大阪では新しく就任した府知事から、大阪府男女共同参画センター(ドーンセンター)の売却案が提示された。

男女共同参画社会基本法前文に、「男女共同参画社会の実現を二十一世紀の我が国社会を決定する最重要課題と位置付ける」とうたった理念はどこへ行ったのか。国会でこの法律を通したときには全会派満場一致だったのに、あれはなんだったのか。

官におまかせでは、政治の風向きが変わればいつでも官にふりまわされる。女性センターももとはと言えば、地域の女性の草の根の運動から生まれた要求が実を結んだものだった。

もういちど原点に戻って、女の運動の拠点をつくろう。ただし今度は新しいメディアテクノロジーを使って。かつて女の運動は、ガリ版やコピーを使った手作りのミニコミでつながってきた。こんどはITの力を借りて、お互いタコツボから脱けだして、分野を超え、地域を超え、世代を超え、時間を超えるようなつながりをつくりだそう。守勢から攻勢へと転じよう。

そう思って、女性のための総合ポータルサイト、WANことウィメンズアクションネットワーク(http://wan.or.jp/)を、NPO法人として設立し、二〇〇九年春にスタートさせた。サイトには全国の女性センターの所在地や女性にとって頼りになる弁護士やカウンセラーの情報、女性団体の登録、イベントカレンダーなど、お役立ち情報が満載。どの団体にもホームページはあるが、だれでもアクセスして情報発信できるこういうポータルサイトは他にない。IT先進国、お隣の韓国にあるインターネットメディア、イルダを参考にしたが、それとも違う。アメリカ人の女性が、「世界で初めての試みじゃないか」と評した。一緒に育てていってもらいたい。

4　女性学をつくる、女性学を手渡す

連絡会ニュース発刊のころ

――1987

わたしの目の前に、連絡会ニュース『Voice of Women』(以下『VOW』)の第一号がある。手書き、ガリ版刷り四ページの粗末なものである。一九七九年九月二三日発行。第一号の編集発行人はわたしである。

感慨、あるね。まだ理事会なんてものがあって、総会さえまともになかった頃――まるで化石時代みたいだね――意思決定権のない分科会相互の情報交換の場として連絡会は発足。もちろん最初から、アタマと手足が一致する直接民主主義をめざしてた。第一号にはこんなことが書いてある。

「疎外労働とは――あたまのない手仕事は私たちに苦痛を抱かせます。……スローガンは〝おしゃべりしながら手も動かそう!〟」――ここから今の運営会方式、ワイワイガヤガヤ今後の方針を話し合いながら、『VOW』発送作業を手内職みたいに全員で分担してやる、という方式が生まれた。

わたしは『ＶＯＷ』の第一号の発行人になったけど、最初っから編集責任者、なんてなる気はなかった。まわり持ち交替方式、という――他の会では信じられないような――やり方をつくったのもこの頃。わたしのやり方は、最初に自分でやって見せて、「こうやるのよ」というモデルを作ったらさっさと消える、というずるいやり方。負担を分散するだけでなく、情報の集中と独占を避け、ついでに人も育てる、という一石三鳥である。わたしたちのスローガンは「あなたもできます女性学」というものだもの、あなたもできます『ＶＯＷ』の編集者、と言ってるうちに、ずいぶんたくさんの人が、編集者として育っていった。

『ＶＯＷ』創刊号と、最新の第八四号とを見比べていると、ウーム、と大きく育った子を見るような感慨がある。誰かさんみたいに、ワタクシが『ＶＯＷ』をつくりましたウエノです、とつい自慢したい気にもなるが、それはおいといて。ともあれ第一号発刊にあたった「史実」をお話することにしよう。この「史実」の方はあまり知られていないようである。

一九七九年一月、日本女性学研究会の『ニュースレターNo. 4』という活版刷りの立派なミニコミ(一九八〇年一月まで、『ＶＯＷ』と並行してNo. 6までつづいた)に、わたしは「公開書簡」なるものを載せている。その出だしはこうである。

「國信潤子様——お誘いを受けて日本女性学研究会に出席して二回になります。二回めで年度会費更新期を迎え、決して安い金額ではないので、二回の印象から、この会が私の欲求をほんとうに満たすものかどうか、考えてみました」

考えこんだきっかけがおカネだ、というのも、当時の私のフトコロぐあいを反映して苦笑ものだし、一回めにのこのこ出かけたのも、國信さんに誘われて、という主体性のなさである。ちなみにニュースレターに何か書かないか、とすすめてくれたのも彼女だった。この頃何人もの人が会に失望してやめていったが、「お客様意識」は捨てて、何とかしようという気持ちが書く気になった理由だった。

その「公開書簡」から一部を引用しよう。

「(講師が学者・評論家であることについて)「話すプロ」と「聞くアマチュア」とに会員が分化することになりはしないでしょうか。そして研究会は、有名人講師の話を一方的に承る講演会に堕《だ》さないでしょうか。日本女性学研究会の看板は「アカデミズム」ということですが、それが大学関係者が大学でやっていることのくり返しとすれば残念です。女性学が大学の外でおこったことは、大学アカデミズムが女の問題については何の役にも立ってこなかったことの何よりの証拠ではないでしょうか」

「いったい私たちは、えらい先生のありがたい話を聞いて日曜の午后を有意義に過ごしたと満足して帰るために、この会にやってきているのでしょうか。私たちが貴重な日曜を費して日本女性学研究会に出席しているのは、そこで同じような問題をかかえた女たちと出会い、自他の問題を啓発され、互いに対話を交わすためではないでしょうか」

「およそ女の問題に関心のある人なら、有名人だろうが無名人だろうが話に優劣のあるはずはなく、私たちはまとまったオハナシより鋭い問題意識の方を尊びたいと思います。日本女性学研究会に参加する誰もが、他の人々に話す事柄を持っていること、そしてそれは聞くだけのねうちがあることを、互いに自覚することが必要ではないでしょうか」

わたしの三ツ子の魂、がよく出ている。むしろ自分の変わらなさの方に驚く。

一九七九年一月に「公開書簡」を書き、五月に連絡会を発足させ、九月に『連絡会ニュース』第一号を発刊。この一年、どうしたら日本女性学研究会の体質を変えられるか、そのためにわたしは駆けずりまわった。矢木公子さん、松本澄子さん、小川真知子さんたちと強い信頼関係が育ったのもこの頃である。この時の経験から、わたしは今でも、女のグループがたんに仲良しグループでは仲間意識は育たないと考えている。共通の課題に直面し、苦楽を共にし、考えのちがいを調整し、どたん場で逃げかくれしない信頼関係を築いてこそ、仲間意識は育つものだと思う。共通のテキがあったこの頃は、ほんとうに楽しかった、ね。

それから総会で理事会廃止、理事長職も廃止。連絡会は運営会に昇格して、意思決定機関になった。そして運営委員持ちまわり制という、非集中・分散方式、直接民主制という現在の方式ができあがった。「あなたもできます女性学」「あなたもなれます運営委員」それから「あなたも書けます女性学年報」――この方式で、どの人もみるみる力をつけていったっけ。みんな自信をつけたよね。伏目がちの人がまっすぐに顔を上げてしゃべるようになり、こもった声の人がはっきりものを言うようになった。みんな顔が明るくなったよね。わたしもその中で救われた一人。

「公開書簡」の中に、わたしの考え方の基本は出つくしている。わたしたちが闘ってきたのは、研究会の中にある権威主義だったと思う。

あれから九年。わたし自身は変わらないと思うけれども、変わったことと言えば、九年前わたしは無名人だったが、いまはなぜだか「有名人」というものになってしまった。時々「ウエノさんのつくっている日本女性学研究会」と言う人に会って、仰天する。会っていうのは、特定の誰かがリーダーシップをとってつくるものだと思いこんでいるその人の権威主義が情ない。でもその人たちも、あとになってこう言う。「実際来てみたら、ウエノさんもフツーの会員の一人なんで、安心しました」――バーロー、あんたの権威主義がそんな思いちがいを生んでるんだよ、とどなりたいのをがまんしてる。

わたしはかつて無名人として権威主義と闘ったが、今度は有名人としてわたしを有名人に仕立て上げる権威主義と闘わなければならない。こっちの方がずっと闘いづらい。

権威主義の芽は、出るはしから摘まなきゃダメ。わたしたちの研究会は、まだまだそれに成功していない。

でも幸いにして、わたしは目下のところ、フツーの会員、どころかフツー以下の会員だ。研究会のメンバーは、みんなズケズケものを言うつわ者ぞろいだから、わたしだって遠慮しないでモノを言える気楽さがある。

考えてみたら、日本女性学研究会は、わたしにとって生きがたい世の中からの避難所だった。そのために気持ちのいい「世間」、卒直にホンネを言える人間関係を、テマヒマかけて作ってきたのだと思う。この研究会のやり方って、ほんとに「非常識」

で、ここにいると「世間知らず」になると思うよ。ほんとのところ、わたしはまだ「非常識」さが足りないぐらいだと思ってる。

「世間」からはずれたこの「非常識」な空間が、老後の快適なシェルターになってくれることを、わたしはせつにせつに願っている。ねえ、幻の老後プロジェクト「ノラの方舟」をそろそろ始めようよ。

初心にかえろうよ

——1992

『Voice of Women』第一三五号に畏友(というか、同志・戦友というか)國信潤子さんが投稿していらしたので、ついわたしも筆をとる気になりました。この頃の例会について思うこと。

例会企画が出ない、ないならムリにやることはない。毎月じゃなくても企画のある時でいいじゃないか……という議論が出ているのは知っています。

ところで、なぜ例会企画が出にくいのか、考えてみましょう。それは会が大きくなりすぎたから、例会が「研究発表」というハレの場になってしまったから、だとは思いませんか？　例会に人が集まらない、というグチも聞きましたが、「一体、何人ぐらい集まるの？」と聞いたら「二、三十人」。二、三十人(！)も集まったら、御の字じゃありませんか。何を期待しているんでしょう⁉

もともとこの会は、啓蒙のためでも布教の場でもありません(それなら行政の「啓発」にまかせとけばいい)。仲間同士で学びあい、支えあいたい、と思って細々と始めたものです。ある頃から、わたしは例会に欲求不満を感じるようになって、勝手にべつな会をマル秘でつくってしまいました。それは毎回一〇人から二〇人くらいの小さなインフォーマルな女性学を志す人の勉強会です。会場も小さなゼミ室。二〇人以上は入りません。二〇人以上は入ってほしくないのです。平日の夕方六時から。みんな忙しくて、土・日はつぶしたくないからです。来る人には、資格は問わないけれど、いずれ自分で研究発表をしてくれるように頼んでいます。聞くだけの「お客さん」には来てほしくないからです。時間は三時間。報告に一時間半、ディスカッションに一時間半のスケジュールには、なかなかつっこんだ議論が可能です。少人数だから、発言の機会がたっぷりあります。

わたしはここで何回か研究報告をしました。まだ形成途上のアイディアを他人に聞いてもらい、アタマの中をまとめるだけでなく有益な批判や意見をもらうのに、この会がとても役に立ったからです。こんな会でも片道二時間かけて夜道を往復する人もいます。「ああ、わたしと同じニーズを持った人がいるのだな」とわたしは思ったものでした。この会は今でも細々とつづいています。でも案内はどこにものせません。口コミだけで誘います。秘密主義と呼ばば呼べ。会を「大きくしない」というのだって、りっぱな方針なのです。

そうなった理由の一つは、日本女性学研究会(WSSJ)の例会が、やたらと人数がふえて、ハレがましくなっておっくうになったから、という理由があります。完成品じゃないと持っていけない雰囲気ができてしまった。わたしは未完成のアイディアを聞いてもらって、仲間と共有したいのに。

これって、おかしいとおもいません?

最近の例を一つ。九月例会で、フェミニズム批評の分科会が『男流文学論』(上野・小倉千加子・富岡多恵子共著、筑摩書房、一九九二年)をとり上げてくれました。その時の担当者(T)とわたし(U)のやりとり。

T　本を読んでない人も来るかもしれないから、最初に少し、本について説明やいきさつを話してくれない?

U　分科会の人たちは、みんな読んだんでしょう? 読んだことを前提にして、読書会みたいにしたら? わたしはあなたたちの感想が聞きたくて行くのだし。

T　やっぱりたくさんの人に来てもらいたいから。

U　それっておかしいんじゃない? 自分たちに興味があることを、自分たちのためにテマヒマかけてやるのがこの会の精神でしょう? 分科会の人たちだけでもいいじゃない。

T　でも、それじゃもったいないから。

U　他人のためにやるんじゃないもの、お客さまサーヴィスは二の次よ。ただしそれをクローズドにしないで、来たい人は来てもいいよっていうふうにしてるのだから。わたしたちがやってることを、聞きたい人はワキで聞いてて、割りこみたかったら参加してもいい。でも、読書会が前提なら、読んでこなかった人は、ふつうはワキで小さくなって聞いてるものでしょ。それでいいじゃない。

T　そう言えばそうね。自分たちのためにやってるのだものね。

というわけで当日の参加者は約五〇名。わたしにはこれでも多いと思えたのだけれど、二〇〇人入る会場を用意した担当者は「今日は参加者が少なくて」と喜んで(!)いました。おかげで議論はかなり細かなつっこんだやりとりができて、欲求不満の少ない会でした。これを成功と呼ぶか、失敗と呼ぶか？

その矢先、『VOW』の同じ号で、山埜《やまの》まやさんの「読書会へのお誘い」を読みました。掛札悠子さんの『「レズビアン」である、ということ』(河出書房新社、一九九二年)を読んでみませんか？　というお誘い。

「なんだかみんな疲れている今日このごろ堅苦しくなく楽に、お茶・ビール or カクテルでも飲みながら、思っていることをゆっくり語りあいませんか？」

わたしはふと思いました。どうしてこれがこのまま、例会にならないんだろう。例会ってこんなもんだったんだけどなあ。こんな程度でいいんだけどなあ。ものものしくなりすぎたんじゃないのかなあ。

誰のために、何のために、この会をやっているのか、初心にかえろうよ。何より自分自身のためなんだもの。

『女性学年報』創刊号編集長だったころ　――２００９

「創刊号」まで

書きたいことはあふれていて、聞き手はどこにもいなくて、そして既存の雑誌は、とても載せてくれそうもない時代だった。大学へ進んだ女たちは、自分の研究分野に居心地の悪さを感じていて、それをなんとか言語化したり、批判したりしたかったのだけれど、発表のあてはなかった。たとえばわたしの業界でいえば、『社会学評論』(日本社会学会)という業界誌(学会誌)はあったけれど、わたしの書きたいようなことを書けば、女の主観に偏っていて、「感情的で客観性がない」と却下されそうな時代だった。それまでだって、研究論文を書いてきた経験はあったが、女性学の論文を書くときには、はじめて、自分がほんとうに書きたいものを書いているという実感があった。書きながら、怒りがふつふつと湧いてきて、そのテーマに対して、自分が冷静ではいられないことを感じたものだ。

だから、自分たちで自分たちの媒体をつくろう、と思い立ったのだ。最近の若者たちが、既成の論壇から離れて、『フリーターズ・フリー』とか、『ロスジェネ』とかの媒体を自分たちの力でつくりだしているのをみると、同じことをやっているなあ、と感慨がある。わたしたちの場合は、完全に手弁当で、商業出版社はつかず、書店にも置いてもらえず、自分たちで担いで「行商」で売りあるいたものだけれど。

『女性学年報』には、前史がある。田中由布子さんたちとつくった日本女性学研究会経済学分科会が出した『おいこす・のもす』である。オイコス(家)のノモス(秩序)、それからオイコノミアとなり、そして英語のエコノミー(経済)の語源となったラテン語から来ている。手づくりの同人誌のような雑誌だった。知らない人たちも多いと思うので、ここに書いておきたい。

「年報」の名前をつけたのは、年に一度出すのがせいいっぱい、という限界への自覚もあったが、わたしの念頭のどこかに、一九二〇年代フランスにおける、『社会学年報』、デュルケイムやモースなど、若き社会学者や人類学者がジャンルを超えて集った刺激的な研究集団が出した雑誌への連想があったのはたしかだ。この集まりは、その後、ブルトンやランボーのようなシュールレアリスムの芸術家たちにも影響を与えた、学際的な集団だった。こんなこだわりがあったことも、たぶん、だれも知らないだろうから、ここで証言しておきたい。

編集スタイルをつくる

『女性学年報』の基礎となるルール(その後、いくらも改訂されたが)をつくったのは、わたしです、と言うときには、すこし誇らしい気分になる。

そのひとつは、編集委員会方式と独立採算制を採用したことだ。編集委員長や編集委員も自薦。だれからも制約を受けずに、自分のつくりたい雑誌をつくる。もともと自分のために始めた雑誌だから、編集委員の書いた論文の採用を最優先する。出したい人が、負担の重い仕事も引き受ける。採用の原則には、こんなものもあった。志のある論文、立場のはっきりした論文、他に掲載の可能性の低い論文……を優先する、と。これはふつうの編集委員会の「中立・公平」の原則とはまったく逆だ。

しかも編集委員会は毎年、交替する。情報の集中と経験の格差を避けるためだ(同じ方式は、ニュースレターでも採用した)。こんな不安的な運営方式で、三〇年間で三〇号、のべ三〇人の編集長とその一〇倍くらいの数の編集委員経験者を生み出した。雑誌ってこういうふうにつくるもんなのね、論文ってこういうふうに書くもんなのね、ということをカラダで覚えた人材が、これだけストックされたのは財産だった。こうして編集委員を一回経験した人が、次の年には、書き手に変わるようになっていったからだ。

もうひとつは、コメンテーター制度である。これも告白すると、東京大学の大学院生たちが独自に出していた『ソシオロゴス』の当時の編集方針から借用した。この雑誌も、学会誌がとうてい受け付けてくれそうもない、実験的で野心的な論文を発表するために、院生たちが独自につくりだした媒体だった(今の『ソシオロゴス』は、当時とはすっかり変わってしまったが)。

かねてから、学会誌の権威主義的な覆面レフリー制度にわたしは疑問を持っていたから、顔を出して、書き手と双方向で、お互いに納得のいくやりとりをして論文を書き直すプロセスをつくりだそうと思った。やってみたら、これはとてもおもしろい経験だった。以下は、そのなかから得られたいくつかの経験則である。

コメントを受けた書き手のなかには、失礼だと怒る人と、ここまでていねいに自分の論文を読んでもらえたのは生まれてはじめてだ、と感激する人との二種類がいた。そして前者は、すでに論文をいくつも発表している人に多かった。

コメントは二回やる方が、よい結果になった。一回目にあれこれ注文を出すと、書き手はコメントのほとんどをとりこんで、過剰に適応した論文を提出する。コメンテーターは最初の論文を読んでいるから、改訂稿との落差を見て、あなたがほんとに言いたいことはこれではぼけてしまうでしょう、ともう一度、本人の思いを明晰に表現するように誘導する。二回の改訂で、どんな論文も、提出稿からはみちがえるようによくなった。だから完成稿は、書き手とコメンテーターの共同制作と言ってもよく、テマがかかったぶんだけ、読みやすくなった。

コメンテーターは二人制、ひとりはテーマの分野に近い人、もうひとりはまったく離れた人を選んだ。わたしはだいたい専門家の側にいたから、コメントは必ずもう一方のコメンテーターから始めてもらった。それで気がついたのは、コメントの九割以上は重なること。ここから「しろうとにわからないことは、くろうとにもわからない」という名言が生まれた。

どんなしろうとの読み手でも、論文の欠陥はわかる。けれどコメントは批判や反論とはちがう。書き手の伝えたいことを、読み手にわかるように伝える表現のしかたをお手伝いするしごとだ。ここから「書き手の気持ちになって、どうしたら伝わるかを考える」「批判や反論はしない」「自分ができないことを、相手に要求しない」などの、コメンテーター・マニュアルの基礎が生まれた。

こういうプロセスをたどって、まったくのしろうとが、四〇〇字詰め原稿用紙三〇枚から四〇枚程度のまとまった「論文」を書く現場に立ちあった。このコメンテーター経験者も財産になった。この人たちのあいだから、次の書き手が育ったからである。

できなかったこと

悔いも、残る。

そのひとつはコメンテーターが、やがてきびしい審判になる傾向が出てきたことだ。だからこそ対面的な双方向性を大事にしたのだが、遠隔地の会員からの投稿が増えて、面識がなくなるにつれて、この傾向は強まった。

もうひとつは、女性学は女の経験の言語化、どんな女でも他人に語るべきことを持っているという信念から出発して、論文らしくないスタイル、少なくとも注と文献のない文章を書こうと志したが、これは挫折した。女性学の制度化に伴って、既存の学問の女性学化よりも、女性学の学問化の方が先に進行した、と言ってよいかもしれない。諸外国を含めて女性学の知の体系としての蓄積がみるみるうちに進み、斎藤美奈子さんのスキー場の比喩を用いた卓抜な表現を借りれば、「山頂近くではアクロバティックな知的レースが繰り広げられている一方、麓のちびっ子ゲレンデでは百年一日の議論が繰り返されている」(『本の本』筑摩書房、二〇〇八年)状態が生まれてしまったからかもしれない。これには痛恨の思いがある。

だが、新編集長が生まれるたびに、この学問化の傾向に抗して、文体やスタイル、ジャンルなどのさまざまな実験がおこなわれているのを見るのはたのもしい。

次のステップ

日本で初めて「女性学」の名を冠した媒体が生まれて三〇年。そのあいだに『女性学』(日本女性学会)、『ジェンダー研究』(国立女性教育会館)など、類似誌がいくつも生まれた。学会や研究所などの制度が保証してくれる媒体があるなら、もうこんな手づくりの媒体は要らない、『女性学年報』の歴史的使命は終わった、と考えることもできる。もし継続するなら、類似誌とどう差別化するかが問われる。またＩＴ革命で印刷媒体が息も絶えだえになったので、ウェブ上にコンテンツを移す、というのも選択のひとつだろう。三〇周年のいま、立ち止まって考えてみることも必要だろう。

編集委員というお仕事
――『女性学年報』の危機をめぐって――

――1997

初心にかえろう

赤崎久美さま

前号の『VOW』拝見。

そうですか。『女性学年報』(以下『年報』)が危機ですか。八月四日のあつまりに出席できない代わりに、紙上参加させてください。『年報』創刊に関わったものとして、また「論文の書き方」や「コメントの仕方」の原案を考えたものとして、いくつかの思いがあります。

ひとことで結論から言えば、「初心にかえってほしい」ということに尽きます。考えてみれば『年報』は、だれも出してくれそうもない自分たちの書いたものを載せるために、自分たちのために、自分たちの手で、出したものではなかったでしょうか？

「こんなもの、学問になるの?」とさげすまれながら。

ここ数年、わたしの耳にも入ってくるさまざまなトラブルから、わたしは次のような危惧を抱いていました。――『年報』を、客観的で普遍的な学術誌と、かんちがいしているのではないの?」――「客観的で普遍的な学術誌」なら、よそにもあります。そもそもわたしたちは『年報』を、「日本の女性学の振興のため」という「社会的な目的」のために、創刊したのでしょうか? まずなによりも、「自分たちのため」ではなかったでしょうか。それが、結果的に「日本の女性学の振興」につながるとしても、ことがらの優先順位をまちがえないようにしたい、と思います。「他人のため」より「自分のため」。これがフェミニズムの基本ではないでしょうか。

きびしいコメント

いくつかのトラブルを例にとって、お話ししましょう。

最初耳に入ったのは、コメンテーターがきびしくなりすぎて、執筆者とのあいだにトラブルが起きるだけでなく、それが逆効果を生んで執筆者がふるえあがり、「こんなにきびしいコメントにさらされるようなら、わたしには書けない」と思うようになった、ということでした。「コメンテーターがきびしい」のは、もちろん「要求水準」

が高いからです。そのこと自体は、悪いことではありません。問題は「要求水準」のなかみ、何をすぐれた論文だと考えるか、の基準です。

コメンテーターのあいだには「客観的で普遍的な学術論文」についての、思いこみがなかったでしょうか。

「客観的で普遍的な学術論文」なら、他の媒体が載せてくれます。なにも『年報』がその責任を背負わなくてもかまいません。初期のころとはちがって、女性学の媒体は、大幅に増えました。「他の媒体が載せてくれそうもない論文」もしくは「他の媒体にアクセスの少ない人の論文」を優先する、という原則は最初からありました。

コメンテーター制度は、しろうとがいかに論文の書き手にまわれるか、という「徒弟奉公」型の訓練の工夫として、生まれました。論文を書いたことのない人でも、論文の読者にはなれる。しかも適切な批判者にはなれる。他人の書いた論文のコメンテーターを引き受けることをつうじて、作品というものがいかに生まれるか、の現場に立ち会い、書き手とのフィードバックのなかから、次回はみずから論文の書き手にまわる、というのがコメンテーター制度のしくみでした。そのためにはコメントは次のようなものでなければならない、ということを、いくども確認しあったはずでした。

「書き手の立場に立って、書き手の言いたいことを、読み手に伝わるように表現する手助けをすること」――それは「論文とはこう書くべきだ」という思いこみを、他人に押しつけることとはちがいます。そのなかには、女性学が自分の思いを表現するものであること、が、しかし、ひとりよがりではなく、他人と共有できるわかりやすい表現であること、という「初心」が込められていました。

コメントをめぐってまったく逆の例もあると聞きました。このところ『年報』の水準が上がりすぎて、執筆者が構えたいかにも「学術論文」ふうの原稿を送ってくる。それを「もっとわかりやすく書き直してほしい」とコメンテーターが要求すると、侮辱されたとか、失礼だと書き手が怒り出す、というケースです。「こんなめにあったのは初めてだ」と憤激する権威主義的な書き手には、いままで「そんなめ」にあってこなかった「不幸」に同情してあげて、わたしたちのやり方を説明したうえで、丁重におひきとり願いましょう。書き手のなかには、「こんなめにあったのは初めてだ」と、喜んでくださる方もいらっしゃるのですから。学術誌のなかで複数のコメンテーターがついて、微に入り細にわたるコメントやアドヴァイスをつけたうえで、リライトの機会まで与えてくれるところがどのくらいあるでしょうか。そのために編集委員やコメンテーターがどのくらいの時間やエネルギーを使っているかを考えていただかなければなりません。

大事なのは、コメンテーター制度は学会誌によくあるレフリー(審判)制度とはちがう、ということです。レフリーはあくまで覆面であり、学会誌の水準にふさわしいかどうかを判定します。コメンテーターにそんな権限はありません。あくまで論文を共有可能なものにするための共同作業の相手なのです。しかもコメンテーターのアドヴァイスを受け入れるかどうかは、書き手にゆだねられています。アドヴァイスをつっぱねる自由も、書き手には残されています。

わたしは女性学関係の某学会(といえばすぐわかるか)の会員ですが、ある論文のレフリーを依頼されて、覆面のままではフェアではないから、名を明かして執筆者と双方向のコミュニケーションが可能ならお引き受けしましょう、それができないならお断りします、と申し出て、結局レフリーを辞退したことがあります。こういうやりかたは女性学の精神に反する、と思うからです。

ちなみにわたし自身がコメンテーターをやった経験から。複数のコメンテーターは、その分野のしろうととくろうととが組みあわさるように配慮しました。何回かの経験をつうじてはっきりしたことがあります。それは「しろうとにわからないことは、くろうとにもわからない」という「真理」です。

『年報』の私物化?

もうひとつの最近の例、赤崎さんが紹介していた批判、「編集委員会は『年報』を私物化している」をあげましょう。こういう批判を浴びて、編集委員はすっかり嫌気がさした、ということですが、このなかには、編集委員の方たちの献身的な思い、こんなに一生懸命「みんなのために」やっているのに、どうしてこんなことを言われなければならないのだろう、という気分があるからでしょうか。それとも、もともと「自分たちのための雑誌」だったのに、「世のため、人のため、学問の公共性のため」に存在しなければならぬ、と思いこんでいるらしい投稿者――その実、そういう人びとは、たんに『年報』は「自分のため」に存在していると思いこんで、編集のためのさまざまな負担を背負わないまま、「ただ乗り(フリーライダー)」を決めこんでいたりするのですが――に、見当ちがいな批判を受けることに対する、いらだちなのでしょうか。

編集委員が『年報』を私物化して、どこが悪いのでしょう? 「編集委員会は『年報』を私物化している」という批判を浴びて、どうしてひるまなければならないのでしょう? 日本女性学研究会の原則は、「口を出したい人が手も出す」ではなかったでしょうか。それから言えば、『年報』は、自分の論文を出したい人が、編集委員も引き受けて、「口も手も」両方働く、というのが、原則のはずです。わたしの記憶では、たしか論文採用の優先順位に「会員の論文を優先する」「編集委員の論文を優先する」というのがあったはずです。自助努力のための団体だから、当然ではありませんか？　だからわたしたちはこう言ってきたはずです。「論文を出したいのなら、まず会員になってください」。こういうルールを「排他的だ」という人にはこう言えばいいのです。「まず編集委員にもなってくださいませんか？　そうしたら優先採用します」。会員にも編集委員にも、その気になればだれでもなれます。だから、ほんらいなら、今年は自分の論文を『年報』に載せるぞぉ、と思っている人が、編集委員を名のりでる、というのがいちばんいいのです。

わたしはこのところ「遠方会員」になってしまいましたから、「手」も出さないかわりに「口」も出していません。『年報』の出来についても批判がましいことは言いません。そのかわり、黙々と「行商」をやっております(笑)。『年報』が少なくとも「他の人にも読んでもらいたい」と思えるかぎりは、販売促進に貢献するでしょう。そうでなくなれば、わたしだって見放すかもしれません。それにわたしは他の媒体へのアクセスを他の人以上に持っていますので、ことさらに『年報』を選ぶ必要が少なくなりました。

え、でも、他の媒体へのアクセスがなくて、そのうえ遠方の人はどうすればいいの、ですって？　うーん、困りましたね。通信手段を使って、他の論文のコメンテーターを務めてもらう、という貢献のしかたがありますが、それだけでは雑誌は出せません。そういう「アファーマティブ・アクション」はいくらかはあってもいいけれど、掲載される論文のほとんどが「手」を出せない「遠方会員」によって占められているのは考えものだと思います。そういう人には、「悪いけど、あなたが口も手も出せる場で、おなじような活動を作ってくださいね。わたしたちもそうしてきたのですから」というほかありません。わたしたちが『年報』を出してきたのは「慈善事業」や「学問の公共性」のためなんかじゃ、ないのですから。（ああ、こう言えるのはまったく爽快なことです。わたしたちはただの民間団体で、公認の学術団体なんかじゃないのですからね。）

それがしばらく前から、編集委員は論文を載せないばかりか、編集長にいたっては忙しすぎてそれどころではない、という事態が起きてきました。そうなれば、編集委員は「他人のため」のボランティアになります。そのうえ、「私物化している」なんて批判を受けたら、「やってられない」気分になるのは当然ですね。ここでもやはり、わたしたちは『年報』の原点、「自分のためにやる」に立ちかえるべきではないでしょうか。

「編集委員というお仕事」

でもほんらい、「編集」という仕事は、「執筆」とはまたちがうおもしろさを味わえるものです。もし、ただの論文受け付け係、ではなく、自分のイニシアティブがとれるなら、ね。例えば数年前にある編集長が「マイノリティ」特集を組んだとき、「独断専行だ」と批判を浴びましたが、結果は論文執筆依頼の際の葛藤も含めて、おもしろいものになったと思います。彼女は従来の「論文募集」のやりかたを「執筆依頼」に代えて、特集を組むというイニシアティブを発揮しました。それでいいではありませんか。何といってもそのために、彼女が他のだれよりも時間もエネルギーも使ったのですから。しかも依頼された人々が原稿のなかで「特集」批判をする、というフィードバックを含めて、「マイノリティ」とは誰か？　誰が「マイノリティ」を定義するのか？　という根源的な問題が、理論的にも実践的にも浮かびあがる、という貴重な経験を、わたしたちみんなが共有したのですから。

もうひとつ、「セクシュアリティ」特集号では、巻頭に「学術誌らしからぬ」座談会が掲載されました。これまでのスタイルをうちやぶって、冒険に見えたこの座談会を載せることは、当時の編集長の「英断」で決まった、と聞きました。「いいんじゃない」「冒険だけどもやってみよう」――そんな思いつきが生きる場が、「編集委員というお仕事」だとしたら、書き手とはまたちがうおもしろさがあるはずなのですが。

「女性の視点に立って」

「私物化」ついでに、書き手とのトラブルのひとつ、掲載お断りについてもふれましょうか。『年報』の「めざすもの」に「女性の視点に立って書かれたもの」という基準があります。これまで編集委員会は、いくどか、とりわけ男性の執筆者とのあいだで「掲載お断り」のやりとりを起こしてきました。その判断が承服できない、公平でない、というのが書き手からのクレームです。ところで「女性の視点に立って」というのはあいまいな表現です。いったいだれがそれを判断するのでしょう?

ここでも答えは簡単です。「編集委員が」「主観的に」判断するのです。それ以外にどんな方法があるでしょう? 「掲載お断り」のやりとりを、むだな労力と考える必要はありません。このときこそ、「女性の視点に立って」とはいったいどういうことか、ケースに即して編集委員の判断がためされるのです。あなたは女性学を何であり、何でないと考えるか、が具体的なテストケースであきらかになります。そのうえ、それを相手にわかるように伝えなければなりません。

「編集委員」の「主観的」な判断が気にいらないあなたは、みずから編集委員会にはいっていただくしかありません。編集委員の構成によって、この判断基準はゆれうごくでしょう。ある年はきびしく、ある年はゆるやかに、というふうに。それでいいのです。編集委員会は人が構成します。その年の担い手の持ち味が出るのは、あたりまえではありませんか？　そして、わたしたちの会のように、総会まで廃止したラディカルな直接民主主義のあつまりでは、口も手もよく動くとんでもない人材にのっとられる可能性を含めて(笑)、それ以外のやりかたはありません。気にいらなければ口を出す、口を出すなら手も出す――この原則もまた、わたしたちの「初心」のはずでした。

ラディカルでありつづけること

もうひとつ、『年報』の危機、を構成している外部環境の変化をあげましょう。それは女性学の制度化にかかわっています。『年報』ができてから、約二〇年。「女性学？　んなもの、学問かね？」といわれた時代は終わりました。大学のなかには女性学の講座、コースが増え、女性学で大学の教員ポストにつけるという考えられなかったような事態が現実になりました。日本女性学会が日本学術会議の正式のメンバーになり、定期刊行の学術誌を出すようになりました。大学にポストを得た女性たちは、『紀要』や専門誌に論文を書くことができますし、それどころか論文を発表しなければ生き残れない、というプレッシャーにさらされています。男メディアであった総合誌まで、ジェンダー関係の論文を載せてくれるようになりました。もはや『年報』が、数少ない媒体であった時代は終わったのです。

この変化には、女性学の量の変化と質の変化とのふたつの側面があります。媒体や論文の量の変化の側からいえば、他に媒体があるのなら、もはや手弁当でこんなにテマのかかる売れない雑誌をつくりつづけなくてもいい、『年報』は女性学の草創期の歴史的使命を終えた、という考え方もあります。だとしたら、「終刊」という「名誉ある撤退」をすればよいのです。どんなものにも初めがあり、終わりがあります。「いかに終わらせるか?」は「いかに始めるか?」に劣らず、重要なことです。もし犠牲が多く、不満が絶えず、しかもできた「作品」の質が悪ければ、それはだれにとってもプラスになりません。

もうひとつは質の変化に関しています。この二、三十年のあいだに女性学の研究の成果はおびただしく蓄積され、ひとつのジャンルを形成するにいたりました。その結果、専門的な理論や概念など、準備がなければ取り組めないような、しろうとにはとりつきにくい学問になりました。初期のころのように、「さあ、自分の経験を語ってみよう」というコンシャスネス・レイジングだけでは、教える方も教わる方もやっていけない事態が来たのです。べつなことばでいえば、女性学にはプロとアマができたのです。

『年報』には女性学とは「女性ならだれでもできる学問」だと書かれていますが、かんたんにはそうは言えなくなってきました。わたしは自分の教育現場では、徹底的に研究者のプロを育てる仕事に徹しています。しかし、おなじやり方がすべての人に求められる必要はありません。『年報』の水準があがり、コメントがきびしくなったのは、女性学のこの質の変化をなにがしか反映しているでしょう。『年報』が難解になった、文章がむずかしくなった、書き手が大学院生や研究者にかたよるようになった、という不満を耳にするようになりました。

だがしかし。ここでも、『年報』が「学術研究」の水準にあわせる必要があるでしょうか。『年報』の担い手のなかには、日本で最初の女性学研究誌の「老舗」としての誇り(!)から、水準を落としたくない、最先端を走っていたい、という気持ちがあるかもしれません(笑)。ですが、「最先端」とは何でしょうか。「最先端」とは、問題が生きられる現場のことです。すべての学問は、その「現場」から概念をくみとり、理論をきたえていきます。その現場は刻々に変わります。一〇年前の「現場」は今日の「現場」ではありません。女性のかかえる問題は、確実に変化しているのです。

女性学の制度化は、担い手のあいだに困った世代間ギャップをひきおこしています。わたしたちの世代が女性学を始めたとき、わたしたちの目のまえに女性学という分野は存在しませんでした。カッコよくいえば「あたしの前に道はない、あたしの後に道はできる」なぁーんてね。女性学のパイオニア世代は、それぞれフェミニズムの洗礼を浴びながら運動とともに歩んできたのでしたが、若い世代にとっては、女性学はすでに目の前にあり、学んだり、批判したり、距離をとったり……する対象として存在しています。とりわけ大学教育のなかでは、生活経験の少ない、運動とまったく無縁な若い女性が、知的な興味から女性学を学び、研究者をめざすようになってきました。わたしはこれを困った事態だと思っています。女性学はフェミニズムと切っても切れない「闘う学問」です。女性学の成立期の定義、「女性学はフェミニズムの運動の理論的武器である」は今でも有効です。

女性学の担い手がくろうととしろうとに分化したからといって、わたしは『年報』を「初心者(アマチュア)向け」の媒体にせよ、と言っているのではありません。

女性の自己表現の「現場」にいちばん近いところにいて、そこでの自生的な表現にどんな抑圧も加えないことで、わたしたちはもっとも「先端的(ラディカル)な」位置にいることができる、と確信しているのです。ここでも「初心」に立ちかえりましょう。思えば、『年報』を創刊したとき、わたしたちの念頭にあったのは、どこにも持っていきようのない表現の場がほしい、ということではなかったでしょうか。それが「学問」のかたちをたまたまとったのは、「他者と共有された知」についての信頼があったからこそではないでしょうか(上野「〈わたし〉のメタ社会学」上野他編『岩波講座現代社会学1　現代社会の社会学』岩波書店、一九九七年)。

わたしはここでそういう表現の実例をあげたい、と思います。掛札悠子さんの最新のエッセイ、「抹消(抹殺)されること」(河合隼雄・大庭みな子編『現代日本文化論2　家族と性』岩波書店、一九九七年)は、そういう生きられた「現場」からの声として、圧倒的にラディカルな表現でした。「ラディカルである」とは、ここでは、ひりひりするような「現場」に立っている、ということです。彼女がカムアウトした頃とくらべて、『「レズビアン」である、ということ』(一九九二年、河出書房新社から刊行の著書タイトル)をとりまく「現場」は変化しています。掛札さんは、それをいらだちとともに表現する新しい文体を獲得しています。わたしはその強靱さに息を呑みました。

掛札さんの文体は詩でもエッセイでもなく、論文でもありません。おそらくどんなジャンルにも入らないけれども、彼女が自分を表現するために切実に必要とした文体でした。しかもそれは九〇年代の今日の「最先端」の「現場」のひとつに、彼女が立っていることを示す文体でした。その文章は、河合隼雄・大庭みな子という異性愛と家族の価値を疑わないふたりの編者の文章にはさまれていました。わたしにはとても「場違い」に思えたものです。掛札さん、ここはあなたのいるところではない、と思わず声をかけたくなったくらいです。こういう場所にいることで、ほんらいなら彼女に共感したであろう多くの読者に、彼女の声は届かないのではないか、とまで心配しました。とはいえ、「家族と性」(わたしには「家族」と「性」がひとつの主題として扱われる、という立場自体が理解しがたいものです)と題する書物のなかで、掛札さんを起用しようという考えそのものが、編者の見識というものかもしれません。

わたしが『年報』に欲しいのは、こういう「ラディカルさ」です。女の声に耳を澄まし、表現に向かう途上のものをすくい上げ、育てる媒体としての『年報』。いつでも「権威」になりそうなものをうちゃぶっていく冒険心。過大な期待でしょうか?

どっちみちないないづくしのところから出発したのです。失うものは何もありません。恥をかくことをおそれないのが、関西女の心意気ではありませんでしたか?

『年報』で遊んでみよう——そう思ったら、「編集委員というお仕事」って、けっこう楽しめるんじゃないでしょうか。わたしはほんとうのところ、これだけ女性学の媒体がふえた今日でも、『年報』の存在意義はまだまだある、と信じています。

このところ、現場から離れているわたしには、伝聞情報にもとづいて判断をくだすしかありません。見当ちがいのことを言っていたら、ごめんなさい。そして「遠方会員」のわたしにもできることがあったら、いつでも言ってください。

自分がラクになりたい

——1982

勤め先の女子短大で、女性学のゼミを持っている。その中で、一人の女子学生が質問した問いが、痛いトゲのように刺さって抜けない。授業の終わり、何か質問は？とたずねた時に、彼女はおもむろに重い口を開いて、「女性学をやって、何の役に立つんですか？」と問いかけたのである。

女性学をやればやるほど、欲求不満がたまる。こんなめに遭わされていたのかと憤りがつのる。けれど打開策が見つからない。この世間でフェミニストとして生きようと思えば、アタマを叩かれるのがオチだ。やればやるだけ、しんどくなるだけじゃありませんか——と彼女は問いかけたのである。

いずれ目を覚す子なら、寝た子は起こさないより起こした方がよい、とカッコよく主張する気はない。わたしがその時、一瞬ひるんで、そのあとしどろもどろに答えたのは、こうだった——女性学をやるのは、自分がラクになりたいからです。

ラクになりたい、ラクになりたいと思いつづけていて、意図せずに結果としてしんどさの中にはまりこんでいることは、ままある。しかし、はじめからしんどさを求めたわけでもなければ、しんどさの中でヒロイニズムに酔うつもりもない。わたしは、本心から、ラクになりたい一心で、こうしているのよ、と言おうとしたのだが、彼女に伝わったかどうか。

ラクになるためには、ラクになる戦略というものがある。他人にあわせるラクさもあれば、自分に正直なラクさもある。どちらがほんとにラクだろう、という選択は、子どもだましみたいなものだ。ほんとは、あなたとわたしの間柄で、そのあいだがらがラクになりたいのに、そのための道のりが長すぎる。

こらえきれないから、そのつどちょっと息を抜いてみる。ラクになるなり方は、多すぎてかえって困る。ちょいと横っとびに現場を退いて、自分や他人や世界と和解してみる。こういうラクになるなり方を、親鸞さんには悪いがわたしは「横超」と呼んでいる。人には人の身の丈に合ったラクになり方、というものがある。わたしは見ていると、せつなさとくやしさでキリキリする。てめエ、そんなに早く、ラクになられてたまるか……そういう時には、ホッペを叩いて、殴り起こしてあげるのが、優しさと言うものだろう。

女のひとは(女に限らず日本のひとは)早々と、安直にラクになりすぎるような気がする。身の丈の幸せと、お手軽に和解しすぎるような気がする。安直に手に入れたものは、それだけのものでしかないことに、あとになってわたしたちは気がつくだろう。

ねエ、ラクになりたい一心で、こんなしんどいことに耐えているんだと思いませんか、わたしの姉妹たち。女性学もまた、自分じしんを救う長い「道」の一つなのである。

女性学は趣味だ

――1980

今から一昔前の学園闘争はなやかなりし頃、「趣味的学生運動」論を唱えた友人がいた。あの頃は、みんながからだを張って運動していたから――ほんとうに、ケガをしたり、生命を落とした人もいた――そんな中で、自分の学生運動は「趣味」だ、と言うのは、別の意味で勇気の要ることだった。わたしたちは、プチブル家庭出身の学生で「抑圧された労働階級」でも「学生社会の落ちこぼれ」でもなかった。わたしの友人の一人は、じぶんの中に問題を発見できなくて「問題」を探しに、沖縄や釜ケ崎へ出かけていた。わたしは、彼の滑稽な「誠実さ」を、横目で眺めていた。そんなわたしたちが、闘うのは、やはり他人のためではなくて自分のためで、それは、わたしたちにとって「自己表現」ということに近かった。「趣味」ということばでそれを表現した友人には、自分たちを突き放して見た、したたかさとしなやかさがあった。

女性運動の現況は、あの頃とは比べものにならないくらい平和である。なにしろ国際婦人年とやらでオカミからお墨付きまでいただいているくらいだから、こんな中で「趣味的女性学研究」論を唱えても、ちっとも衝撃力がないばかりか、「なんだ、女性学ってのは、料理教室と変わらないんですね」ということになる。それでなくても、女性学は「ちょっとインテリ」(と思いこんでいる)女性の知的アクセサリにすぎない、と歯がみしている向きもあるくらいだから、女性学は趣味、なんてことを言うと、大方のヒンシュクを買うこと、請け合いである。

わたしが関係している日本女性学研究会という会に、先日、自分の大学に女性問題研究会を結成したばかりというイキのいい女子学生がやってきて、こんな感想を述べた。

「この研究会にやってくる女の人たちって、みんな安定した生活を送ってる人たちばかりみたいですね」

わたしは、ニヤリとして、彼女の観察に同意した。

「安定した生活」とは何だろう。会員の中には「働かなくてもいい幸せな主婦」か「職場に恵まれた幸運な人」たちで、経済的に安定した生活を送っている人が多い。もちろん「幸福」は金銭で買えないから、家庭の人間関係も安定していなければならないが、そちらの方も確保できているらしいことは、日曜日のまっ昼間に主婦が単身こんな集まりに来ていることからも知れる。女性運動が抑圧や差別の体験からしか出発できないとしたら「虐げられた妻」でも「差別された婦人労働者」でもない女たちは、自分の境遇を自己否定するか「潜在的な抑圧」に気づかない自分の「鈍感さ」をのろうしか仕方がないことになる。

「かわいそうな他人」を救ってあげる運動のウソッパチは、とっくに明らかになったが、だからといって、今度は「かわいそうな私」を仕立てあげることはない。自分の現状を正確に認めて、その上でなお自分を動かすものがある時、それをとりあえず「趣味」と呼んでおこう。

会員のNさんは、ボランティアの分科会に入っている。エピキュリアンの彼女に、ボランティアなんて、似つかわしくないことおびただしいのだが、彼女は「趣味でやってるのよ」と、サラリと言ってのける。わたしもほんとうは「女性学は、道楽よ」と言いたいのである。

趣味だからていねいに、趣味だから手を抜かずに、つきあいたいと思う。女性学研究が、料理教室より上等だ、といばることはない。料理教室で生活の智恵を伝えあう女たちの間には、生き生きしたやさしさがある。わたしは、女性学研究が、せめて趣味の域に達してくれればよいと思っているのだ。

女性学って何?

——1981

東京の女性学研究会編の『女性学をつくる』(勁草書房、一九八一年)という本が出た。これを読んで、女性学とは何かがわかると思ったら大まちがいで、女性学をめぐる錯綜した現状が、ますますはっきりする一方である。

井上輝子さんは、女性学を「女性の女性による女性のための学問」と定義しているが、今わかりやすくするために論点を整理すると、問題は次の四点をめぐって問われていると言っていいだろう。

(1) 女性学の対象
(2) 女性学の方法
(3) 女性学の担い手
(4) 女性学の目的

井上さんの定義を上の項目にあてはめると、女性学とは「(1)女性を対象にした、(2)

女性の視点＝方法に基づいた、⑶女性の担い手による、⑷女性のための（目的）学問」となろう。

ところで討論の参加者たちは、この定義をめぐって次のような異論を提起している。

⑴　対象・女性差別だけが対象か？
⑵　方法・女性学固有の方法はあるか？
⑶　担い手・女性だけが担い手なのか？
⑷　目的・女性解放だけが目的か？

どの問いも「なぜ女だけなのか？」に集約される。論者の意見が一致しているように見えるのは、⑷目的で、「女性学は女の利益のためのものである」から、したがって価値中立的ではない、ということぐらいであるが、「国益のため」と称して、軍拡論も軍縮論も両方同時にまかり通るご時世だから、目的が共有されても、戦略が一致するとは限らない。以下⑴～⑶の論点について、錯綜を解きほぐしていこう。

1　対象

「女性差別だけが対象か」と考える人びとは、女性差別は階級差別や人種差別、部落差別ｅｔｃに連動していると考える。それに対しては、女性差別は、他の差別と共通したところもあるし、異なった点もあると答えるほかない。

しかしこれらの人びとが、「ゆえに女性学はあらゆる差別を対象にすべきだ」といって、女性差別を差別一般に解消することには、待ったをかけなければならない。なるほど実践的戦略としては、女性解放運動が、第三世界の解放や公害や原発の反対運動と統一戦線を組めるのは、プラスに違いない。しかし、昔から正確な自他認識を欠いた人民戦線は、成功したためしがないのだ。

女性差別が他の差別一般と違うのは、カテゴリー内在的な相補性(他の性なしでは成り立たない)による。一つの文化社会体系は、人種差別や階級差別を内在させなくとも存続できる。それらはシステムにとっては二次的だ。それに比べれば相補的性格において、性差別は、部落差別に似ている。被差別部落の歴史研究によれば、部落民とは、あるシステムのまとまりを維持するために、不可避的につくり出された境界記号だからだ。部落民でなければ別な誰かが、境界記号になるだろう。平民は平民であるために、相補的に、部落民を必要とする。

しかし性差別は、部落差別とも違っている。部落民は集団として分離されるが、性差別は一対の男女の中に、相補的に表われる。社会が存続するためには、一対の男女の相補性が不可欠である。それだけ、性差別の相補的な性格は、文化と個人のアイデンティティの核に、ふかく内在しているといえる。

女性学は性差別のこの固有性を対象とする。こうした固有性を見逃して差別一般と、正義の連合戦線を組みたい人は、アイデンティティの核を問題にすることを避けるために、何らかの自己欺瞞をしているとそしられても仕方がないだろう。

2　方法

「女性学固有の方法はあるか」と問う人びとは、女性学は、老年学、人種研究、地域研究のような学際的研究の一つにすぎないと考えている。「視点が対象を創る」とすれば、女性学の視点は、すでに女性学に固有の方法と対象を見出していると言っていい。女性学の視点の持つ内在的な相補性は、既成の方法を根源的に相対化するに足るものだからである。その点では、学際研究の寄せ集めのように思われている老年学も、固有の方法を持つ可能性がある。老年学は、客体としての老人をどうとり扱うかという研究から、主体としての個人や社会が、加齢(エイジング)や死をどう受容するかという研究へ、主題を移しつつある。それは、既成の学問を独占している「青年の視点」を「老人の視点」から、根底的に相対化する機能を果たす。エイジングという新しい概念が新しい問題群を発見した時、老年学には固有の方法と対象ができたと言っていい。

女性学は、固有の概念装置をつくり出すことができるし、またつくり出しつつある。こころみに、哲学に固有の方法があるかと問うてみるがよい。哲学の道具とは、思索者が徒手空拳で編み出したいくつかの認識の道具の集合にすぎない。そのように視点は方法を生み出すであろうし、また道具の材料を隣接分野から借用してくるのは、認識者の才覚である。モデルを言語学から借用したからと言って、人類学に固有の方法がないと言う人は誰もいない。もしくは、固有の方法などない、と言っても同じことである。答えを待っている固有の問題群がある。それだけが肝要だ。それを前にして、女性学に固有の方法がないと言う人びとは、エスタブリッシュされた学問に教理コンプレックスを持っているというだけのことだろう。

3 担い手

「女性だけが担い手なのか」と問う人びとは、もちろん男性を研究に引き入れることを考えている。男性を研究に引き入れるメリットは、①男性を排除しない寛大さの証明であったり、②男性を含めた方が総合的な視野が得られるという理論的関心である他に、それよりもむしろ、③社会的強者である男性を研究から排除するのは女性学の発展にとって不利である、④女性学の社会的評価を高めるために「男性もやる」ことが必要であるといった、実践的な関心の方が大きいように思われる。

実践的な配慮を離れれば、残る問題は「男性に女性学ができるか」ということである。この問いは「白人が黒人解放に関われるか」という問いに似ている。女性学に参入する男性は、異文化を研究する人類学者に似ている(と言ったら怒る人がいるだろうか)。人類学者は、いかにして自分が属さない文化を記述することが可能かを、問う。原住民のインフォーマントに、当該文化を語らせればそれで十分ではないのか？——十分でないところに、人類学者の存在意義がある。人類学者が記述するのは、結局他者を鏡にした、自己の文化、つまり自他の文化の距離である。人類学者が異文化を記述することをとおして明らかにするのは、結局自分自身を縛る自己の文化の檻だ。逆に言えば、原住民もまた、他者を鏡にする以外に、自己の文化を記述する方法を持たないと言える。

そのひそみにならえば、女性学を研究する男性には、女を鏡にした自己認識、つまり男性学をしてくれと言うほかない。女たちは、これまでたっぷり男という鏡に映った自己像を眺めつづけてきた。それが歪んだ鏡だったので、自分たちの本来の姿(そんなものがあるとしてだが)がわからなくなるほどに。女たちは、今ようやく自分で鏡をつくろうとしている。女という鏡に映った自分を見て、男たちは、驚くだろうか。

だが女性学は、たんなる異文化理解とも違っている。それは異文化が相補的に析出した、楯の裏面だからだ。これまで男性がつくりだしてきた人間学(アントロポロギイ)は、文字どおりの人間学(捨てたものではないが)と男性学とを含んでいる。女性学は、女性の視点を鏡として、人間学の中から男性学を析出させる効果を持っている。つまり、女性学と男性学とは、人間の相補的なアイデンティティ＝セクシュアリティに関わる研究だと、明確に言っておこう。小林秀雄は『Xへの手紙』の中で「女は俺にただ男でいろ(人間ではない――引用者注)と要求する、俺はこの要求にどきんとする」と書く。こんな要求に今さらどきんとしていてもらっては困るのだ。女性学に男性の研究者が関わることはのぞましい。ただし他者としての女性研究ではなく、他者の鏡に映った自分自身を認識してもらうために。カエサルのものはカエサルに返せ。男性にはほんとうは女性学より「男性学」をやってもらいたい。戦後の革命運動の中で私たちが学んだのは、解放とは自己解放のことであり、他者の解放運動に連帯する道は、自己の足許の解放でしかないということではなかったか。男たちにはこう言おう、あなた自身を救いなさい、と。

というわけで、女性学には固有の対象も方法も担い手も目的も、ある。このくらいのことはマニフェストしておいてもよい。自分を問題から逃がさないためだ。本質を見たがらない人たちだけが、議論を曖昧にする。女性学を過度に縮小することも、反対に過度に拡張することも——いずれも女性学を他のものの中に解体・還元する道だ——どちらもごめんこうむろう。この程度のコンセンサスが、女性学研究者たちの間に形成されない現状を、残念に思うばかりである。

女の組織論 ——1980

女性学をするのに、ピラミッド型の組織はふさわしくない。何をしたいかという活動の内容(WHAT)は、どんなスタイルでするか(HOW)ということと、分かちがたく結びついている。Nさんの表現を借りれば、「新しい酒を古い革袋に入れることはできない」のだから、女性学を志す人たちの集団が、旧来の男性社会で培われてきた権威主義的な組織原理で運営されるとすれば、その集団は、すこしも「女性学的」ではないことになる。

さて、どのような組織が「女性学的」か、となると、イメージは茫洋としてくる。「ピラミッド型でない組織」と、消去法で表現してみても、イメージはつかめない。Yさんは、苦しまぎれに「アメーバ型」という形容詞をひねり出した。なるほど「アメーバ」は「ピラミッド」の対極にあるイメージだが、さてその実体は、となると、ますます煙にまかれたような案配である。

既成の概念をうちこわすような、全く新しいタイプの運動が、それにふさわしい全く新しいタイプの組織論を、構築してきたのは、何も、わたしたちが初めてではない。既存の権威に反対する反体制運動の多くは、組織論の上でも試行錯誤をくりかえしてきた。いま・ここで、どんな集団を組むかという問いは、来るべき将来に、どんな社会を待ちのぞむか、というイメージと、密接に関連している。だから、組織論を問わないような集団の反権威志向は本物とは言えないし、また既成の組織原理をそのまま持ちこんだ集団の思いえがく未来図なんて、いまある権威にべつの権威がとってかわるだけで、たかが知れている。現にある革新政党なぞは、民主集中制とかいうミニ官僚制を作りあげることで、自分たちじしんを、天皇制国家のヒナ型にしてしまった。

わたしたちは、多くの前例から学んで「ローリング・ストーン型」組織論というのを展開した。ピラミッドが顚倒しないのに対して、ローリング・ストーン型は、くるくる転がって、アタマをそのつど交替していく。やりたい者が集まって、課題ごとの集団を組みながら、その中でもっとも熱意と能力のある者が、リーダーシップをとっていく。そして、リーダーとフォロワーは、課題ごとに入れかわるのだ。

それからさらに一〇年後の今日、「女性学的」組織論のイメージは、これらの試行の延長上にある。わたしたちがのぞむのは「男の権力」に代わる「女の権力」をうちたてることではなく、女も含めて、無権利状態におかれたすべての人びとが、ひとしく人間として尊重されるような社会だ。そしてそのために、行動をおこす人びとは、誰でも私たちのなかまだと言える。

とりあえず、女性学的な組織のありようについて、いくつかの点を示唆したい。

一、会員・非会員の別なく、自由に出入りできる組織であること。

二、やりたい人たちの自主的な小グループが、重層的に重なりあって、会の実体をかたちづくること。

三、テーマごとの小グループは、「熱心にやりたい人」から「ちょっとだけやりたい人」までの層の厚みを含みうること。

四、やりたい人は、やりたくない人を、差別したり、強制したり、蔑視したりしないこと。

五、やりたくない人は、やりたい人を、排除したり、妨害したり、逆差別しないこと。

六、誰も、他の誰をも、代弁も代表もしないこと。自分の行動には、自分だけが責任を持ち、決定は、やりたい人が、自分の責任の範囲内において、合意の上でとり決めていくこと。

七、相互の自由な意見交換や批判の応酬が、保証されること。

――そのほかにどんな原則があるか、あなたにも考えてみてほしい。

行商セット
——2003

講演に出かけるときには、研究室のスタッフに、声をかける。

「行商セットをお願いね」

これだけで意味が通じる。いつものことだからだ。

行商セットとは日本女性学研究会の雑誌『女性学年報』(以下『年報』)と、日本女性学会の学会誌『女性学』の二冊、それにそれぞれの申し込み用紙を加えた一セットである。この二冊を持ち出す。講演の冒頭で、かんたんに女性学の紹介をして、コマーシャルタイムを入れる。それから会場に見本誌を回す。

「手にとって見てくださいね。そして興味があったら申し込んでくださいね。見本誌ですから汚さないようにね」

あこぎな奴とお思いでしょうが、これを「行商」と申します。日本の女性学は大学の中ではなく、大学の外で、草の根の女たちの手で育ちました。手弁当で雑誌をつくり、それをかついで売り歩き、各地にタネを播《ま》いて、それが大きく育ちました。そのことを覚えておいてください、と付け加えて。

昔はほんとに何冊もかかえて持ち歩いた。なんてったって現物がその場にあることが買う気を誘う。あとでね、なんて言ってたら、タイミングを逃す。だが、年齢《とし》をとってくると、本の重さが肩にこたえる。それに何冊持って出ればよいか、売れ行きが測れないだけでなく、売れ残ったときに持ち帰るのがつらい。それがいやで、持って出たぶんは、ついつい先方の担当者のかたに、さしあげますよ、と置いていくはめになるうち、持ち出しだってばかにならない。何とか省エネ化できないものか、と知恵をしぼり、一時はちらしを持ち歩いたが、やはり現物のインパクトとはくらべものにならない。あれやこれやで工夫の結果、編集委員会と交渉して、現在のスタイルになった。これだと持って歩くぶんが軽量化するだけでなく、買い取りの負担も減る。最近は編集委員会の方たちが配慮してくださって、申し込み用紙を返送するための宛先ラベルや郵便切手を同封してくださるようになった。

そのうち、もうひとつの女性学関連の学術団体、日本女性学会の幹事などをおおせつかるようになって、学会誌『女性学』の販売促進を考えよ、ということになった。それなら、と『年報』の経験をお伝えし、一冊持って出るのも二冊持って出るのもテマは変わらない、と両方とも持って出るようになった。で、「行商セット」のできあがり、となる。

あるとき、西の方から、「上野さん、最近、『女性学年報』に貢献してないわね。このところ編集委員もやってないし」という声が耳に届いた。とんでもない、これだけ販売促進に貢献してるのに、『年報』に貢献度が少ない、なんて。『年報』の購読者が、北は北海道から南は沖縄まで広い範囲にわたっているとしたら、それはいくらかはわたしの功績だ。わたしは『年報』の営業部長を自任してるのだもの。

雑誌をつくる人たちが忘れがちなのは、雑誌はつくったときが完成、じゃないってこと。売れてなんぼ、読んでくださる方たちのもとへ届いて、初めて意味がある。とりわけ、『年報』のように、最初から女性学研究会の会計とはべつに独立採算制でスタートした雑誌は、黙っていても会員にとどくわけではない。ふつうの学会費のように、会費のなかに『年報』の代金が含まれているわけではないので、会員のひとりひとりに、代金を負担して買ってもらわなければならない(わたしの記憶では、たしか『年報』代を含めると年会費が高くなりすぎるから、という理由で、会費と『年報』の代金とを独立させたのだとおもう。)だから、雑誌つくりは販売努力と表裏一体である。自分のつくる本を、マーケットに送り出す商品だと考えてきたわたしにとっては、本の流通を担う人たち、たとえばウィメンズブックストアのようなものは大切な存在である。本だってなんだって、ねうちがあれば黙っていても売れる、なんてあぐらをかいてちゃだめなのだ。

講演が終わると会場にまわした雑誌を回収する。なかにはさんだ申し込み用紙を開くときには、売れたかなーと、どきどきする。びっしり記入してあるときには、ほくし、持ってきたかいがあった、と思う。用紙が足りなくて、裏まで記入してあることもある。ときどきは、サクラよろしく、前回の会場で記入のある申し込み用紙をそのまま回して、誘い水にすることもある。ほら、あなたのほかにも、こんなに興味を持っているひとたちがいますよ、って。講演が終わったあとに何人かがわたしのもとに寄ってきて、「手元にまわってきませんでした、見せてください」という方たちがいると、どうぞどうぞ、とお見せする。その反対に空欄のまま返ってくることもある。そういうときには、しんそこがっかりして、聴衆の質まで呪いたくなる。

おもしろいのは、ふたつの雑誌の売れ行き。これが会場によってちがう。『年報』と『女性学』の申し込み用紙を見くらべて、『年報』のほうが多いと、はっきり言ってうれしい。反対にその逆だと、うーむ、と不満がのこる。ふたつの雑誌に対するわたし自身の思い入れがちがうからだ。わたしは『年報』のほうに愛情を抱いているから、こちらのほうに売れてほしい。だから、コマーシャルのときも、『年報』のほうが魅力的に聞こえるように、誘導をする。日本で初めて「女性学」を冠した雑誌、二〇年つづいた老舗、そして草の根の女たちの思いから生まれた手づくりの雑誌、と。

他方日本女性学会の雑誌『女性学』は、レフェリーつきの学会誌で、大学院生や駆け出しの研究者にとっては、載れば業績になる媒体だ。だから、点数稼ぎをしたいひとたちには、『女性学』のほうがメリットがある。聴衆によって、ふたつの雑誌の反応は異なる。会場によっては、『年報』の売れゆきがすこぶる悪く、もっぱら『女性学』に申し込みが集まったりする。そうすると、わたしは不機嫌になる。聴衆に対して、この権威主義者め、なぁんて気分になってしまう。どちらの雑誌にも売れてほしいのだけれど、ほんねを言えば、ほんのすこし『年報』のほうによけいに売れてほしいのだ。『年報』に申し込みが集中したときには、感度のいい聴衆だなあ、なんて悦にいる。

一九号で「渡辺和子さん追悼特集」を出したときのことだ。仲間うちの追悼号は、関係のないひとたちには売りにくいものだ。わたしはこんなふうに宣伝をした。

「自分が会ったこともなく、よく知りもしないひとの追悼特集なんて、とお思いでしょうが、これをお読みになれば、日本の女性学がどんな担い手によって、だれを巻きこんで、運動として発展してきたか、その歴史がいきいきと伝わるでしょう」。この号は、実際よく売れた。

毎号毎号、綱渡りのような思いで、『年報』をつくってくださる編集委員の方たちには、頭が下がる。あなたがたがつくってくださっている『年報』が、他の女たちに届けるねうちがある、とわたしが感じるかぎりは、わたしは「行商セット」を持って全国を歩こうと思う。

ところで、わたしのように「行商」をやってるひとは、ほかにもいるのかしら。

「彼女の物語」
——渡辺和子さんを通してみるフェミニズム——

——2001

フェミニストは「解放された女」だろうか？

もしそうなら、もうそのひとはフェミニストである必要がない。和子さんは矛盾のかたまりだった。和子さんは混乱していた。が、だれにもおさえつけることのできない、内なるエネルギーを持っていた。それだけで彼女がフェミニストである理由にはじゅうぶんだった、と思う。

初めて会ったとき、彼女はアメリカ帰りのビジネスマンの妻だった。それから彼女は、大学にポストを得た。子どもたちにこんなセクハラものの——当時まだ「セクハラ」ということばはなかったが——アニメを見せるのはよくない、と言って、「まいっちんぐマチコ先生」の反対運動に精力的に取り組んだ。それから「実はねえ……」と夫からの暴力をうちあけて、離婚した。そのあとの「キャンパス・セクシュアル・

ハラスメント全国ネットワーク」の設立とそのなかでの和子さんの活躍は、だれでも知るとおりだ。彼女の機関車のような牽引力に、いろんな人がぶつぶつ言いながらもまきこまれ、いつのまにかなにごとかが起きていた。彼女は思いついたことは実行した。稀有なパワーだった、と思う。

そのあいだ、彼女は家庭的な悩みもかかえていた。悩み、まどい、混乱し、傷つき、それでもたちどまらなかった。そして明るかった。きれいな人だった。和子さんの花が咲いたような笑顔を、わたしたちはみんな覚えている。

和子さんは欠点の多いひとだったけれども、多くの友人たちから愛され、受け入れられていた。考えてみればわたしたちのほうもまた、彼女からゆるされ、受け入れられていたのだろう。彼女は矛盾を生きていたが、わたしたちのだれもが、そうだった。フェミニズムは、矛盾せずにはこの世を生きることのできない女の思想、のはずだった。

「彼女」の場所には、わたしたちのだれもが入ることができる。やがてこうやって、すべてが過去形で語られ、「彼女の物語」がつくられ、定着する。物語のなかの彼女は、もう変化しないし、これ以上年齢も重ねない。自分の物語をぶちこわしもしないし、これ以上矛盾や混乱でわたしたちをおびやかしもしない。

和子さん。

あなたは他人の記憶のなかにちんまり納まることなんて、ちっとも望んでいないだろう。あなたが答えなくなって、わたしたちが死者の声を領有しはじめるとき、わたしはあなたが永遠に喪われたことを知る。

三〇歳のプレゼント

――2007

日本女性学研究会が三〇歳だなんて。うーむ、信じられない。ゼロ歳だった赤んぼが三〇歳の薹《とう》の立ったフリーターになる年齢だ。二〇代だった松本澄子さんが五〇代になり、三〇代だった中西豊子さんが還暦を迎えるのも無理はない。そのあいだに離婚したり、死別したり、がんで亡くなったり……した人たちもいた。思えばはるばる来たものだ。

女性学はそのうち社会的使命を終えてなくなるのがよいと思われていたが、続いたところを見るとまだ歴史的使命を終えていないかも？　それどころか、はじめは向かい風、そのうち追い風、あれあれというまに逆風まで吹いてきたものね、うかうかしていられない。

各地の大学で女性学が制度化していった現在、民間学としての女性学の意味はあるか、といえば、ある、と断言したい。『女性学年報』を読むと、さいわいに世代交代もすんでいるようだ。立場を問わず、「女の経験を言語化する」という女性学の初心はなくなっていない。

三〇周年にあたってわたしの期待は、日本女性学研究会が、

その1　NPO法人化してくれないかなあ。

その2　ファンド(基金)をつくって、プールと運用をしてくれないかなあ。

これから高齢会員がつぎつぎ亡くなると、資産や遺産が残る。わたしのような「負け犬」会員ならなおさら。個人で運用するより、みんなでプールして、女性学の奨学金や事業の助成金や、あれこれに有効利用できないだろうか。手弁当の持ち出しで始まったこの研究会にも、ストック形成のできる時期が来たかも。三〇歳を迎える研究会へのバースデープレゼントになればうれしい。

自著解題

本書には、わたしがフェミニズムについて折々にメディアで発表した「時局発言」が収められている。期間は一九八〇年から二〇〇九年にわたる。媒体は、手作りのミニコミからPR誌、広報誌、新聞、雑誌など多岐にわたる。リアルタイムで書かれたものもあるし、回顧や回想のかたちで書かれたものもある。学術論文ではなく、運動のなかまや一般の聴衆をあて先に書かれた、わかりやすい語り口で書かれたものを主として選んだ。

通常の「著作集」や「全集」であれば、セオリーどおり発表年の順にしたがって収録するものであろうが、本書ではいくらか主題べつの構成を採用した。したがって発表年には順序の不同がある。

＊

序章には不惑の年齢に達した「フェミニズムの40年」を回顧し、その初心にたちかえるのにふさわしいエッセイを、二つ収録した。二〇〇〇年代に書かれた冒頭のエッセイで、フェミニズムを「二〇世紀最大の思想」と呼んだのはおおげさではない。そういう歴史的な位置づけを持つフェミニズムが、どんなスタートを持っていたかを知るために八〇年代に書かれた二番目のエッセイを収録した。回顧と証言の二つからなる序章は、フェミニズムの草創期の初心と、現在の到達点とを示してくれるだろう。

続く1〜3章は、ほぼ経年順に八〇年代、九〇年代、二〇〇〇年代の著作を収録した。七〇年代の発言がないのは、この時期にはわたしがまだフェミニズムの書き手として、メディアに登場していないからである。発表した時点でのライブ感を尊重するために、訂正は最小限にとどめ、用字用語の使い方のばらつきもそのままにした。当時の人々にとっては常識でも、今日になって共有されていないと思われるできごとや用語には、［　］で補注を付した。

＊

1章の「燃えるマグマに形を」は、この章に収録されたエッセイ(「燃えるマグマにいま形を！」一九八六年)のタイトルから、転用したものである。八〇年代、成長期のフェミニズムとそれから生まれた女性学が、抵抗や無理解に遭いながらどのように育っていったかが、ライブ感とともに味わっていただけるだろう。とりわけ八二年から八四年にかけてわたしはアメリカに滞在し、その期間に接触したアメリカの女性運動や女性学との出会いが、新鮮なおどろきをもって描かれている。この時期の無名のわたしに発表の媒体を提供してくれたのは、いまはなき『朝日ジャーナル』だった。

帰国後のわたしはたちまち論争にまきこまれた。ひとつはイヴァン・イリイチの「ジェンダー」概念をめぐるいわゆる「エコ・フェミニズム」論争である。詳細は、『女は世界を救えるか』(勁草書房、一九八六年)を参照してほしい。

もうひとつ、八〇年代の論争にわたしが参入したのは、「アグネス論争」である。頼まれもしないのに、当時の『朝日新聞』論壇に投稿(「働く母が失ってきたもの」一九八八年)してまでわたしがこの論争に介入したのは、この論争がたんに芸能界のご意見番によるアグネスいじめに終わってもらっては困る、という思いがあったからだ。のちに「子連れ出勤」論争として知られるようになったこの論争が、芸能ネタから社会ネタへと転換する転轍機の役割を、わたしの投稿は果たした。

メディアでの発言が目立つようになってからは、さまざまな方面から批判も受けるようになった。そのなかで不当だと思われるものには、いちいち反論してきた。『朝日新聞』に連載したコラム「ミッドナイト・コール」(のち『ミッドナイト・コール』朝日新聞社、一九九〇年)での発言に、文壇の大御所、曽野綾子さんから受けた批判に反論したエッセイ(「女による女叩きが始まった」一九八九年)を、本書に収録した。

そのほかにもフェミニズム界隈での論争にはことかかない。性差極大化と性差極小派との論争、「女性原理」派との論争、文化派対唯物派の論争など、論争のほとんどに介入してきた。九〇年代になってからは、わたしは「慰安婦」論争にまきこまれることになったが、それについては次の著書を参照してほしい。(『ナショナリズムとジェンダー』青土社、一九九九年／『生き延びるための思想』岩波書店、二〇〇六年／千田有紀編『上野千鶴子に挑む』勁草書房、二〇一一年)

わたしが論争好きで「ケンカに強い」というレッテルをちょうだいしたのはこの頃からだと思う。そのイメージがひとり歩きして、そのうち遙洋子さんの『東大で上野千鶴子にケンカを学ぶ』(筑摩書房、二〇〇〇年)などという本まで出るようになった。上原隆さんの『上野千鶴子なんかこわくない』(毎日新聞社、一九九二年)という本も出て、「こわい女」のイメージが定着した。

わたしはたしかに論争的だが、ケンカ好きなわけではない。ふりかかった火の粉は払わなければ、と思っただけだ。上野の物騒な処世訓、と言われている三原則、「挑発にはのる、売られたケンカは買う、乗りかかった舟からは降りない」は、よく読めばわかるが、いずれも受け身のものばかりである。じぶんからケンカを売ったわけではない。いらぬ葛藤やトラブルは避けて、できるだけ省エネで生きていきたいと思っているのに、それがままならなかっただけである。

とはいえ、フェミニズムは論争をおそれない思想だった。それだけ多様で多彩だったからだと思う。フェミニズムが多様な解釈を許容し、一枚岩でなかったことは、フェミニズムの思想としての活力と成長の条件だった。だからこそフェミニズムには今日に至るまで、固定的な教理もなければ、正統・異端もなければ、除名や排除もない。日本だけではない。海外でもフェミニズムはさまざまな論争や対立をまきこんで発展してきた。そして今でも動きをやめていない。調和をよしとし、ひかえめであることが美徳とされる日本の女たちのあいだで、フェミニズムが論争をおそれない思想であったことは、誇ってよいことのひとつだと思う。

＊

2章には九〇年代の著作を収録した。章のタイトルに「ジェンダー平等への地殻変動」とあるのは、おおげさではない。世界史の歴史的転換点に一九九一年をあげるひとは多いが、事実この年を、日本は以下の三点セットで迎えた。第一はソ連邦の崩壊による東西冷戦体制の終結、第二はグローバリゼーションの波、第三は、日本に固有の条件だが、バブル景気の崩壊である。「日本型経営」の神話や、日本型近代家族という「家族の戦後体制」など、戦後日本社会を安定的に維持してきたジェンダー分業体制がもはや維持できないことが明白になった。この時期から、グローバリゼーションへの適応として採用されたネオリベラリズム政策のもとで、「男女共同参画」が国策となった。奇妙な追い風の時代である。

九一年バブルの崩壊以降の「うしなわれた十年」は、皮肉なことにジェンダー平等政策のうえでは「かくとくした十年」だった。九一年に育児休業法、九七年にセクシュアル・ハラスメント防止の措置を使用者に求めた改正男女雇用機会均等法、その総仕上げが九九年の男女共同参画社会基本法の成立だった。九七年には介護保険法が成立、二〇〇〇年から施行され、女の不払い労働だった家庭内介護が、社会化への一歩を踏み出した。二〇〇一年にはまさかと思われた「DV防止法」が成立したことで、セクハラやDVなど、男女のあいだの「プライバシー(個人的なこと)」とみなされていた暴力に、政治が関与するという変化が起きた。「個人的なことは政治的である Personal is political」というフェミニズムの標語に、国民的な合意が成立したのだ。

三〇年前には考えられない事態だった。

中央政府のみならず都道府県や市町村のレベルでも、「自治体の責務」のもとに条例の制定や行動計画の策定、女性センターの建設ブームがつづいた。各種の男女共同参画審議会のメンバーに女性学の研究者や活動家たちが動員され、女性センターは、民間の学習サークルで育った人材の新しい雇用の受け皿になっていった。ちなみに、ここで証言しておきたいが、「男女共同参画」は「男女平等」という用語を避けたい当時の保守系与党政権に配慮して、日本の官僚がつくりだした行政用語である。英語では gender equality と翻訳されるこの用語を対照反訳しても、「男女共同参画」にはならない。どこにも対応する訳語のないこの日本独自の用語を、すくなくともわたしは使わない。

九〇年代におけるフェミニズムの追い風のピークは、一九九五年の国連北京女性会議だったと思う。とりわけ北京郊外に設定されたNGOフォーラムでは、全世界から三万人の参加者のうち六〇〇〇人が日本人だったと報じられている。この六〇〇〇人の日本女性の参加を、自治体は公募や渡航費用の援助などでさまざまに支援した。この頃には、行政と草の根フェミニズムとのあいだの蜜月時代は続いていたのだ。

この北京のNGOフォーラムでは、国際会議に数だけいても存在感がない、とくさされることの多い日本人参加者たちが、積極的に情報発信し、存在感をアピールした。国際交流のなかから、自分たちの活動がけっして国際水準にくらべて劣っているわけではない、ただ互いに学び合い、分かち合うことが大事なのだ、と体感して帰った六〇〇〇人の女たちが、その後各地方に散って、草の根の運動の力になったことは特筆しておいてよい。この会議への日本人の参加がなければ、同年の米兵強姦事件を告発した沖縄の一〇万人県民大会はなかっただろうし、それ以降の「慰安婦」問題を含む「戦時性奴隷制」への国際的な関心の高まりもなかったことだろう。そのときの興奮は、本書に収録したわたしの「北京女性会議リポート」(一九九五年)にも、ライブ感あふれる筆致で描かれている。

九三年にわたしは招かれて東京大学の教員となった。女性学・ジェンダー研究の看板を掲げてわたしが教壇に立ったのは、実はこれがはじめてである。それ以前の教員経験では、わたしの担当は一般教養課程の社会学か、社会調査法担当だったからである。ジェンダー研究に注目があつまり、学生や院生のあいだにジェンダー研究への関心が高まって、次世代の研究者を養成する過程にはいっていた。権威主義の牙城と目されていた東京大学の教員となったことで、「上野も精彩を欠くようになった」とか「保守化するだろう」と予測するひとたちもいたが、実際にその後のわたしが保守化したかどうかは、わたしの発言で検証してもらいたい。

＊

同じ頃からフェミニズムへのバックラッシュが始まった。北京会議の翌年、一九九六年に「新しい歴史教科書をつくる会」が成立しているのは偶然ではない。国際女性NGOが問題提起した「慰安婦」問題が、バックラッシュの焦点となり、ナショナリズムと右傾化の波を招き寄せたからだ。

3章が扱うのは二〇〇〇年代、フェミニズムに逆風が吹いた時代である。わたしの予測がはずれたのは、逆風はフェミニズムのパワーの証、追い詰められたオヤジたちの遠吠えだ、と甘くみたことである。負け犬意識をつよく持ち始めたオヤジの遠吠えだというところまではあたっていたが、草の根保守の影響力はあなどりがたかった。この章に収録したバックラッシュの記録が、詳細にすぎると感じる読者もいるかもしれないが、メディアがほとんど報道しなかったバックラッシュの実態について、当事者として証言をのこしておくためにも、そのまま収録した。バックラッシュの動きは各地で組織的におき、講演のキャンセルや図書の排除、審議委員の入れ替え、条例のくつがえし、女性センターの予算凍結や女性財団の解散命令など、つぎつぎに実害が及ぶようになった。「蟻の一穴」をここで防がなければ、全国に同じことが波及する……そう考えてわたしたちは全国を走り回らなければならなかった。そのバックラッシュ派のドン（頭領）ともいうべき政治家、安倍晋三が政権の座についたときにわたしたちの危機感はピークに達した。憲法改正の意図を持ち、教育基本法を改悪し、自分の内閣の男女共同参画担当大臣に夫婦別姓選択制に反対する保守派の女性政治家を起用したナショナリストの安倍は、二〇〇〇年の「慰安婦」問題を裁く女性国際戦犯法廷のNHK放映に政治介入した危険な政治家でもあった。

二〇〇九年、思ってもみなかった政権交代が起きた。自民党から民主党へ政権が変わっても、男女平等政策にははかばかしい変化が見られない。それどころか現在の内閣は、東日本大震災後の危機管理で手一杯で他のことをかんがえるよゆうはまったくないようにみえる。

変化は直線ではすすまない。歴史に「一歩前進二歩後退」があることを覚えているわたしたちは、警戒を怠ってはならないのだ。

＊

4章には、主としてわたしが関係したミニコミの投稿をあつめた。関西にある日本女性学研究会にはじめて参加したのが一九七八年。それから約三〇年間の記録と回想である。女性学がまだこの世になかった時代。わたしたちは大学の外で、なかまと支えあって、独学で手探りしながら、女性学をつくってきた。わたしは「女性学の権威」と呼ばれるのは好きではないが、「女性学のパイオニア」であることには自負がある。4章に収録した文章を読めば、女性学をつくることは、それ自体がひとつの運動であったことが納得されるだろう。わたしはあとから参加した研究会の組織を変え、ニュースレター『Voice of Women』の最初の編集長を引き受けてフォーマットとスタイルをつくり、日本で最初の女性学の名前を冠した研究誌、『女性学年報』の初代編集長となって、今にいたる編集長交替制やコメンテーター方式をつくりだした。『女性学年報』は、今年で三一歳。そのあいだに他にも学会誌や研究誌がつぎつぎに刊行されるなかで、独自のポジションを保ってきた。わたしの初期の論考は、この『女性学年報』に掲載されたものが多い(『女という快楽』勁草書房、一九八六年)。だれも載せてくれない論文の媒体を、自分たち自身の手でつくりだしたのだ。もちろんひとりでやったことではない。この過程でたくさんの人材が育ち、わたし自身も育てられた。

このなかで何度もくりかえしているのは「初心にかえれ」ということ。なんのための、だれのための、学問であり、研究なのか。わたしはフェミニズムを「女性解放の思想と実践」と定義してきた。他人の解放ではなく、わたしの解放、そして何が解放かは、わたしが決める。他人には決められない、決めさせない。そしてひとりで解放されることはできないから、かならず支えあうなかまが必要だった。女性学とは、おんなが「わたしって誰?」を知るための、あとになって「当事者研究」と呼ばれるようになる分野の、パイオニアだったのだ。

その蓄積が不惑を迎える今日、『日本のフェミニズム』全一二巻(1 リブとフェミニズム/2 フェミニズム理論/3 性役割/4 権力と労働/5 母性/6 セクシュアリティ/7 表現とメディア/8 ジェンダーと教育/9 グローバリゼーション/10 女性史・ジェンダー史/11 フェミニズム文学批評/12 男性学、岩波書店、二〇〇九―二〇一一年)というアンソロジーが、日本のフェミニズムの在庫目録として刊行されるにいたった。実は本書のタイトル、「不惑のフェミニズム」は、第四巻「権力と労働」を担当した大沢真理さんの解説のタイトルである。なるほどというタイトルのつけかたに感心し、新刊の題名にちょうだいしたいとお願いしたところ快諾していただいたといういきさつがある。

フェミニズムの運動は、わたしがふかくコミットした日本女性学研究会だけでなく、たくさんの民間の草の根の団体によってになわれてきた。最初はガリ版刷り、それから青焼きコピー、そしてワープロを経て、パソコンへ。情報の流通も口コミからビラ、コピーや印刷したニュースレターへ。IT革命以前のことである。運動にとって情報の共有は要である。バックラッシュに対抗するためにわたしたちは全国をつなぐメーリングリストをつくり、ついに女性のためのポータルサイトをたちあげて、ウェブ事業にのりだした。それがWAN（ウィメンズアクションネットワーク http://wan.or.jp/）である。

おんながつながるのは、つながることが必要だから。おんなが弱者だからだ。わたしたちはフェミニズムがついに要らなくなる社会をめざしたが、それはとうぶんやってきそうもない。フェミニズムがいらなくなる社会とはおんながおとこなみに強者になる社会ではない。なんどでもくりかえすが、「弱者が弱者のままで尊重される社会」（『生き延びるための思想』前掲）のことだ。

おんなの直面する課題は変わるし、おんなをとりまく環境も変わる。それに応じておんなのつながり方も変わるし、学問や運動のスタイルも変わるだろう。

でも、おぼえていてほしい、こうやって走ってきた先行の世代がいたことを。わたしたちもまた、その前にいたおんなたちの背を見て、走ってきたのだから。

＊

本書を岩波現代文庫の「上野千鶴子の仕事」シリーズの一冊として送り出すことができるのはうれしい。功なり名とげた研究者や作家が、大部の全集や著作集を出すことに、わたしは好感をもてないできた。フェミニズムの四〇年という時間は歴史になるにじゅうぶんな長さであり、その時期にはまだ生まれていない読者がどんどん育っている時代に、過去のしごとを歴史の証言として残すことには意味があるだろう。だが、それも読者に手にとってもらいやすい文庫のかたちで、とのぞんだのはわたしである。そののぞみをかなえてくださったのは岩波書店の編集者、大山美佐子さんである。記憶に残るシリーズの装丁は、桂川潤さんがひきつづき担当してくださった。こうやって目次をながめてみれば、その折々にわたしに発言の機会を提供してくださったメディアの編集者の方たちにも恵まれたことがわかる。本書もまた多くの方たちのサポートを経て、世に送ることができた。記して感謝したい。

震災のあとのかくべつの春に

上野千鶴子

初出一覧

序　フェミニズムの40年

フェミニズム　成田龍一他編『20世紀日本の思想』作品社、二〇〇二
おんなの運動論　『女遊び』書き下ろし、学陽書房、一九八八　＊

1　燃えるマグマに形を――80年代

性差別をめぐる不毛な応酬　『朝日ジャーナル』一九八三・七・二二　＊
フェミニズム・いろいろ　『Voice of Women』No. 48、日本女性学研究会、一九八四・三

＊

産む・産まないは女の権利　『Voice of Women』No. 35、一九八三・一　＊
全米女性学会議に参加して　『朝日新聞』一九八四・七・二五夕刊
こんな女たちとなら21世紀も悪くない　『Dear W』一九八五・一一　＊
「パイの中身」を作り変える時　『サンケイ新聞』一九八七・七・二〇
首相の「未婚の母」のすすめとフェミニストのディレンマ　『AWRAN JAPAN NEWSLETTER』No. 3、一九八七

いま女のおしゃべりが最高におもしろい　『教養の広場』一〇号、一九八七、京都新聞社

＊

差別撤廃条約で主婦は失業する？　『月刊ベターホーム』一九八五・五　＊

石器時代と現代のあいだ（原題・分裂症にかからないための分裂症的生活のススメ）　『Dear W』一九八五・九―一〇

燃えるマグマにいま形を！　『朝日ジャーナル』一九八六・一・三―一〇

働く母が失ってきたもの　『朝日新聞』一九八八・五・一六

女性よ〝おしん〟はもうやめよう　『西日本新聞』一九八八・一一・二三

平女のアグネス　『京都新聞』一九八八・八・三〇

神話こわしのあとで　『ザ・トレンド』UPU、一九八八

オチコボレ男とオチアガリ女のあぶない関係　育児連編『男と女で「半分こ」イズム』学陽書房、一九八九

女による女叩きが始まった　『月刊 Asahi』一九八九・一一

2　ジェンダー平等への地殻変動――90年代

女と男の歴史的時差　『さっぽろの女性』一五号、札幌市市民局青少年婦人部、一九九〇

リブ・ルネッサンス　『北海道新聞』一九九四・一〇・二一

「中絶」という女の権利が世界的に脅かされている　『毎日新聞』一九九二・九・八

企業社会というゲームのルール(原題・企業社会を生きる女性はまずゲームのルールを学べ)
　『毎日新聞』一九九三・三・三〇
今もつづく「軍隊と性犯罪」　『朝日新聞』一九九三・一・一三
「進歩と開発」という名の暴力　『世界』一九九四・一〇
北京女性会議リポート(上中下)　『中日新聞』一九九五・九・一二―一四
キャンパス性差別事情　『三省堂ぶっくれっと』三省堂、一九九七
キャンパス・セクシュアル・ハラスメント　『現代思想』二〇〇〇・二
コトバを変えれば世界が変わる　『人権NEWS』電通東京本社人事局人権啓発部、一九九九

七

団塊ジュニアの娘たちへ(原題・あごらの娘たちへ)　『あごら』二〇九号、一九九五・七
逆風のなかで　『あごら』二三八号、一九九八・四
男女共同参画法の意義　『長崎新聞』ほか、一九九九・七・二八
農村の男女共同参画　『AFCフォーラム』農林漁業金融公庫、二〇〇八・八
深刻化する女性の就職　『南日本新聞』ほか、一九九九・九・三〇
ジェンダー平等のゴールって?　『コーヒー入れて!』一九号、三鷹市、一九九九・一二

3　バックラッシュに抗して――2000年代

ネオリベの下で広がる女女格差　『毎日新聞』二〇〇五・一〇・三一夕刊

フェミニズムは収穫期　『ことし読む本いち押しガイド2002』メタローグ、二〇〇一
元気な韓国フェミニズム　『信濃毎日新聞』二〇〇五・七・四
ジェンダーフリーをめぐって　『信濃毎日新聞』二〇〇六・一・二三
「渦中の人」から　若桑みどり他編『「ジェンダー」の危機を超える！』青弓社、二〇〇六
役人のいる場所　『女も男も』一〇七号、労働教育センター、二〇〇六、『む・しの音通信』五五号、二〇〇六
バックラッシュに抗して　『む・しの音通信』五六号、二〇〇六
「ジェンダー」への介入　『信濃毎日新聞』二〇〇六・九・四
バックラッシュ派の攻撃の本丸は「ジェンダー」だ　『創』二〇〇六・一一
つくばみらい市講演中止とジェンダー攻撃　『創』二〇〇八・五
堺市立図書館、ＢＬ本排除騒動の顚末　『創』二〇〇九・五
「暴力」問われる自治体　『信濃毎日新聞』二〇〇八・三・一〇
ジェンダー論当たり年に　『山梨日日新聞』二〇〇六・一二・二三
闘って得たものは闘って守り抜く　『女性情報』二〇〇六・一〇、二四七号。『新編日本のフェミニズム』1、岩波書店、二〇〇九所収
原点に戻る　『Cutting - Edge』第三六号、北九州市立男女共同参画センター・ムーヴ、二〇〇九

4　女性学をつくる、女性学を手渡す

連絡会ニュース発刊のころ　『Voice of Women』No. 85、一九八七・一〇

初心にかえろうよ　『Voice of Women』No. 136、一九九二・一一

『女性学年報』創刊号編集長だったころ(原題・WSSJ編集長時代の思い出　創刊号編集長だったころ)　『女性学年報』第三〇号、二〇〇九

編集委員というお仕事　『女性学年報』第一八号、日本女性学研究会、一九九七

自分がラクになりたい　『Voice of Women』No. 31、一九八二・九　＊

女性学は趣味だ　『Voice of Women』No. 7、一九八〇・四　＊

女性学って何?　『Voice of Women』No. 19、一九八一・七　＊

女の組織論　『Voice of Women』No. 12、一九八〇・一二　＊

行商セット　『Voice of Women』No. 242、二〇〇三・六

「彼女の物語」　『女性学年報』第二二号、二〇〇一

30歳のプレゼント　『女性学年報』第二八号、二〇〇七

＊は、『女遊び』(学陽書房、一九八八)所収

本書は、岩波現代文庫オリジナル版である。

不惑のフェミニズム

2011年5月17日　第1刷発行
2019年7月25日　第4刷発行

著　者　上野千鶴子《うえのちづこ》

発行者　岡本　厚

発行所　株式会社　岩波書店
〒101-8002 東京都千代田区一ツ橋2-5-5

案内 03-5210-4000　営業部 03-5210-4111
https://www.iwanami.co.jp/

印刷・精興社　製本・中永製本

ISBN 978-4-00-600251-0　　Printed in Japan

岩波現代文庫の発足に際して

新しい世紀が目前に迫っている。しかし二〇世紀は、戦争、貧困、差別と抑圧、民族間の憎悪等に対して本質的な解決策を見いだすことができなかったばかりか、文明の名による自然破壊は人類の存続を脅かすまでに拡大した。一方、第二次大戦後より半世紀余の間、ひたすら追い求めてきた物質的豊かさが必ずしも真の幸福に直結せず、むしろ社会のありかたを歪め、人間精神の荒廃をもたらすという逆説を、われわれは人類史上はじめて痛切に体験した。

それゆえ先人たちが第二次世界大戦後の諸問題といかに取り組み、思考し、解決を模索したかの軌跡を読みとくことは、今日の緊急の課題であるにとどまらず、将来にわたって必須の知的営為となるはずである。幸いわれわれの前には、この時代の様ざまな葛藤から生まれた、人文、社会、自然諸科学をはじめ、文学作品、ヒューマン・ドキュメントにいたる広範な分野のすぐれた成果の蓄積が存在する。

岩波現代文庫は、これらの学問的、文芸的な達成を、日本人の思索に切実な影響を与えた諸外国の著作とともに、厳選して収録し、次代に手渡していこうという目的をもって発刊される。いまや、次々に生起する大小の悲喜劇に対してわれわれは傍観者であることは許されない。一人ひとりが生活と思想を再構築すべき時である。

岩波現代文庫は、戦後日本人の知的自叙伝ともいうべき書物群であり、現状に甘んずることなく困難な事態に正対して、持続的に思考し、未来を拓こうとする同時代人の糧となるであろう。

（二〇〇〇年一月）

G377
済州島四・三事件
―「島〈タムナ〉のくに」の死と再生の物語―
文京洙

一九四八年、米軍政下の朝鮮半島南端・済州島で多くの島民が犠牲となった凄惨な事件。長年封印されてきたその実相に迫り、歴史と真実の恢復への道程を描く。

G378
平面論
―一八八〇年代西欧―
松浦寿輝

イメージの近代は一八八〇年代に始まる。さまざまな芸術を横断しつつ、二〇世紀の思考の風景を決定した表象空間をめぐる、チャレンジングな論考。〈解説〉島田雅彦

G379
新版 哲学の密かな闘い
永井均

人生において考えることは闘うこと――哲学者・永井均の、「常識」を突き崩し、真に考える力を養う思考過程がたどれる論文集。

G380
ラディカル・オーラル・ヒストリー
―オーストラリア先住民アボリジニの歴史実践―
保苅実

他者の〈歴史実践〉との共奏可能性を信じ抜く――それは、差異と断絶を前に立ち竦む世界に、歴史学がもたらすひとつの希望。〈解説〉本橋哲也

G381
臨床家 河合隼雄
谷川俊太郎
河合俊雄編

多方面で活躍した河合隼雄の臨床家としての姿を、事例発表の記録、教育分析の体験談、インタビューなどを通して多角的に捉える。

岩波現代文庫[学術]

G382
思想家　河合隼雄
中沢新一
河合俊雄　編
心理学の枠をこえ、神話・昔話研究から日本文化論まで広がりを見せた河合隼雄の著作。多彩な分野の識者たちがその思想を分析する。

G383
河合隼雄語録
カウンセリングの現場から
河合隼雄
河合俊雄編
京大の臨床心理学教室での河合隼雄のコメント集。臨床家はもちろん、教育者、保護者などにも役立つヒント満載の「こころの処方箋」。〈解説〉岩宮恵子

G384
新版　占領の記憶　記憶の占領
―戦後沖縄・日本とアメリカ―
マイク・モラスキー
鈴木直子訳
日本にとって、敗戦後のアメリカ占領は何だったのだろうか。日本本土と沖縄、男性と女性の視点の差異を手掛かりに、占領文学の時空間を読み解く。

G385
沖縄の戦後思想を考える
鹿野政直
苦難の歩みの中で培われてきた曲折に満ちた沖縄の思想像を、深い共感をもって描き出し、沖縄の「いま」と向き合う視座を提示する。

G386
沖縄の淵
―伊波普猷とその時代―
鹿野政直
「沖縄学」の父・伊波普猷。民族文化の自立と従属のはざまで苦闘し続けたその生涯と思索を軸に描き出す、沖縄近代の精神史。

2019.7

G387
『碧巌録』を読む
末木文美士

「宗門第一の書」と称され、日本の禅に多大な影響をあたえた禅教本の最高峰を平易に読み解く。「文字禅」の魅力を伝える入門書。

G388
永遠のファシズム
ウンベルト・エーコ
和田忠彦訳

ネオナチの台頭、難民問題など現代のアクチュアルな問題を取り上げつつファジーなファシズムの危険性を説く、思想的問題提起の書。

G389
自由という牢獄
―責任・公共性・資本主義―
大澤真幸

大澤自由論が最もクリアに提示される主著が文庫に。自由の困難の源泉を探り当て、その新しい概念を提起。河合隼雄学芸賞受賞作。

G390
確率論と私
伊藤清

日本の確率論研究の基礎を築き、多くの俊秀を育てた伊藤清。本書は数学者になった経緯や数学への深い思いを綴ったエッセイ集。

G391-392
幕末維新変革史(上・下)
宮地正人

世界史的一大変革期の複雑な歴史過程の全容を、維新期史料に通暁する著者が筋道立てて描き出す、幕末維新通史の決定版。下巻に略年表・人名索引を収録。

2019.7

岩波現代文庫[学術]

G393
不平等の再検討
—潜在能力と自由—
アマルティア・セン
池本幸生
野上裕生 訳
佐藤 仁

不平等はいかにして生じるか。所得格差の面からだけでは測れない不平等問題を、人間の多様性に着目した新たな視点から再考察。

G394-395
墓標なき草原(上・下)
—内モンゴルにおける文化大革命・虐殺の記録—
楊 海英

文革時期の内モンゴルで何があったのか。体験者の証言、同時代資料、国内外の研究から、隠蔽された過去を解き明かす。司馬遼太郎賞受賞作。〈解説〉藤原作弥

G396
過労死・過労自殺の現代史
—働きすぎに斃れる人たち—
熊沢 誠

ふつうの労働者が死にいたるまで働くことによって支えられてきた日本社会。そのいびつな構造を凝視した、変革のための鎮魂の物語。

G397
小林秀雄のこと
二宮正之

自己の知の限界を見極めつつも、つねに新たな知を希求し続けた批評家の全体像を伝える本格的評論。芸術選奨文部科学大臣賞受賞作。

G398
反転する福祉国家
—オランダモデルの光と影—
水島治郎

「寛容」な国オランダにおける雇用・福祉改革と移民排除。この対極的に見えるような現実の背後にある論理を探る。

2019. 7

岩波現代文庫[学術]

G399
テレビ的教養
―一億総博知化への系譜―
佐藤卓己
「一億総白痴化」が危惧された時代から約半世紀。放送教育運動の軌跡を通して、〈教養のメディア〉としてのテレビ史を活写する。〈解説〉藤竹 暁

G400
ベンヤミン
―破壊・収集・記憶―
三島憲一
二〇世紀前半の激動の時代に生き、現代思想に大きな足跡を残したベンヤミン。その思想と生涯に、破壊と追憶という視点から迫る。

G401
新版 天使の記号学
―小さな中世哲学入門―
山内志朗
世界は〈存在〉という最普遍者から成る生地の上に性的欲望という図柄を織り込む。〈存在〉のエロティシズムに迫る中世哲学入門。〈解説〉北野圭介

G402
落語の種あかし
中込重明
博覧強記の著者は膨大な資料を読み解き、落語成立の過程を探り当てる。落語を愛した著者面目躍如の種あかし。〈解説〉延広真治

G403
はじめての政治哲学
デイヴィッド・ミラー
山岡龍一
森 達也訳
哲人の言葉でなく、普通の人々の意見・情報を手掛かりに政治哲学を論じる。最新のものまでカバーした充実の文献リストを付す。〈解説〉山岡龍一

2019.7